CONTABILIDADE
tributária

O GEN | Grupo Editorial Nacional – maior plataforma editorial brasileira no segmento científico, técnico e profissional – publica conteúdos nas áreas de ciências sociais aplicadas, exatas, humanas, jurídicas e da saúde, além de prover serviços direcionados à educação continuada e à preparação para concursos.

As editoras que integram o GEN, das mais respeitadas no mercado editorial, construíram catálogos inigualáveis, com obras decisivas para a formação acadêmica e o aperfeiçoamento de várias gerações de profissionais e estudantes, tendo se tornado sinônimo de qualidade e seriedade.

A missão do GEN e dos núcleos de conteúdo que o compõem é prover a melhor informação científica e distribuí-la de maneira flexível e conveniente, a preços justos, gerando benefícios e servindo a autores, docentes, livreiros, funcionários, colaboradores e acionistas.

Nosso comportamento ético incondicional e nossa responsabilidade social e ambiental são reforçados pela natureza educacional de nossa atividade e dão sustentabilidade ao crescimento contínuo e à rentabilidade do grupo.

Edmilson Patrocínio de Sousa

CONTABILIDADE
tributária

Aspectos práticos e conceituais

De acordo com as IFRS, com a Lei 12.973/2014, com a IN RFB 1.700/2017
e com a Lei Complementar 157/2016
Contempla o Simples Nacional 2018 e o RET

Os autores e a editora empenharam-se para citar adequadamente e dar o devido crédito a todos os detentores dos direitos autorais de qualquer material utilizado neste livro, dispondo-se a possíveis acertos caso, inadvertidamente, a identificação de algum deles tenha sido omitida.

Não é responsabilidade da editora nem dos autores a ocorrência de eventuais perdas ou danos a pessoas ou bens que tenham origem no uso desta publicação.

Apesar dos melhores esforços dos autores, do editor e dos revisores, é inevitável que surjam erros no texto.
Assim, são bem-vindas as comunicações de usuários sobre correções ou sugestões referentes ao conteúdo ou ao nível pedagógico que auxiliem o aprimoramento de edições futuras. Os comentários dos leitores podem ser encaminhados à **Editora Atlas Ltda.** pelo e-mail faleconosco@grupogen.com.br.

Direitos exclusivos para a língua portuguesa
Copyright © 2018 by
Editora Atlas Ltda.
Uma editora integrante do GEN | Grupo Editorial Nacional

Reservados todos os direitos. É proibida a duplicação ou reprodução deste volume, no todo ou em parte, sob quaisquer formas ou por quaisquer meios (eletrônico, mecânico, gravação, fotocópia, distribuição na internet ou outros), sem permissão expressa da editora.

Rua Conselheiro Nébias, 1384
Campos Elísios, São Paulo, SP — CEP: 01203-904
Tels.: 21-3543-0770/11-5080-0770
faleconosco@grupogen.com.br
www.grupogen.com.br

Designer de capa: Rejane Megale
Editoração Eletrônica: LBA Design

CIP-BRASIL. CATALOGAÇÃO NA PUBLICAÇÃO
SINDICATO NACIONAL DOS EDITORES DE LIVROS, RJ

S696c

Sousa, Edmilson Patrocínio de
Contabilidade tributária : aspectos práticos e conceituais / Edmilson Patrocínio de Sousa. – 1. ed. – São Paulo: Atlas, 2018.

Inclui bibliografia e índice
ISBN 978-85-97-01832-5

1. Contabilidade tributária. I. Título.

18-51761	CDD: 657.46
	CDU: 657:336.22

Vanessa Mafra Xavier Salgado - Bibliotecária - CRB-7/6644

A Josefa, pelo dom da vida.
A Ariane e Alice, minhas amadas filhas.
A Andreia, esposa, amada e companheira.
A Diego, com um carinho especial.
A Lucas e Léo, mais do que enteados,
filhos pelo convívio e amor.

"Dai César o que é de César,
e a Deus o que é de Deus!"

(Mt 22,21)

Apresentação

Este livro nasceu de mais de 30 anos de experiência em consultoria e de aulas ministradas nos cursos de Graduação e de Pós-graduação. O objetivo da obra é aliar a prática do departamento fiscal das empresas com a fundamentação teórica, às vezes árida e escassa, inerente ao ambiente tributário.

A legislação tributária brasileira está em constante mudança e acompanhá-la está fora do escopo deste livro. Assim, o propósito da obra é fornecer uma base conceitual e auxiliar a compreender a aplicação da legislação tributária ao caso concreto e o registro dos respectivos impactos sobre o patrimônio da entidade.

O livro, que ao final traz um índice alfabético-remissivo, está estruturado em quatro partes:

1. A Parte I apresenta o Sistema Tributário Brasileiro e lança os conceitos básicos de tributo, patrimônio e contabilidade tributária. Esses conceitos são basilares, indispensáveis, para o restante da obra. Porém, profissionais experimentados e turmas mais avançadas podem "pular" esta parte sem prejuízo para o entendimento do restante do livro.

2. A Parte II é inteiramente dedicada aos tributos indiretos. São abordados temas importantes, tais como: a) alíquotas interestaduais de ICMS; b) DIFAL; c) guerra dos portos (ICMS); substituição tributária do ICMS; d) Tabela do IPI (TIPI); Nomenclatura Comum do Mercosul (NCM); e) local para o qual o ISS é devido; e f) não cumulatividade de PIS e COFINS, entre outros.

3. A Parte III trata dos tributos diretos. São discutidos temas relevantes, tais como: a) apuração do IRPJ pelo lucro presumido e regime de caixa; b) tratamento do AVP na apuração do lucro presumido, da base de cálculo estimada e do lucro real; e c) equivalência patrimonial, *goodwill* e seus impactos tributários, entre outros.

4. A Parte IV aborda o IRRF, a retenção na fonte de PIS, COFINS e CSLL, o Simples Nacional e o Regime Especial de Tributação das Incorporações Imobiliárias (RET).

No início de cada capítulo, são apresentados os objetivos de aprendizagem e, ao longo do texto, um ícone identifica o objetivo de aprendizagem que aquele trecho pretende atingir. O texto traz uma centena de exemplos para auxiliar na compreensão dos temas abordados.

Espero que esta obra seja de alguma utilidade para os que estudam e trabalham, ou pretendem trabalhar, na área tributária.

Escrever uma obra como esta é uma tarefa árdua e seria impossível sem o auxílio de diversas pessoas. Assumindo a omissão a diversos nomes, externo minha imensa gratidão a Eduardo Ramos de Santana, que deu grande contribuição ao capítulo sobre ICMS; a Wellington do Carmo Cruz, que ajudou melhorar o capítulo sobre ISS; e a Bárbara Fazolari, que ajudou a minimizar os erros textuais. Todos os erros que restam são de minha inteira responsabilidade.

As críticas e sugestões serão sempre bem-vindas.

Ao fisco o que é do fisco, nada a mais nada a menos!

São Paulo, agosto de 2018
O Autor
edmilson@epsconsultoria.com.br

LISTA DE SIGLAS

BC – Base de Cálculo

BP – Balanço Patrimonial

CD – Centro de Distribuição

CDB – Certificados de Depósitos Bancários

CEPOM – Cadastro de Empresas Prestadoras de Serviços de Outro Município

CF – Constituição Federal

CFC – Conselho Federal de Contabilidade

CFOP – Código Fiscal de Operação e Prestação

CGSIM – Comitê para Gestão da Rede Nacional para Simplificação do Registro e da Legalização de Empresas e Negócios

CGSN – Comitê Gestor do Simples Nacional

CMV – Custo das Mercadorias Vendidas

COFINS – Contribuição para o Fundo de Investimento Social

CPC – Comitê de Pronunciamentos Contábeis

CPOM – Cadastro de Prestadores de Serviços de Outro Município

CPV – Custo dos Produtos Vendidos

CRC – Conselho Regional de Contabilidade

CSLL – Contribuição Social Sobre o Lucro Líquido

CSP – Custo dos Serviços Prestados

CST – Código de Situação Tributária

CTN – Código Tributário Nacional

CVM – Comissão de valores mobiliários

DANFE – Documento Auxiliar da Nota Fiscal Eletrônica

DARF – Documento de Arrecadação de Tributos Federais

DAS – Documento de Arrecadação do Simples Nacional

Dcomp – Declaração de compensação

DFC – Demonstração dos fluxos de caixa

DIPJ – Declaração de Informações Econômico-Fiscais da Pessoa Jurídica

DMPL – Demonstração das mutações do patrimônio líquido

DRE – Demonstração do Resultado do Exercício

EC – Emenda Constitucional

ECD – Escrituração Contábil Digital

ECF – Escrituração Contábil Fiscal

EECF – Equipamento Emissor de Cupom Fiscal

EP – Equivalência Patrimonial

EPP – Empresa de Pequeno Porte

FECP – Fundo Estadual de Combate à Pobreza e às Desigualdades Sociais

Funcines – Fundos de Financiamento da Indústria Cinematográfica Nacional

GPS – Guia da previdência social

IAS – *International Accounting Standards*

IASB – *International Accounting Standards* Board

ICMS – Imposto sobre Operações Relativas à Circulação de Mercadorias e sobre Prestações de Serviços de Transporte Interestadual e Intermunicipal e Comunicação

ICMS-ST – ICMS Substituição Tributária

ICPC – Interpretação Técnica

IE – Im*posto sobre Exportações*

IFRS – *International* Financial Reporting Standard

IGF – Imposto sobre Grandes Fortunas

II – Imposto sobre Importações

IN – Instrução Normativa

INSS – Instituto Nacional da Seguridade Social

IOF – Imposto sobre Operações de crédito, câmbio e seguro, ou relativas a títulos ou valores mobiliários

IPI – Imposto sobre Produtos Industrializados

LISTA DE SIGLAS

IPTU – Imposto Predial Territorial Urbano

IPVA – Imposto Sobre Veículos Automotores

IRPJ – Imposto de Renda da Pessoa Jurídica

IRPJ – Imposto de Renda da Pessoa Jurídica

ISS – Imposto Sobre Serviços de Qualquer Natureza

ITBI – Imposto sobre Transmissão de Bens Imóveis

ITR – Imposto sobre Propriedade Territorial Rural

JSCP – Juros Sobre Capital Próprio

LFT – Letras do Fundo do Tesouro

LTN – Letras do Tesouro Nacional

ME – Microempresa

MEP – Método da equivalência patrimonial

NCM–SH – Nomenclatura Comum do Mercosul – Sistema Harmonizado

NF-e – Nota Fiscal Eletrônica

NFS – Nota Fiscal de Serviços

NFS-e – Nota Fiscal de Serviços Eletrônica

NT – Não Tributado

NTN – Notas do Tesouro Nacional

OCPC – Orientação Técnica

Padis – Programa de Apoio ao Desenvolvimento Tecnológico da Indústria de Semicondutores

PAT – Programa de Alimentação do Trabalhador

PEC – Proposta de Emenda à Constituição

PEPS – Primeiro que Entre é o Primeiro que Sai

Pronas/PCD – Programa Nacional de Apoio à Atenção da Saúde da Pessoa com Deficiência

Pronon – Programa Nacional de Apoio à Atenção Oncológica

Prouni – Programa Universidade para Todos

RA – Regulamento Aduaneiro

RET – Regime Especial de Tributação

RFB – Receita Federal do Brasil

RICMS – Regulamento do Imposto sobre Operações Relativas à Circulação de Mercadorias e sobre Prestações de Serviços de Transporte Interestadual e Intermunicipal e Comunicação

RIPI – Regulamento do Imposto sobre Produtos Industrializados

RIR – Regulamento do Imposto de Renda

SCP – Sociedade em conta de participação

SELIC – Sistema Especial de Liquidação e de Custódia

SIAFI – Sistema Integrado de Administração Financeira

SPE – Sociedade de Propósito Específico

SPED – Sistema Público de Escrituração Digital

SRF – Secretaria da Receita Federal

ST – Substituição Tributária

STB – Sistema Tributário Brasileiro

STN – Secretaria do Tesouro Nacional

SUDAM – Superintendência do Desenvolvimento da Amazônia

SUDENE – Superintendência do Desenvolvimento do Nordeste

SUFRAMA – Superintendência da Zona Franca de Manaus

TIPI – Tabela de Incidência do Imposto sobre Produtos Industrializados

Vídeos do autor

Na abertura de alguns capítulos, o autor apresenta vídeos em que discorre sobre assuntos relacionados ao tema. O acesso aos vídeos é feito via QR Code. Para reproduzi-los, basta ter um aplicativo leitor de QR Code baixado no *smartphone* e posicionar a câmera sobre o código. É possível acessar os vídeos também por meio da URL que aparece logo abaixo do código.

Material Suplementar

Este livro conta com os seguintes materiais suplementares:

- *Slides* (apenas para professores);
- Testes resolvidos (apenas para professores).

O acesso aos materiais suplementares é gratuito. Basta que o leitor se cadastre em nosso *site* (www.grupogen.com.br), faça seu *login* e clique em GEN-IO, no menu superior do lado direito.

É rápido e fácil. Caso haja dificuldade de acesso, entre em contato conosco (gendigital@grupogen.com.br).

GEN-IO (GEN | Informação Online) é o repositório de materiais suplementares e de serviços relacionados com livros publicados pelo GEN | Grupo Editorial Nacional, maior conglomerado brasileiro de editoras do ramo científico-técnico-profissional, composto por Guanabara Koogan, Santos, Roca, AC Farmacêutica, Forense, Método, Atlas, LTC, E.P.U. e Forense Universitária. Os materiais suplementares ficam disponíveis para acesso durante a vigência das edições atuais dos livros a que eles correspondem.

Sumário

Parte I – SISTEMA TRIBUTÁRIO BRASILEIRO, CONTABILIDADE E CONTABILIDADE TRIBUTÁRIA 1

1 Tributo e Sistema Tributário Brasileiro 3

1.1 Definição de tributo 4

1.2 Conceito de Sistema Tributário Brasileiro 5

1.3 Legislação tributária.. 5

    1.3.1 Constituição Federal 5

    1.3.2 Leis complementares... 6

    1.3.3 Leis ordinárias.. 6

    1.3.4 Decretos legislativos... 7

    1.3.5 Decretos 8

    1.3.6 Portarias, instruções normativas e ordens de serviço 8

1.4 Vigência da norma tributária.. 9

1.5 Espécies de tributos na Constituição Federal e na doutrina brasileira 9

1.6 Competências tributárias 12

1.7 Obrigação tributária... 13

1.8 Lançamento tributário.. 14

1.9 Base de cálculo.. 15

1.10 Alíquota 15

XX CONTABILIDADE TRIBUTÁRIA

1.11 Princípios de direito tributário 16

1.12 Incidência, não incidência, imunidade, isenção, suspensão e diferimento 17

1.13 Substituição tributária 19

1.14 Classificação dos tributos como diretos e indiretos 20

1.15 Regimes de tributação: Lucro Real, Presumido e Arbitrado e Simples Nacional 20

2 Fundamentos de contabilidade 25

2.1 Conceitos introdutórios sobre contabilidade e patrimônio 26

2.2 Aspectos qualitativos e quantitativos dos itens patrimoniais 28

2.3 Atos administrativos e fatos contábeis 29

2.4 Escrituração 30

    2.4.1 Lançamento 30

    2.4.2 Plano de contas 34

2.5 Demonstrações contábeis 41

    2.5.1 Balanço patrimonial (BP) 42

    2.5.2 Demonstração do resultado do exercício (DRE) 51

    2.5.3 Demonstração do resultado abrangente (DRA) 56

    2.5.4 Demonstração dos lucros ou prejuízos acumulados (DLPA) 56

    2.5.5 Demonstração das mutações do patrimônio líquido (DMPL) 57

    2.5.6 Demonstração dos fluxos de caixa (DFC) 58

    2.5.7 Demonstração do valor adicionado (DVA) 63

3 Contabilidade tributária 67

3.1 Conceito de contabilidade tributária 68

3.2 Planejamento tributário 68

    3.2.1 O que é planejamento tributário 69

    3.2.2 O que não é planejamento tributário 69

    3.2.3 Conceitos de simulação e dissimulação 70

    3.2.4 O combate à elisão fiscal 70

    3.2.5 Polêmica sobre os conceitos de elisão e evasão fiscal 71

    3.2.6 Código de Defesa do Contribuinte brasileiro 72

3.3 Documentos fiscais 75

    3.3.1 Documentos fiscais exigidos pela legislação do ICMS e do IPI 75

    3.3.2 Documentos fiscais exigidos pela legislação do ISS 77

3.4 Escrituração fiscal 77

    3.4.1 Livros fiscais exigidos pela legislação do ICMS e do IPI 77

    3.4.2 Sistema Público de Escrituração Digital (SPED) 80

    3.4.3 Principais declarações fiscais 81

Parte II – TRIBUTOS INDIRETOS **85**

4 ICMS **87**

4.1 Aspectos introdutórios	88
4.2 Fato gerador	89
4.3 Incidência	89
4.4 Transferência de mercadorias entre matriz e filiais e entre filiais	90
4.5 Não incidência do ICMS	91
4.6 Contribuinte	92
4.7 Base de cálculo do ICMS	92
4.8 Alíquotas do ICMS	94
4.8.1 Alíquotas internas	94
4.8.2 Alíquotas interestaduais	96
4.9 Diferencial de Alíquota (DIFAL)	97
4.10 Não cumulatividade	99
4.11 Documentos fiscais do ICMS	100
4.12 Contabilização	100
4.13 Local da operação ou da prestação	102
4.13.1 Operações com bem ou mercadorias	103
4.13.2 Operações sem trânsito no estabelecimento do vendedor	103
4.13.3 Prestação de serviços de transporte interestadual e intermunicipal	104
4.14 ICMS importação	104
4.15 Aproveitamento de crédito do ICMS	106
4.16 Vedação de crédito	106
4.17 Estorno de crédito	107
4.18 Prescrição de crédito	107
4.19 Código de Situação Tributária (CST)	107
4.20 Código Fiscal de Operação e Prestação (CFOP)	108
4.21 Guerra dos portos	109
4.21.1 Conteúdo de importação	110
4.21.2 Inaplicabilidade da alíquota de 4%	111
4.21.3 Aproveitamento do crédito do ICMS pago na importação	112
4.21.4 Regime especial de suspensão do ICMS devido ao desembaraço aduaneiro....	112
4.22 Substituição tributária do ICMS	112

5 IPI **119**

5.1 Aspectos introdutórios sobre IPI	120
5.2 Fato gerador	121

XXII CONTABILIDADE TRIBUTÁRIA

5.2.1	Ocorrência do fato gerador	121
5.2.2	Casos que não constituem fato gerador do IPI	123
5.3	Contribuinte	124
5.4	Documentos fiscais do IPI	124
5.5	Definição legal de industrialização	124
5.6	Equiparação à indústria	125
5.6.1	Equiparação obrigatória	125
5.6.2	Equiparação facultativa	126
5.7	Base de cálculo	126
5.8	Alíquotas	128
5.9	Seletividade	129
5.10	Anterioridade nonagesimal e aumento de alíquota por decreto	129
5.11	Incidência	130
5.12	Período de apuração	130
5.13	Não cumulatividade	131
5.14	Quando o IPI deve ser incluído na base de cálculo do ICMS	133
5.15	Contabilização do IPI	133
5.15.1	Entrada de insumos e produtos	133
5.15.2	Saída de produtos	134

6 ISS — 137

6.1	Aspectos introdutórios sobre ISS	138
6.2	Fato gerador	138
6.3	Não incidência do ISS	139
6.4	ISS e ICMS	139
6.5	Base de cálculo	140
6.6	Alíquotas	141
6.7	Local para o qual é devido	142
6.8	Documentos fiscais do ISS	144
6.9	Retenção na fonte pelo tomador do serviço	144
6.10	Exigência para cadastro de prestador de serviço com sede em outro município	146
6.11	Contabilização do ISS	147

7 PIS e COFINS: regime cumulativo — 153

7.1	Relação de PIS e COFINS com IRPJ	154
7.2	Alíquotas no regime cumulativo	154
7.3	Periodicidade de apuração e data de recolhimento	154
7.4	Base de cálculo	154
7.5	Ajuste a valor presente (AVP)	156

7.6	Sociedade em conta de participação (SCP)	157
7.7	PIS sobre folha de pagamentos	158
	7.7.1 Alíquota PIS folha de pagamentos	158
	7.7.2 Base de cálculo PIS folha de pagamentos	158
7.8	Compensação de valores retidos	158
7.9	Determinação pelo regime de caixa ou pelo regime de competência	160
7.10	Códigos do DARF para PIS e COFINS no regime cumulativo	160

8 PIS e COFINS: regime não cumulativo ... 163

8.1	Conexão com o IRPJ	164
8.2	PIS	164
	8.2.1 Não cumulatividade do PIS	164
	8.2.2 Base de cálculo do PIS	165
	8.2.3 Alíquota do PIS	167
	8.2.4 Créditos que podem ser descontados	167
	8.2.5 PIS sobre rendimento de aplicação financeira	169
	8.2.6 Dedução do valor retido na fonte	170
	8.2.7 Periodicidade de apuração e data de recolhimento do PIS	170
	8.2.8 Código do DARF para recolhimento do PIS/PASEP no regime não cumulativo	170
8.3	COFINS	170
	8.3.1 Não cumulatividade da COFINS	170
	8.3.2 Base de cálculo da COFINS	171
	8.3.3 Alíquota da COFINS	172
	8.3.4 Créditos que podem ser descontados	172
	8.3.5 COFINS sobre rendimento de aplicação financeira	177
	8.3.6 Dedução da COFINS retida na fonte	178
	8.3.7 Periodicidade de apuração e data de recolhimento da COFINS	178
	8.3.8 Código do DARF para recolhimento da COFINS no regime não cumulativo	178
	8.3.9 Contabilização de PIS/PASEP e COFINS não cumulativos	178

Parte III – TRIBUTOS DIRETOS ... 183

9 Adoção inicial da Lei 12.973/2014 ... 185

9.1	Adoção das IFRS, Regime Tributário de Transição e neutralidade tributária	186
9.2	RTT e FCONT	186
9.3	Lei 12.973/2014 e o fim do RTT	186
9.4	Registros em subcontas na adoção inicial da Lei 12.973/2014	187
	9.4.1 AVJ: registro de diferença em subconta	187
	9.4.2 AVP: registro de diferença em subconta	189

	9.4.3 Diferença de taxa de depreciação: registro de diferença em subconta	192
	9.4.4 Ativo reconhecido na FCONT e não registrado na contabilidade societária ...	196

10 IRPJ: lucro presumido ... 199

10.1 Aspectos introdutórios sobre o IRPJ ... 200

10.2 Conceito de lucro presumido ... 201

10.3 Conceito de receita bruta ... 201

10.4 Empresas que podem optar pelo lucro presumido ... 202

10.5 Momento da opção pela sistemática do lucro presumido ... 203

10.6 Periodicidade de apuração e data de recolhimento ... 203

10.7 Percentuais aplicáveis para a determinação do lucro presumido ... 204

    10.7.1 Percentual reduzido para pequenos prestadores de serviços ... 205

10.8 Adicional de imposto de renda ... 206

10.9 Valores a serem acrescentados para apuração da base de cálculo ... 206

    10.9.1 Ganho de capital ... 206

    10.9.2 Rendimentos de aplicação financeira ... 209

    10.9.3 Juros sobre capital próprio (JSCP) ... 209

    10.9.4 Rendimentos provenientes de operação de mútuo ... 210

    10.9.5 Receita com locações de bens imóveis ... 211

10.10 IRPJ e receita financeira decorrente AVP ... 212

10.11 Compensação de Imposto de Renda Retido na Fonte (IRRF) ... 213

10.12 Determinação pelo regime de caixa ou pelo de competência ... 214

10.13 Pagamento em até três quotas mensais ... 215

10.14 Distribuição de lucros com isenção de IRRF ... 216

10.15 Código do DARF para recolhimento do IRPJ pelo lucro presumido ... 217

10.16 Declarações ... 217

11 CSLL: resultado presumido ... 221

11.1 Aspectos introdutórios ... 222

11.2 Alíquotas da CSLL ... 222

11.3 Periodicidade de apuração e data de recolhimento ... 222

11.4 Momento da opção pelo regime do lucro presumido ... 223

11.5 Base de cálculo da CSLL ... 223

11.6 Conceito de receita bruta ... 224

11.7 Acréscimos à base de cálculo da CSLL ... 224

11.8 CSLL e receita financeira decorrente AVP ... 225

11.9 Compensação da CSLL retida na fonte ... 226

11.10 Determinação pelo regime de caixa ou pelo regime de competência ... 227

11.11 Pagamento em quotas mensais 228

11.12 Código do DARF para recolhimento da CSLL pelo lucro presumido 228

12 IRPJ: lucro real 231

12.1 Conceito de lucro real 232

12.2 Alíquota 232

12.3 Adicional do IRPJ 232

12.4 Pessoas jurídicas obrigadas à apuração pelo lucro real 233

12.5 Período de apuração trimestral ou anual 234

12.6 Apuração trimestral 235

    12.6.1 Compensação de prejuízo fiscal na apuração trimestral 235

    12.6.2 Recolhimento do IRPJ na apuração trimestral 236

    12.6.3 Códigos do DARF do IRPJ no lucro real trimestral 236

12.7 Pagamento por estimativa 237

    12.7.1 Determinação da base de cálculo estimada 237

    12.7.2 Valores que devem ser acrescidos à base de cálculo estimada 239

    12.7.3 Valores que não integram a base de cálculo estimada 243

    12.7.4 Contrato de longo prazo e base de cálculo estimada 244

    12.7.5 Balancete de suspensão e balancete de redução 244

    12.7.6 Códigos do DARF do IRPJ pelo Lucro Estimado 250

12.8 Apuração anual do lucro real 250

    12.8.1 Livro de Apuração do Lucro Real (e-LALUR) 250

    12.8.2 Adições: despesas dedutíveis e não dedutíveis 252

    12.8.3 Outras adições 256

12.9 Tratamento fiscal do ágio e do deságio em investimento em participação societária... 259

    12.9.1 Mensuração e reconhecimento do ágio e do deságio 259

    12.9.2 Não dedutibilidade do ágio por expectativa de rentabilidade futura (*goodwill*) 263

    12.9.3 Dedutibilidade do ágio por expectativa de rentabilidade futura (*goodwill*) em caso de incorporação 263

12.10 Perda no recebimento de créditos 264

    12.10.1 Critérios de dedutibilidade das perdas com recebíveis 264

    12.10.2 Definição de operação para fins dedutibilidade da perda no recebimento de crédito 266

    12.10.3 Não dedutibilidade de perda de crédito de operações com partes relacionadas ... 266

    12.10.4 Registro contábil das perdas com recebíveis 266

13 CSLL: lucro real 269

13.1 Aspectos introdutórios 270

13.2 Alíquotas da CSLL 270

13.3	Periodicidade de apuração	271
13.4	Base de cálculo da CSLL	271
13.5	Recolhimento mensal sobre base de cálculo estimada	272
13.6	Resultado ajustado	275
13.7	Dedução da CSLL retida na fonte	276

Parte IV – TÓPICOS ESPECIAIS: IRRF, PCCS E SIMPLES NACIONAL 279

14 IRRF 281

14.1	IRRF sobre a receita de pessoa jurídica prestadora de serviços	282
	14.1.1 Base de cálculo	283
	14.1.2 Alíquota de IRRF sobre receita de prestação de serviços	283
	14.1.3 Código DARF	284
14.2	IRRF sobre rendimento de aplicação financeira	284
	14.2.1 Base de cálculo	284
	14.2.2 Alíquotas	284
14.3	IRRF sobre receita decorrente de contratos de mútuo	285
	14.3.1 Base de cálculo	285
	14.3.2 Alíquotas	286

15 PIS, COFINS E CSLL retidos na fonte 289

15.1	PIS/PASEP, COFINS e CSLL (PCCS) retidos na fonte	290
15.2	Alíquota para retenção de PCCS	290
15.3	Dispensa de retenção	290
15.4	Aproveitamento do valor retido	291
15.5	Código DARF para recolhimento de PCCS	291

16 Simples Nacional 293

16.1	Definição de microempresa e empresa de pequeno porte	294
16.2	Tratamento diferenciado e favorecido para ME e EPP	294
16.3	O Simples Nacional e os impostos e contribuições recolhidos no DAS	295
16.4	Empresas que não podem optar pelo Simples Nacional	296
	16.4.1 Exclusão do Simples Nacional	297
	16.4.2 Atividades que não podem optar pelo Simples Nacional	299
16.5	Base de cálculo	299
16.6	Alíquotas	300
16.7	Cálculo e elaboração do DAS e prazo para recolhimento	300
16.8	Declaração de Informações Socioeconômicas e Fiscais (DEFIS)	300
16.9	Dispensa da retenção de Imposto de Renda na Fonte (IRRF)	300

Sumário   XXVII

16.10 Dispensa da retenção PIS, COFINS e CSLL 301

16.11 Dispensa da retenção por parte de órgãos públicos federais 301

16.12 Apresentação de declaração à fonte pagadora 302

17 RET – Regime Especial de Tributação das Incorporações Imobiliárias **305**

17.1 Relação entre RET e patrimônio de afetação 306

17.2 Patrimônio de afetação 306

17.2.1 Constituição do patrimônio de afetação 307

17.2.2 Registro no Cadastro Geral das Pessoas Jurídicas (CNPJ) 309

17.2.3 Valores excluídos do patrimônio de afetação 309

17.2.4 Constituição de Comissão de Representantes 309

17.2.5 Extinção de patrimônio de afetação 310

17.3 Alíquotas aplicáveis no RET 310

17.4 Momento da opção pelo RET 311

17.4.1 Opção no início das atividades de incorporação 311

17.4.2   Opção ao longo do período de obras 311

17.5 Duração dos efeitos da opção pelo RET 312

17.6 Passo a passo da opção pelo RET 312

17.7 Base de cálculo do RET 313

Índice Remissivo **315**

Referências **319**

Parte I

SISTEMA TRIBUTÁRIO BRASILEIRO, CONTABILIDADE E CONTABILIDADE TRIBUTÁRIA

Esta parte inicial é dedicada à apresentação de aspectos básicos sobre tributo; Sistema Tributário Brasileiro; contabilidade; e contabilidade tributária. O objetivo é lançar a base conceitual que será utilizada ao longo de todo o livro.

O Capítulo 1 discute os conceitos básicos referentes a tributo e ao Sistema Tributário Brasileiro. São discutidos temas fundamentais, tais como: conceito de tributo; competência tributária; obrigações tributárias principal e acessória; base de cálculo e alíquota; incidência, não incidência, imunidade, isenção, suspensão e diferimento; e regimes de tributação.

O Capítulo 2 aborda questões fundamentais sobre contabilidade. Entre outros assuntos, são apresentados os conceitos de contabilidade; patrimônio; e fatos contábeis. Também são apresentadas as técnicas contábeis, com ênfase para escrituração e demonstrações contábeis.

O Capítulo 3 discorre sobre uma parte específica da contabilidade: a contabilidade tributária. São abordados temas como os conceitos de contabilidade tributária; planejamento tributário; e escrituração fiscal.

CAPÍTULO **1**

Tributo e Sistema Tributário Brasileiro

Este capítulo apresenta conceitos básicos sobre tributo. Inicialmente, apresenta-se a definição de Sistema Tributário Brasileiro e de tributo. Tributo é conceituado como a principal fonte de receita do ente governamental. O capítulo prossegue explicitando as espécies tributárias segundo as teorias bipartite, tripartite, quadripartite e pentapartite; discutindo a distribuição da competência tributária pela Constituição Federal. O capítulo inclui uma breve discussão sobre legislação tributária, Princípios de Direito Tributário e aspectos práticos, tais como base de cálculo e alíquota. O capítulo é finalizado com uma explanação sobre substituição tributária por antecipação e por diferimento.

Objetivos de aprendizagem

Após estudar este capítulo, você deverá ser capaz de:

1. compreender o conceito de tributos;
2. compreender o Sistema Tributário Brasileiro;
3. reconhecer os principais tipos de normas legais;
4. identificar a vigência de normas tributárias no tempo e no espaço;
5. distinguir a diferença entre impostos, taxas, contribuições e empréstimo compulsório;
6. compreender as competências tributárias dos entes públicos, bem como as limitações ao poder de tributar;
7. diferenciar obrigação tributária principal de obrigação tributária acessória;

8. conceituar lançamento tributário como o ato administrativo que materializa o crédito tributário;
9. compreender o significado e a utilidade das variáveis base de cálculo e alíquota;
10. apontar os princípios de direito tributário;
11. discernir entre não incidência, imunidade, isenção, suspensão e diferimento;
12. compreender o instituto da substituição tributária;
13. classificar os tributos como diretos e indiretos;
14. apontar os regimes de tributação aplicáveis aos tributos federais.

1.1 DEFINIÇÃO DE TRIBUTO

Objetivo de Aprendizagem 1

De acordo com o art. 3º do Código Tributário Nacional (CTN), Lei 5.172/1966, tributo é "toda prestação pecuniária compulsória, em moeda ou cujo valor nela se possa exprimir, que não constitua sanção de ato ilícito, instituída em lei e cobrada mediante atividade administrativa plenamente vinculada". Essa definição incorpora uma série de características essenciais dos tributos, são elas:

> Tributo é a principal fonte de recursos dos Estados. A receita tributária é considerada receita derivada, porque deriva do poder do Estado de instituí-lo e cobrá-lo.

a) **prestação pecuniária compulsória**: aquilo que é obrigatoriamente pago, valor que é forçosamente pago ao Estado;

b) **em moeda ou cujo valor nela se possa exprimir**: o recolhimento aos cofres públicos deve ser em moeda corrente. Porém é admissível a permissão legal para que o pagamento ocorra em equivalentes de moeda, assim como algum indexador;

c) **que não constitua sanção de ato ilícito**: o pagamento do tributo não é consequência do descumprimento da lei, tal como ocorre com as multas. Assim, as multas e demais penalidades pecuniárias não configuram qualquer tipo de tributo;

d) **instituída em lei**: ninguém pagará tributo senão por força de lei, pois não há tributo se não houver lei que o estabeleça;

e) **cobrada mediante atividade administrativa plenamente vinculada**: a atividade vinculada é oposta à atividade discricionária. Na atividade discricionária o agente público pode realizar escolha subjetiva. Por outro lado, na atividade vinculada o agente público atua e abstém-se de atuar em conformidade com o comando legal. Na atividade administrativa de cobrança de tributos o agente público não tem qualquer liberdade, ele deve agir no estrito cumprimento da lei.

1.2 CONCEITO DE SISTEMA TRIBUTÁRIO BRASILEIRO

O Sistema Tributário Brasileiro é composto pelos tributos de competência da União, dos Estados, dos Municípios e do Distrito Federal e é regido pelo disposto na Constituição Federal, na Emenda Constitucional 18/1965, em Leis Complementares, em resoluções do Senado Federal e, nos limites das respectivas competências, em leis federais, estaduais ou municipais.

1.3 LEGISLAÇÃO TRIBUTÁRIA

De acordo com o art. 96 do Código Tributário Nacional (CTN), Lei 5.172/1966, a expressão "legislação tributária" abarca leis, tratados e convenções internacionais, decretos e normas complementares que tratem, no todo ou em parte, sobre tributos e suas relações jurídicas. Assim, a legislação tributária inclui:

1.3.1 Constituição Federal

A Constituição Federal (CF) também é denominada de Carta Magna, Carta Política ou Lei Maior. Isso porque todas as demais leis do país estão subordinadas aos princípios, regras e limitações que ela estabelece.

A modificação da CF requer uma Proposta de Emenda à Constituição (PEC), que só pode ser apresentada:

a) pelo Presidente da República;
b) por um terço, no mínimo, dos Deputados Federais;
c) por um terço, no mínimo, dos Senadores; ou
d) por metade, no mínimo, das Assembleias Legislativas dos Estados, sendo que cada Assembleia Estadual deve se manifestar pela maioria de seus membros.

A PEC deve ser discutida e votada em cada Casa do Congresso Nacional, Câmara dos Deputados e Senado Federal, em dois turnos de votação. Para ser aprovada, a PEC precisa receber três quintos dos votos dos respectivos membros em cada turno e em cada Casa do Congresso Nacional.

A CF brasileira possui diversos trechos que tratam de matérias tributárias, particularmente os arts. 145 a 162.

6 CONTABILIDADE TRIBUTÁRIA

1.3.2 Leis complementares

Leis complementares são aquelas expressamente exigidas pela CF brasileira para regulamentar certas matérias que possuem importância especial ou são polêmicas. A título de exemplo de matéria para a qual a CF exige regulamentação por lei complementar, pode-se mencionar a definição de tratamento diferenciado e favorecido para as microempresas e as empresas de pequeno porte.

Exemplo 01 – Lei complementar e as microempresas e empresas de pequeno porte

A Lei Complementar 123/2003 estabelece normas gerais relativas ao tratamento diferenciado e favorecido a ser dispensado às microempresas e empresas de pequeno porte pela União, pelos Estados, pelo Distrito Federal e pelos Municípios.

Essa lei dá especial atenção à apuração e ao recolhimento dos impostos e contribuições, mediante regime único de arrecadação, inclusive obrigações acessórias, e ao cumprimento de obrigações trabalhistas, sendo a base legislativa daquilo que se denomina **Simples Nacional**.

A CF exige lei complementar para regulamentar diversas matérias tributárias, tais como: disposição sobre conflitos de competência, em matéria tributária, entre a União, os Estados, o Distrito Federal e os Municípios; regulamentação das limitações constitucionais ao poder de tributar; estabelecimento de normas gerais em matéria de legislação tributária e disposição sobre o adequado tratamento tributário ao ato cooperativo praticado pelas sociedades cooperativas.

Para a aprovação de uma lei complementar exige-se *quórum qualificado*, ou seja, a maioria absoluta dos votos dos parlamentares que integram a Câmara dos Deputados Federais e o Senado Federal.

Exemplo 02 – Quórum qualificado para aprovação de lei complementar

Dois projetos de lei complementar foram submetidos à aprovação da Câmara dos Deputados e do Senado Federal e receberam a seguinte votação:

Projetos	Câmara dos Deputados				Senado Federal			
	Favor	Contra	Abstenção	Total	Favor	Contra	Abstenção	Total
A	250	30	200	480	41	30	2	73
B	257	250	1	508	41	40	0	81

A Câmara dos Deputados é composta por 513 parlamentares e o Senado Federal, por 81 Senadores. Dessa forma, o projeto A não foi aprovado porque não atingiu o quórum de 257 votos favoráveis na Câmara dos Deputados, apesar de haver conseguido maioria absoluta no Senado Federal. Já o projeto B obteve aprovação por maioria absoluta dos votos em ambas as casas legislativas.

1.3.3 Leis ordinárias

As leis ordinárias são as leis mais comuns e são responsáveis por instituir tributos; definir seu fato gerador; caracterizar o sujeito passivo da obrigação tributária;

estabelecer hipóteses de não incidências; definir base de cálculo; e fixar alíquotas. Leis ordinárias regulam matérias para as quais a CF não exige lei complementar. Como exemplos de leis ordinárias podem-se mencionar a Lei Orçamentária Anual (LOA); a Lei das Sociedades por Ação – Lei 6.404/1976; as leis que autorizam a criação de empresas públicas, sociedades de economia mista, autarquias e fundações.

Exemplo 03 – Lei ordinária e o fim do Regime Tributário de Transição (RTT)

A Lei 12.973/2014 acabou com o Regime Tributário de Transição (RTT) que havia sido estabelecido pela Lei 11.941/2009. Por esse regime, os aumentos/reduções em valores de receitas/despesas decorrentes da convergência aos padrões internacionais de contabilidade, que foi determinada pela Lei 11.638/2007, não seriam tributáveis/dedutíveis para fins tributários até que uma nova lei viesse a regular a matéria. Essa nova lei veio a ser a de nº 12.973/2014. As Leis 11.638/2007, 11.941/2009 e 12.973/2014 são leis ordinárias.

As leis ordinárias são aprovadas por maioria simples dos parlamentares da Câmara dos Deputados e do Senado Federal. Por maioria simples entende-se a maioria dos presentes durante a votação, desde que a maioria dos parlamentares de cada casa esteja presente.

Exemplo 04 – Maioria simples e aprovação de lei ordinária

Dois projetos de lei ordinária foram submetidos à aprovação da Câmara dos Deputados e do Senado Federal e receberam a seguinte votação:

Projetos	Câmara dos Deputados				Senado Federal			
	Favor	Contra	Abstenção	Total	Favor	Contra	Abstenção	Total
A	250	30	200	480	41	30	2	73
B	257	250	1	508	41	40	0	81

A Câmara dos Deputados é composta por 513 parlamentares e o Senado Federal, por 81 Senadores. Dessa forma, ambos os projetos foram aprovados porque receberam votos a favor da maioria dos presentes e os presentes representavam a maioria dos parlamentares que compõem as casas legislativas de nossa Federação.

1.3.4 Decretos legislativos

Os decretos legislativos destinam-se a matérias que são de competência exclusiva do Congresso Nacional. A título de exemplo de tais matérias, podem-se mencionar: as relações jurídicas decorrentes de medida provisória não convertida em lei; resolução definitiva sobre tratados, acordos ou atos internacionais que acarretem encargos ou compromissos gravosos ao patrimônio da nação; autorização para o Presidente da República declarar guerra ou celebrar a paz e autorização para o Presidente e para o Vice-Presidente da República se ausentarem do País por mais de quinze dias.

Para a legislação tributária, são importantes os decretos legislativos que ratificam tratados e convenções internacionais e os integram ao direito positivo nacional.

8 CONTABILIDADE TRIBUTÁRIA

> **Exemplo 05 – Decreto legislativo: acordo Brasil-Venezuela sobre imposto de renda**
>
> O Decreto Legislativo 559, aprovado em 06 de agosto de 2010, aprovou o texto da Convenção entre o Governo da República Federativa do Brasil e o Governo da República Bolivariana da Venezuela para Evitar a Dupla Tributação e Prevenir a Evasão Fiscal em Matéria de Imposto sobre a Renda, assinada em Caracas, em 14 de fevereiro de 2005. Posteriormente, o Decreto 8.336, de 12 de novembro de 2014, considerando a aprovação do Congresso Nacional, promulgou referida convenção.

O projeto de decreto legislativo deve ser discutido e votado na Câmara dos Deputados e no Senado Federal e, se aprovado, é promulgado pelo presidente do Senado Federal. O Presidente da República não participa desse processo de aprovação e, portanto, nele não tem poder de veto.

1.3.5 Decretos

Decretos são atos administrativos do Presidente da República, de Governadores e de Prefeitos. Os decretos são instrumentos habitualmente utilizados para nomeações e para a regulamentação de leis, dando efetivo cumprimento e estabelecendo procedimentos operacionais que permitem sua aplicação. Não se deve confundir decreto com decreto legislativo.

Os decretos não podem ir contra ou além da lei, pois o seu efeito se restringe a regulamentar ou dar execução à lei.

> **Exemplo 06 – Decreto 3.000/1999: regulamento do imposto sobre a renda**
>
> O Decreto 3.000, de 26 de março de 1999, baixado pelo Presidente da República, regulamenta a tributação, fiscalização, arrecadação e administração do Imposto sobre a Renda e Proventos de Qualquer Natureza.

> **Exemplo 07 – Decreto 45.900/2000: regulamento do ICMS do Estado de São Paulo**
>
> O Decreto 45.900, de 30 de novembro de 2000, baixado pelo Governador de São Paulo, aprova o Regulamento do Imposto sobre Operações Relativas à Circulação de Mercadorias e sobre Prestações de Serviços de Transporte Interestadual e Intermunicipal e Comunicação (RICMS) no âmbito de São Paulo.

1.3.6 Portarias, instruções normativas e ordens de serviço

Portarias, instruções normativas e ordens de serviço são atos administrativos baixados por Ministros e Secretários de Estados, bem como por chefes e representantes de órgão públicos, que têm como objetivo fixar procedimentos e clarificar trechos de leis e decretos de modo a tornar operacional as determinações das leis e/ou decretos sobre os quais se fundamentam.

1.4 VIGÊNCIA DA NORMA TRIBUTÁRIA

A vigência das normas jurídicas possui duas dimensões, uma temporal e outra espacial.

Objetivo de Aprendizagem 4

A dimensão temporal refere-se ao período de tempo em que o cumprimento da norma pode ser requerido àqueles a ela submetidos. Sob essa dimensão, a vigência se inicia na data em que a lei, ou outra norma jurídica, se torna apta para ter seu cumprimento exigido a todos os que a ela estejam submetidos. Como regra geral, a data de início de vigência é fixada na própria norma. Porém, caso isso não ocorra, a vigência se iniciará 45 dias após a data de publicação do ato normativo, conforme disposição da Lei de Introdução às Normas do Direito Brasileiro. O início da vigência também pode ser previamente estabelecido pelo legislador, condicionado a evento futuro.

É habitual não haver previsão de término de vigência da norma. Contudo, é possível a emissão de norma tributária vinculada a situação provisória. Nesse caso, a norma terá eficácia temporária.

A dimensão espacial refere-se à sua validade territorial. Nesse caso, a regra geral é que a norma tenha validade no território do ente que a edite, União, Estado, Município ou Distrito Federal. Todavia, é possível haver validade fora do território do ente que editou a norma. Para que essa extraterritorialidade ocorra, é necessário que os diferentes entes tributantes firmem tratados ou convênios. Outra possibilidade é que haja normas gerais editadas pela União regulando a extraterritorialidade.

Assim, a norma tributária tem vigência em dado tempo e em dado lugar.

1.5 ESPÉCIES DE TRIBUTOS NA CONSTITUIÇÃO FEDERAL E NA DOUTRINA BRASILEIRA

Existem quatro diferentes visões quanto às espécies tributárias, que os juristas brasileiros costumam denominar de teorias bipartite, tripartite, quadripartite e pentapartite.

Objetivo de Aprendizagem 5

Segundo a **teoria bipartite**, existem apenas duas espécies de tributos: tributos vinculados e tributos não vinculados. Essa abordagem fundamenta-se no art. 4º do CTN, que afirma que a natureza específica do tributo é determinada pelo fato gerador da respectiva obrigação. Portanto, a classificação dos tributos seria decorrência da existência ou não de uma contraprestação do estado: a) tributos vinculados são aqueles para os quais se vinculam uma contraprestação específica do estado, como as taxas; e b) tributos não vinculados são aqueles para os quais nenhuma contraprestação específica do estado é requerida, como os impostos. Essa abordagem é defendida em Ataliba (2014) e Becker (1972).

> **Teoria bipartite:** apenas os tributos vinculados requerem uma contraprestação específica do Estado.

> **Teoria tripartite:** os tributos são impostos, taxas e contribuições de melhoria.

De acordo com a **teoria tripartite**, existem três espécies de tributos. Essa abordagem fundamenta-se no art. 5º do CTN, que afirma: "os tributos são impostos, taxas e contribuições de melhoria". Semelhante afirmação é feita no art. 145 da CF de 1988. A teoria tripartite é um desdobramento da teoria bipartite, pois entende que o tributo pode ser: 1) vinculado a um serviço público, como as taxas por serviços públicos e a contribuição de melhoria decorrente de obras públicas; 2) vinculado ao exercício do poder de polícia, como a taxa de emissão de alvará de funcionamento; ou 3) não vinculado, como os impostos. Essa é a abordagem defendida por Carrazza (2003).

> **Teoria quadripartite:** os tributos são impostos, taxas, contribuições de melhoria e empréstimos compulsórios.

A **teoria quadripartite** defende a existência de quatro espécies tributárias, adicionando os empréstimos compulsórios como a quarta espécie tributária a ser acrescida àquelas arroladas pela teoria tripartite. Assim, as espécies tributárias seriam: impostos, taxas, contribuições de melhoria e empréstimos compulsórios. A teoria quadripartite encontra fundamento nos arts. 5º e 15 do CTN. Essa é a visão adotada por Moraes (1996).

> **Teoria pentapartite:** os tributos são impostos, taxas, contribuições de melhoria, empréstimos compulsórios e contribuições especiais.

Finalmente, a **teoria pentapartite** fundamenta-se no art. 145 da CF/1988 e no art. 5º do CTN, bem como nos arts. 148 e 149 da CF e no art. 217 do CTN, para estabelecer a existência de cinco espécies tributárias: impostos, taxas, contribuições de melhoria, empréstimos compulsórios e contribuições especiais. As três primeiras são qualificadas pelo fato gerador, conforme o art. 4º do CTN. Por sua vez, os empréstimos compulsórios são caracterizados pelo seu caráter restituível e as contribuições especiais, por sua finalidade ou destinação dos recursos. A seguir é apresentada uma breve caracterização de cada espécie tributária aqui mencionada:

a) **Impostos**: não requer contraprestação do estado em benefício do contribuinte. Para que o contribuinte, ou sujeito passivo, seja obrigado a pagar impostos, basta que incorra em determinada situação previamente determinada em lei. Tal situação é denominada fato gerador do imposto.

b) **Taxas**: vinculam-se à utilização de determinado serviço público disponibilizado pelo estado para o contribuinte. Tais serviços devem ser específicos e divisíveis. A utilização não precisa ser efetiva, pois o potencial uso pelo contribuinte é bastante para obrigá-lo ao pagamento da taxa. As taxas podem se referir ao exercício de poder de polícia pelo ente estatal, tal como o fornecimento de alvarás de construção ou de funcionamento ou a outro tipo de serviço, como iluminação pública ou coleta de lixo.

c) **Contribuições de melhoria**: vinculam-se a benefícios recebidos pelo contribuinte como decorrência de obras públicas.

d) **Empréstimos compulsórios**: são empréstimos que a União pode instituir, sob as determinações do art. 148 da CF/1988 e do art. 15 do CTN, para forçar a iniciativa privada a lhe fornecer recursos: i) para atender a despesas extraordinárias, decorrentes de calamidade pública, de guerra externa ou sua iminência; e/ou ii) no caso de investimento público de caráter urgente e de relevante interesse nacional, observado o disposto no art. 150, III, *b*, da CF/1988. O parágrafo único do art. 148 da CF/1988 determina que a aplicação dos recursos provenientes de empréstimo compulsório será vinculada à despesa que fundamentou sua instituição. Por sua vez, o parágrafo único do art. 15 do CTN estabelece que a lei fixará obrigatoriamente o prazo do empréstimo e as condições de seu resgate, observando, no que for aplicável, o disposto no próprio CTN.

e) **Contribuições sociais**: são incidentes sobre folha de pagamentos, faturamento e/ou lucro das empresas. Essas contribuições objetivam o financiamento de atividades sociais do governo. Sobre a folha de salários, têm-se a contribuição ao Instituto Nacional da Seguridade Social (INSS); sobre o lucro, há a Contribuição Social Sobre o Lucro Líquido (CSLL); e sobre o faturamento, têm-se a Contribuição para o Programa de Integração Social ou para o Programa de Integração do Servidor Público (PIS/PASEP) e a Contribuição para o Fundo de Investimento Social (COFINS).

As taxas e a contribuição de melhorias possuem menor peso como origens de recursos dos entes públicos e como encargos das empresas. Por outro lado, os impostos representam uma importante fonte de receita para o estado e um significativo dispêndio para as empresas. Em anos mais recentes, as contribuições sociais passaram a ter peso relevante sobre as transações econômicas.

Exemplo 08 – Pagamento de impostos, taxas e contribuições

Em janeiro de X0, a Indústria Assis Ltda. registrou o pagamento dos seguintes tributos:

IPI	R$ 100.000
PIS	R$ 15.000
COFINS	R$ 35.000
Taxa de Localização e Funcionamento (TLF)	R$ 4.600
ICMS	R$ 180.000
IRPJ	R$ 16.000
CSLL	R$ 9.000
Soma	R$ 359.600

Dessa forma, os montantes por espécie tributária foram:

Impostos (IPI + ICMS + IRPJ)	R$ 296.000
Contribuições Sociais (PIS + COFINS + CSLL)	R$ 59.000
Taxa	R$ 4.600
Soma	R$ 359.600

1.6 COMPETÊNCIAS TRIBUTÁRIAS

Objetivo de Aprendizagem 6

A Constituição Federal (CF) de 1988 distribui a competência para instituir tributos entre os entes federativos: União, Estados, Municípios e Distrito Federal. Essa autorização constitucional abarca a competência legislativa plena, limitada apenas pelas ressalvas existentes na própria Carta Magna.

Tanto a União, quanto os Estados, os Municípios e o Distrito Federal têm competência para instituir taxas relacionadas à sua prestação de serviço ou exercício do poder de polícia, bem como contribuição de melhoria relacionada à realização de obra pública por elas promovidas e que beneficie propriedade imobiliária do contribuinte. Dessa forma, a competência para instituir taxas e contribuições de melhoria é uma competência comum ou compartilhada entre a União, os Estados, o Distrito Federal e os Municípios.

A competência para instituir impostos é competência privativa de cada nível de governo, sendo que a Constituição Federal a distribui da seguinte forma:

a) Compete à União instituir:
- ✓ Imposto sobre Importação (II) de produtos estrangeiros;
- ✓ Imposto sobre Exportação (IE) para o exterior de produtos nacionais ou nacionalizados;
- ✓ Imposto sobre Produtos Industrializados (IPI);
- ✓ Imposto sobre a Renda (IR) e proventos de qualquer natureza;
- ✓ Imposto sobre Operações de crédito, câmbio e seguro, ou relativas a títulos ou valores mobiliários (IOF);
- ✓ Imposto sobre Propriedade Territorial Rural (ITR);
- ✓ Imposto sobre Grandes Fortunas (IGF).

b) Compete aos Estados e ao Distrito Federal instituir:
- ✓ Imposto sobre Circulação de Mercadorias e prestação de Serviços de transporte interestadual e intermunicipal e de comunicação (ICMS);
- ✓ Imposto sobre Transmissão *Causa Mortis* e Doação de quaisquer bens e direitos (ITCMD); e
- ✓ Imposto sobre Propriedade de Veículos Automotores (IPVA);

c) Compete aos Municípios instituir:
- ✓ Imposto sobre Serviços de Qualquer Natureza (ISS);
- ✓ Imposto sobre a Propriedade Predial e Territorial Urbana (IPTU);
- ✓ Imposto sobre a transmissão *inter vivos*, a qualquer título, por ato oneroso, de bens imóveis, por natureza ou por acessão física, e de direitos reais sobre imóveis, exceto os de garantia, bem como cessão de direitos e sua aquisição (ITBI).

Como a competência para instituir imposto é privativa, a omissão do ente estatal competente não autoriza outro ente estatal a instituir e arrecadar determinado imposto que não seja de sua competência. Assim, por exemplo, se um determinado Município se omitir e não instituir e cobrar o Imposto Sobre Serviços (ISS), tal omissão não autoriza o Estado ou a União a instituí-lo e cobrá-lo naquela jurisdição.

> A competência tributária é privativa: um ente estatal não pode instituir imposto que seja de competência de outro, dele distinto.

Porém, a União possui competência cumulativa ou múltipla, que lhe dá poder para instituir os tributos estaduais, elencados na letra "B" *supra*, nos Territórios Federais. Além disso, nos Territórios Federais que não forem divididos em Municípios, a União também poderá instituir os tributos municipais, elencados na letra "C" *supra*.

A União também pode instituir impostos extraordinários em caso de guerra externa ou em sua iminência. Também poderá instituir impostos residuais, desde que sejam: criados por lei complementar; não cumulativos; e que não tenham fato gerador ou base de cálculo própria de quaisquer dos impostos já previstos na Constituição Federal. Isso é o que se denomina de competência residual.

1.7 OBRIGAÇÃO TRIBUTÁRIA

Obrigação tributária é uma imposição para que o contribuinte, pessoa física ou jurídica, pague tributo ou pratique certo ato ou, ainda, abstenha-se de praticar ou participar de certo ato ou fato, sob pena de sanção. Existem duas espécies de obrigações tributárias:

Objetivo de Aprendizagem 7

i. **obrigação principal**: decorre do fato gerador e se refere à obrigação de pagar tributo, penalidade pecuniária ou ambos, e seus acréscimos. A obrigação principal cessa com a extinção do crédito tributário, mediante pagamento, compensação de crédito em favor do contribuinte, prescrição, decadência ou sentença transitada em julgado;

ii. **obrigações acessórias**: decorrem da legislação e se referem à determinação para que o sujeito passivo, contribuinte, faça ou deixe de fazer algo no interesse da arrecadação ou da fiscalização dos tributos. A obrigação acessória tem por finalidade viabilizar a averiguação da ocorrência do fato gerador da obrigação tributária principal. A obrigação tributária acessória não cumprida se transforma em obrigação principal, pois culmina na aplicação de multa.

> A obrigação tributária pode ser principal ou acessória. Obrigação principal é a de pagar tributo e decorre do fato gerador; já a obrigação acessória decorre da legislação.

As obrigações de emitir nota fiscal e de escriturar livros fiscais são exemplos de obrigações tributárias acessórias.

A obrigação tributária possui quatro elementos:

i. **fato gerador**: evento previsto em lei que, ocorrendo, faz surgir a obrigação tributária principal. A circulação de mercadoria é o fato gerador do ICMS, a propriedade de imóveis urbanos é o fato gerador do IPTU, a propriedade de automóvel é o fato gerador do IPVA e auferir renda é o fato gerador do Imposto de Renda;

ii. **sujeito ativo**: uma das pessoas jurídicas de direito público interno, titular da competência conferida pela Constituição Federal para instituir e cobrar tributo. Assim, o sujeito ativo será sempre um Ente estatal: União, Estado, Distrito Federal ou Município;

iii. **sujeito passivo**: pessoa física ou jurídica que está obrigada a satisfazer a obrigação tributária. Pode ser contribuinte ou responsável. Contribuinte é o sujeito passivo que tem relação pessoal e direta com o fato gerador da obrigação tributária. Responsável tributário é o sujeito passivo que, por disposição expressa em lei, tem a obrigação de satisfazer a obrigação tributária, mesmo sem ser o contribuinte. A título de exemplo, pode-se mencionar o Imposto de Renda Retido na Fonte (IRRF) pelo tomador de serviço em relação a determinado prestador. Nesse caso, o tomador do serviço é responsável por reter o imposto sobre os honorários do prestador de serviço e efetuar o recolhimento à União. Porém, o contribuinte é o prestador de serviço;

iv. **objeto**: refere-se à obrigação que o sujeito passivo deve cumprir. É a prestação a ser satisfeita, que pode ser uma obrigação de dar, de fazer ou, ainda, de abster-se.

1.8 LANÇAMENTO TRIBUTÁRIO

Objetivo de Aprendizagem 8

Lançamento tributário é um ato administrativo que materializa o crédito tributário nascido com o fato gerador. De acordo com o art. 142 do CTN, o lançamento tributário é o ato tendente a verificar a ocorrência do fato gerador da obrigação correspondente, determinar a matéria tributável, calcular o montante do tributo devido, identificar o sujeito passivo e, sendo o caso, propor a aplicação da penalidade cabível.

O CTN prevê três espécies de lançamento:

a) **Lançamento de ofício, unilateral ou direto** é a espécie de lançamento em que a autoridade identifica a ocorrência do fato gerador da obrigação tributária, apura o montante do tributo, identifica o sujeito passivo e, se for o caso, propõe a aplicação de pena que julgar cabível. O contribuinte não tem participação nessa modalidade de lançamento e, por isso, deve ser notificado sobre sua concretização. A título de exemplo, pode-se mencionar o caso do Imposto Predial Territorial Urbano (IPTU).

b) **Lançamento por declaração** é aquele efetuado com base na declaração do sujeito passivo ou de terceiros, quando um ou outro, na forma da legislação tributária, presta à autoridade administrativa informações sobre matéria de fato, indispensáveis à sua efetivação. A título de exemplo, pode-se mencionar o caso do Imposto sobre Transmissão de Bens Imóveis (ITBI).

c) **Lançamento por homologação ou autolançamento** é efetuado pelo próprio contribuinte, que efetua as tarefas necessárias para a constituição do crédito, sem prévio exame da autoridade fiscal. Dessa forma, o sujeito passivo toma as providências de apurar, informar e pagar o montante da obrigação tributária que apurou. O art. 150 do CTN estabelece que, se a lei não fixar outro prazo, a homologação se dará tacitamente depois de decorridos cinco anos do fato gerador. A título de exemplo, pode-se mencionar o caso do ICMS.

1.9 BASE DE CÁLCULO

Valor que serve de base para a apuração do montante do tributo a ser recolhido aos cofres públicos. O valor do tributo é apurado multiplicando-se a base de cálculo por um determinado percentual definido para o cálculo do tributo. De acordo com a Constituição Federal, a base de cálculo deve ser definida em lei complementar e sua alteração deve obedecer aos princípios da legalidade, da anterioridade e da irretroatividade. Esses princípios são abordados no item "Princípios de direito tributário".

Objetivo de Aprendizagem 9

1.10 ALÍQUOTA

Alíquota é o percentual que a lei estabelece para ser aplicado sobre a base de cálculo quando da apuração do montante do tributo devido. A modificação de alíquota deve obedecer aos princípios da legalidade, da anterioridade e da irretroatividade abordados mais adiante no item "Princípios de direito tributário".

Objetivo de Aprendizagem 9

Exemplo 09 – Base de cálculo e alíquota

Em janeiro de 20X0 a Ariane Assistência Veterinária Ltda. apurou o seguinte valor de ISS a recolher:

Base de cálculo	R$ 400.000
Alíquota	× 5%
Valor do ISS	R$ 20.000

1.11 PRINCÍPIOS DE DIREITO TRIBUTÁRIO

Objetivo de Aprendizagem 10

Os princípios de direito tributário são diretrizes gerais que regulam todos os demais regramentos jurídicos tributários. Assim, uma norma jurídica só terá validade se estiver em rigorosa sintonia com tais determinações. Esses princípios emanam da Constituição Federal e do CTN. São eles:

> Princípios de direito tributário são limitações ao poder de tributar e visam conceder segurança jurídica ao ambiente econômico e proteger o contribuinte de eventual excesso por parte do Ente tributante.

a) **Princípio da legalidade**: estabelece que não se pode instituir ou majorar tributos sem que haja uma determinação legal para tanto. Esse princípio fundamenta-se no art. 150, I, da CF/1988, que determina que é vedado à União, aos Estados, aos Municípios e ao Distrito Federal exigir ou aumentar tributos sem lei que o estabeleça. Essa é uma garantia fundamental e configura uma cláusula pétrea, que não pode ser suprimida por nenhum meio. Assim, tributos não podem ser criados nem majorados por outros instrumentos normativos, tais como decretos, instruções normativas ou portarias, exceto nos casos de impostos extrafiscais, tais como o IOF e o Imposto de Importação.

b) **Princípio da anterioridade**: estabelece que a União, os Estados, o Distrito Federal e os Município, entes tributantes, não podem cobrar tributos no mesmo exercício financeiro em que haja sido publicada a lei que os instituiu ou aumentou. Esse princípio está fixado pelo art. 150, III, da CF/1988 e objetiva evitar a surpresa tributária. Alguns tributos, como o Imposto sobre Produtos Industrializados (IPI), poderão ter suas alíquotas aumentas após decorridos 90 (noventa) dias da publicação do decreto, ou lei, que o houver aumentado. O empréstimo compulsório para atender às despesas extraordinárias decorrentes de calamidade pública, guerra externa ou sua iminência não obedece ao princípio da anterioridade anual ou nonagesimal.

c) **Princípio da irretroatividade da lei**: impede que os entes tributantes cobrem tributos em relação a fatos geradores ocorridos antes do início da vigência da lei que os houver instituído ou aumentado.

d) **Princípio da isonomia tributária**: proíbe os entes federados de instituir tratamento desigual entre contribuintes que se encontrem em situação equivalente, proibida qualquer distinção em razão de ocupação profissional ou função por eles exercida, independentemente da denominação jurídica dos rendimentos, títulos ou direitos.

e) **Princípio da imunidade recíproca**: ressalvada a cobrança de taxas e contribuição de melhoria, a União, os Estados, o Distrito Federal e os Municípios não podem exigir tributos dos demais.

f) **Princípio da uniformidade geográfica**: obriga a União a dar tratamento uniforme em todo o território nacional, ficando proibida a criação de distinção em relação aos Estados, aos Municípios e ao Distrito Federal.

g) **Princípio da proibição de confisco**: proíbe que o ente tributante utilize o poder de tributar para tomar integralmente o patrimônio ou a renda do contribuinte.

h) **Princípio da capacidade contributiva**: estabelece que se deve exigir mais do contribuinte com melhor condição econômica e menos do contribuinte com menor capacidade para contribuir com o erário público. Esse princípio recomenda o uso de alíquotas progressivas, bem como redução, parcial ou total, de base de cálculo.

i) **Princípio da não cumulatividade**: determina que o tributo pago em operações ou prestações anteriores seja compensado quando da apuração do montante a ser recolhido. O ICMS e o IPI historicamente respeitam esse princípio. Mas, recentemente, as contribuições para PIS/PASEP e COFINS também foram contempladas com modalidade não cumulativa.

1.12 INCIDÊNCIA, NÃO INCIDÊNCIA, IMUNIDADE, ISENÇÃO, SUSPENSÃO E DIFERIMENTO

Incidência é a materialização no mundo econômico de um fato que já estava abstratamente previsto na lei e que, assim, faz com que a norma tributária produza efeitos. Também é denominada de hipótese de incidência porque é uma previsão hipotética da lei. Porém, se tal situação hipotética acontecer no mundo fático, ocorrerá o fato gerador e surgirá a obrigação de pagar o tributo. A título de exemplo, pode-se mencionar a circulação de determinada mercadoria, tributada pelo ICMS.

Não incidência é a ausência de previsão legal relativamente à hipótese de incidência. Não havendo previsão legal relacionando determinado evento econômico à hipótese de incidência, não há a ocorrência do fato gerador e, consequentemente, não nasce a obrigação tributária principal. Como exemplo de não incidência pode ser mencionado o aluguel de bens móveis, que não está no campo de incidência do ICMS nem no do ISS.

Imunidade é uma forma especial de não incidência, estabelecida pela Constituição Federal, que é estabelecida quando a Carta Magna veda expressamente a incidência de tributos sobre determinadas transações, situações ou pessoas. Pode-se mencionar a proibição para instituir imposto sobre patrimônio, renda ou serviços das entidades de educação e de assistência social. Também se pode mencionar a vedação a que se institua imposto sobre livros, jornais, periódicos e o papel destinado à sua impressão, conforme determina o art. 150, III, da Constituição Federal.

Isenção é a situação em que a ocorrência do fato gerador é anulada por uma lei específica, emitida pelo ente político competente. Assim, a isenção pode ser entendida como um tipo de não incidência legal, em que uma lei elimina a hipótese de incidência previamente estabelecida no ordenamento jurídico. Dessa forma, a isenção desobriga o sujeito passivo, dela beneficiário, de ter que recolher o tributo decorrente da ocorrência do fato gerador. O ente público competente pode conceder isenção a determinada pessoa, situação ou transação. A título de exemplo de isenção, pode-se mencionar a isenção de IPI concedida a portador de deficiência física, visual, mental severa ou profunda, ou autista, para a aquisição de automóveis de passageiros ou veículo misto, de fabricação nacional.

Suspensão é a postergação da exigência do pagamento do imposto. Diante da suspensão, há uma interrupção temporária dessa exigência. Existem duas diferentes classes de suspensão do crédito tributo: a) a suspensão do crédito tributário estabelecida no art. 151 do CTN; b) a suspensão de exigências fiscais concedida por lei específica do competente ente tributante.

A suspensão estabelecida no art. 151 do CTN se dá por:

✓ **moratória**: postergação do prazo para pagamento do tributo devido, dada por lei. Regra geral, só poderá ser concedida se o crédito tiver sido constituído ou se o lançamento foi iniciado. Por definição, somente a pessoa jurídica de direito público competente para instituir o tributo pode concedê-la. Pode ser: i) geral, que é concedida por lei, sem depender de despacho da autoridade administrativa; ou ii) individual, em que o benefício é reconhecido por despacho da autoridade administrativa, autorizada por lei;

✓ **depósito do montante integral**: depósito de valor equivalente ao total do crédito tributário em discussão. Objetiva parar a cobrança pelo Fisco até que a contenda sobre o crédito seja resolvida;

✓ **reclamações e recursos administrativos**: atos administrativos que inviabilizam a constituição definitiva do crédito tributário;

✓ **concessão de medida liminar em mandado de segurança**: a concessão de liminar impede que o ente tributante ajuíze ação de execução;

✓ **concessão de medida liminar ou de tutela antecipada**: previne que o contribuinte sofra o ônus tributário sem que o mérito da ação que cobra tributo tenha sido apreciado e a sentença haja transitado em julgado;

✓ **parcelamento**: suspende a exigência do valor integral do tributo devido, enquanto o contribuinte estiver adimplente com as respectivas parcelas deferidas no bojo do pedido de parcelamento. O cumprimento dos pagamentos subjacentes ao parcelamento extingue o crédito tributário.

Outra modalidade de suspensão é aquela concedida ao estilo do *drawback* suspensão. Por essa modalidade de *drawback*, suspende-se a exigência do recolhimento de tributos devidos na importação de insumos a serem utilizados na produção de itens a serem exportados. Nesse tipo de suspensão, o fato gerador ocorre e o pagamento do imposto não é dispensado. Porém, o pagamento é adiado para momento posterior.

Diferimento é o adiamento do pagamento de tributo. Em alguns casos, o diferimento também implica na substituição de um sujeito passivo da obrigação tributária por outro sujeito passivo.

1.13 SUBSTITUIÇÃO TRIBUTÁRIA

Substituição tributária é a situação em que a lei atribui a obrigação tributária a uma terceira pessoa, que não o contribuinte natural. Na substituição tributária têm-se as figuras de **substituto e substituído**:

Objetivo de Aprendizagem 12

- ✓ **Substituto** é o contribuinte a quem a legislação atribui a responsabilidade por reter e recolher o tributo devido na operação ou prestação.
- ✓ **Substituído** é o contribuinte que promove a operação, antecedente ou subsequente, objeto do regime de substituição tributária.

A substituição tributária pode se dar por antecipação ou por diferimento do tributo devido.

Na **substituição tributária por antecipação**, ocorre a cobrança do imposto antes da ocorrência do fato gerador. Esse tipo de substituição é também conhecido como **substituição tributária para frente**. Um exemplo de antecipação para frente é a substituição tributária do ICMS na venda de determinada mercadoria de estabelecimento atacadista para um varejista, na situação em que o vendedor está obrigado a reter o ICMS que só será devido na operação posterior, venda do varejista para consumidor.

FIGURA 1.1

Substituição tributária para frente – ICMS

ATACADISTA	VAREJISTA
1. Vende para Varejista e retém o ICMS da operação seguinte, a ser realizada pelo Varejista. 2. O Atacadista fica responsável por recolher o ICMS que incidirá na venda pelo Varejista, bem como o ICMS próprio.	1. Compra de Atacadista e sofre retenção do ICMS. 2. Vende para Consumidor e usa o crédito do ICMS retido na operação anterior.

Fonte: elaborado pelo autor.

Na **substituição tributária por diferimento**, a obrigação do recolhimento do tributo é adiada para momento posterior ao da ocorrência do fato gerador, devendo ser cumprida por contribuinte distinto do natural. A substituição tributária por diferimento também é conhecida como **substituição tributária para trás**. A título de exemplo, pode-se mencionar uma operação de venda de leite de pecuarista para uma indústria de processamento de leite, que processa o leite e vende seus derivados para supermercados. Havendo diferimento do ICMS, o tributo que seria devido pelo pecuarista somente será recolhido pela indústria de processamento e quando houver a venda dos derivados do leite.

FIGURA 1.2

Substituição tributária para trás – ICMS

PECUARISTA PRODUTOR DE LEITE	VAREJISTA
1. Vende leite para uma indústria de processamento de leite. 2. Fica dispensado de recolher o ICMS devido na operação.	1. Compra leite de pecuarista produtor. 2. Processa o leite e vende os derivados para supermercados. 3. Recolhe o ICMS devido na operação anterior e o ICMS próprio.

Fonte: elaborado pelo autor.

1.14 CLASSIFICAÇÃO DOS TRIBUTOS COMO DIRETOS E INDIRETOS

Objetivo de Aprendizagem 13

Os tributos podem ser segregados entre diretos e indiretos.

A classe de **tributos diretos** inclui todos os que são recolhidos pela mesma pessoa que suporta o seu ônus. Nesse caso, o contribuinte de fato corresponde ao contribuinte de direito, pois não há compensação ou repasse do tributo ao preço da mercadoria, do produto ou do serviço vendido. Como exemplo de tributos diretos, podem-se mencionar o Imposto de Renda da Pessoa Jurídica (IRPJ) e a Contribuição Social Sobre o Lucro Líquido (CSLL).

Já na classe de **tributos indiretos** são arrolados os tributos em que o sujeito passivo legalmente definido apenas recolhe o valor que é de fato suportado pelo consumidor final. Nesse caso, o valor do tributo é incorporado ao preço cobrado do adquirente. Como exemplo de tributos indiretos podem-se mencionar o ICMS, o IPI, o ISS e as contribuições para PIS/PASEP e COFINS.

1.15 REGIMES DE TRIBUTAÇÃO: LUCRO REAL, PRESUMIDO E ARBITRADO E SIMPLES NACIONAL

Objetivo de Aprendizagem 14

No Brasil, as empresas podem apurar tributos da seguinte forma:

i. **Simples Nacional:** sistema simplificado de arrecadação, cobrança e fiscalização de tributos. Foi estabelecido pela Lei Complementar 123, de 14 de dezembro de 2006, e é destinado às microempresas (ME) e empresas de pequeno porte (EPP). A ME e/ou EPP que se habilitar e optar por essa sistemática recolhe IRPJ, CSLL, ICMS, IPI, ISS e contribuições para PIS/PASEP, COFINS e INSS em uma única guia de arrecadação, denominada DAS.

ii. **Lucro presumido:** por esta forma de apuração, o lucro é apurado mediante a aplicação de um percentual sobre a receita bruta. As empresas que estiverem aptas e optarem pela apuração do IRPJ pela sistemática do lucro presumido também devem recolher a CSLL por essa sistemática. Tais empresas devem recolher as contribuições para o PIS/PASEP e COFINS pelo regime cumulativo, exceto nos casos expressos em legislação específica.

iii. **Lucro real:** sistemática em que a base de cálculo do IRPJ e da CSLL é apurada a partir do lucro contábil, que é ajustado por adições e exclusões estabelecidas na legislação fiscal até ser obtido o lucro tributável, denominado pelo fisco de "lucro real". Esse regime é a regra geral e é obrigatório para determinadas empresas, entre as quais aquelas com faturamento anual superior a R$ 78.000.000,00 (ver Capítulo 12). Em termos gerais, empresas obrigadas ou que optarem pelo lucro real devem recolher as contribuições para o PIS/PASEP e COFINS pelo regime não cumulativo.

iv. **Lucro arbitrado:** forma de apuração da base de cálculo do imposto de renda que é aplicável pela autoridade tributária quando o contribuinte deixa de cumprir as obrigações acessórias relativas à determinação do lucro real ou presumido. A título de exemplo, pode-se mencionar o caso em que determinada pessoa jurídica, optante pelo lucro real, deixa de escriturar o livro diário e efetuar os devidos ajustes e controles no LALUR. Desde que conhecida a receita bruta e que tenha ocorrido qualquer das hipóteses de arbitramento previstas na legislação fiscal, o contribuinte pode utilizar essa sistemática para apurar e recolher o IRPJ e a CSLL.

TESTES

Os testes a seguir constam das provas de concursos públicos indicadas no enunciado. Cada questão também apresenta o número original da questão na respectiva prova do concurso.

1. 62 – O Código Tributário Nacional define Imposto como o tributo cuja obrigação tem por fato gerador uma situação independente de qualquer atividade estatal específica, relativa ao contribuinte, estabelecendo, também, a competência para a sua respectiva instituição. (Profissional Júnior – Ciências Contábeis da Petrobras, CESGRANRIO, 2015)

22 CONTABILIDADE TRIBUTÁRIA

Nesse sentido, é da competência da União instituir, dentre outros, imposto sobre

(A) operações relativas à circulação de mercadorias e sobre prestação de serviços de qualquer natureza (ICMS).

(B) propriedade de veículos automotores (IPVA).

(C) propriedade territorial rural (ITR).

(D) transmissão *"causa mortis"* e doação de bens ou direitos (ITCMD).

(E) transmissão de bens imóveis *inter vivos* (ITBI).

2. **32 – Diversos fatos podem resultar na desoneração tributária. Assinale, entre as que se seguem, a forma de desoneração tributária pela qual não nascem nem a obrigação tributária, nem o respectivo crédito por força do não exercício da competência a que tem direito o poder tributante. (Auditor-Fiscal da Receita Federal do Brasil, Prova 2, ESAF, 2009)**

(A) Imunidade.

(B) Não incidência.

(C) Isenção.

(D) Alíquota zero.

(E) Remissão.

3. **33 – Entre as limitações constitucionais ao poder de tributar, que constituem garantias dos contribuintes em relação ao fisco, é <u>incorreto</u> afirmar que: (Auditor-Fiscal da Receita Federal do Brasil, Prova 2, ESAF, 2009)**

(A) Os impostos sobre o patrimônio podem ser confiscatórios, quando considerados em sua perspectiva estática.

(B) Uma alíquota do imposto sobre produtos industrializados de 150%, por exemplo, não significa necessariamente confisco.

(C) O imposto de transmissão *causa mortis*, na sua perspectiva dinâmica, pode ser confiscatório.

(D) O princípio do não confisco ajuda a dimensionar o alcance do princípio da progressividade, já que exige equilíbrio, moderação e medida na quantificação dos tributos.

(E) A identificação do efeito confiscatório não deve ser feita em função da totalidade da carga tributária, mas sim em cada tributo isoladamente.

4. **34 – Sobre as taxas, podemos afirmar, exceto, que: (Auditor-Fiscal da Receita Federal do Brasil, Prova 2, ESAF, 2009)**

(A) O fato gerador da taxa não é um fato do contribuinte, mas um fato do Estado; este exerce determinada atividade, e por isso cobra a taxa das pessoas que dela se aproveitam.

(B) A atuação estatal referível, que pode ensejar a cobrança de taxa, pode consistir no exercício regular do poder de polícia.

(C) A atuação estatal referível, que pode ensejar a cobrança de taxa, pode consistir na prestação ao contribuinte, ou na colocação à disposição deste, de serviço público específico, divisível ou não.

(D) As atividades gerais do Estado devem ser financiadas com os impostos, e não com as taxas.

(E) O poder de polícia, que enseja a cobrança de taxa, considera-se regular quando desempenhado pelo órgão competente e nos limites da lei aplicável, com observância do processo legal e, tratando-se de atividade que a lei tenha como discricionária, sem abuso ou desvio de poder.

5. **35 – Em relação aos empréstimos compulsórios, é correto afirmar que: (Auditor-Fiscal da Receita Federal do Brasil, Prova 2, ESAF, 2009)**

(A) É um tributo, pois atende às cláusulas que integram o art. 3º do Código Tributário Nacional.

(B) É espécie de confisco, como ocorreu com a retenção dos saldos de depósitos a vista, cadernetas de poupança e outros ativos financeiros, por ocasião do chamado "Plano Collor" (Lei n. 8.024/90).

(C) O conceito de "despesa extraordinária" a que alude o art. 148, inciso I, da Constituição Federal, pode abranger inclusive aquelas incorridas sem que tenham sido esgotados todos os fundos públicos de contingência.

(D) Se conceitua como um contrato de direito público, com a característica da obrigatoriedade de sua devolução ao final do prazo estipulado na lei de sua criação.

(E) Se subordina, em todos os casos, ao princípio da anterioridade da lei que o houver instituído.

GABARITO

Teste	1	2	3	4	5
Resposta	C	B	E	C	D

CAPÍTULO **2**

Fundamentos de contabilidade

Este capítulo apresenta conceitos básicos sobre contabilidade e a conceitua como a ciência que estuda o patrimônio vinculado a determinada pessoa, ou ente, sob a ótica de sua composição e de suas variações. O capítulo inicia com a apresentação dos conceitos de contabilidade, patrimônio e entidade e prossegue apresentando as quatro técnicas contábeis básicas: escrituração, demonstrações contábeis, auditoria e análise das demonstrações contábeis. Tais técnicas destinam-se à mensuração, ao reconhecimento e à evidenciação da composição e das mutações patrimoniais qualitativas e quantitativas, decorrentes de fenômenos econômicos, caracterizados como fatos contábeis. O capítulo termina com a conceituação de contabilidade tributária como um ramo da contabilidade, dedicado à mensuração, reconhecimento e evidenciação das mutações patrimoniais resultantes da aplicação do regramento tributário sobre as transações e o patrimônio de determinado ente.

Objetivos de aprendizagem

Após estudar este capítulo, você deverá ser capaz de:

1. conceituar contabilidade como a ciência que estuda o patrimônio sob ótica de sua composição e de suas mutações;

2. conceituar patrimônio como o conjunto de recursos controlados pela entidade e respectivas obrigações decorrentes da captação desses recursos;

3. identificar os aspectos qualitativos e quantitativos da informação contábil;

4. reconhecer a diferença entre ato administrativo e fato contábil;
5. identificar a associação entre fenômeno econômico e fato contábil;
6. compreender o mecanismo de escrituração, baseado no princípio de partidas dobradas e em débitos e créditos, utilizando os elementos essenciais do lançamento e compreender as quatro fórmulas de lançamento;
7. criar e utilizar planos de contas;
8. apontar relatórios incluídos em um conjunto completo de demonstrações contábeis;
9. identificar a estrutura e o conteúdo do balanço patrimonial (BP);
10. descrever a estrutura e o conteúdo da demonstração do resultado do exercício (DRE);
11. compreender o objetivo da demonstração do resultado abrangente (DRA);
12. compreender a estrutura e o conteúdo da demonstração dos lucros ou prejuízos acumulados (DLPA);
13. compreender a estrutura e o conteúdo da demonstração das mutações do patrimônio líquido (DMPL);
14. compreender a estrutura e o conteúdo da demonstração dos fluxos de caixa (DFC);
15. compreender a estrutura e o conteúdo da demonstração do valor adicionado (DVA).

2.1 CONCEITOS INTRODUTÓRIOS SOBRE CONTABILIDADE E PATRIMÔNIO

Objetivos de Aprendizagem 1 e 2

Contabilidade é a ciência que estuda o patrimônio vinculado a determinada pessoa, ou ente, sob a ótica de sua composição e de suas variações, qualitativas e quantitativas. Portanto, a contabilidade dedica-se à mensuração, reconhecimento e evidenciação dos fatos econômicos que afetam o patrimônio de certa entidade.

Entidade é a pessoa, física ou jurídica, detentora de um patrimônio específico. Pode ser uma pessoa física, uma empresa, um órgão público, uma fundação, uma igreja, uma agremiação esportiva, um partido político, uma associação ou organização do terceiro setor. Assim, entidade é toda pessoa, ou corporação, à qual se vincula um patrimônio específico e determinado.

Patrimônio é o conjunto dos recursos controlados por determinada entidade e das respectivas obrigações incorridas por ela para captá-los. Denominamos **ativo** os recursos controlados pela entidade e as obrigações por ela contraídas para obter tais recursos chamamos de passivo e de patrimônio líquido. **Passivos** são as obrigações com terceiros e **patrimônio líquido** as obrigações da empresa para com os sócios.

No Brasil, a profissão contábil é regulamentada pelo Decreto-Lei 9.295/1946, que criou e designou o Conselho Federal de Contabilidade (CFC) e os Conselhos Regionais de Contabilidade (CRC) como órgãos responsáveis pela fiscalização do exercício da profissão contábil. Juntas, essas instituições formam o sistema CFC/CRC.

O CFC é responsável pela emissão de normas contábeis estabelecidas por meio de Resoluções CFC. Em 2005, o CFC, pela Resolução 1.055/2005, criou o Comitê de Pronunciamentos Contábeis (CPC), como um órgão colegiado de estudo e proposição de normas.

O CPC é uma entidade eclética, pois entre os seus membros estão representantes dos Contadores (CFC), da comunidade acadêmica (FIPECAFI), do mercado de capitais (APIMEC), da Receita Federal do Brasil (RFB), do Banco Central do Brasil (BCB) e do Conselho de Valores Monetários (CVM).

Com a convergência aos padrões internacionais de contabilidade, determinada pela Lei 11.638/2007, o CPC teve sua importância aumentada. Nesse processo, o Brasil optou por adotar as normas emitidas pelo *International Accounting Standard Board* (IASB). Esse conjunto de normas é genericamente denominado *International Financial Reporting Standard* (IFRS). Portanto, diversos Pronunciamentos Técnicos emitidos pelo CPC possuem uma IFRS correlata.

Os principais documentos emitidos pelo CPC são: Pronunciamentos Técnicos, Interpretações Técnicas (ICPC) e Orientações (OCPC). Após sua emissão, esses documentos são referendados e incorporados a normativos de órgãos reguladores, tais como o CFC e a CVM.

Todo o conjunto de normas propostas pelo CPC é embasado no Pronunciamento CPC 00 – Pronunciamento Conceitual Básico. Por isso, diversos conceitos fundamentas da contabilidade são nele definidos.

FIGURA 2.1

Conceitos de ativo, passivo e patrimônio líquido

Aplicação de recursos	ATIVO	PASSIVO	Captação de recursos
	"Ativo é um recurso controlado pela entidade como resultado de eventos passados e do qual se espera que fluam futuros benefícios econômicos para a entidade" (CPC 00 – PRONUNCIAMENTO CONCEITUAL BÁSICO (R1))	"Passivo é uma obrigação presente da entidade, derivada de eventos passados, cuja liquidação se espera que resulte na saída de recursos da entidade capazes de gerar benefícios econômicos" (CPC 00 – PRONUNCIAMENTO CONCEITUAL BÁSICO (R1))	
		PATRIMÔNIO LÍQUIDO "Patrimônio líquido é o interesse residual nos ativos da entidade depois de deduzidos todos os seus passivos" (CPC 00 – PRONUNCIAMENTO CONCEITUAL BÁSICO (R1))	

Fonte: elaborado pelo autor.

Conforme visto na Figura 2.1, o CPC 00 define ativo como um recurso controlado pela entidade e do qual ela espera obter benefícios econômicos futuros benefícios. O ativo total também é denominado **patrimônio bruto**.

Por outro lado, os passivos representam reivindicações, ou clamores, contra os ativos. Isto porque, em situação normal, a liquidação de um passivo requer a entrega de um ativo, comumente caixa. Passivos são recursos de terceiros utilizados pela empresa. Portanto, passivos são dívidas ou obrigações. O passivo total, sem considerar o patrimônio líquido, é também chamado de **passivo exigível**.

Os ativos remanescentes, depois de satisfeitos todos os passivos, equivalem à parcela patrimonial que pertence aos sócios. Essa parcela é denominada **patrimônio líquido**. Assim, o patrimônio líquido representa as reivindicações residuais dos sócios contra os ativos da empresa. Essa relação é representada pela **equação fundamental do patrimônio**:

ATIVO = PASSIVO + PATRIMÔNIO LÍQUIDO

A equação fundamental do patrimônio pode ser rearranjada para destacar que o patrimônio líquido representa os direitos residuais dos sócios sobre os ativos da empresa, conforme a seguir apresentada.

PATRIMÔNIO LÍQUIDO = ATIVO − PASSIVO

Assim, o patrimônio líquido também é denominado **ativos líquidos**.

2.2 ASPECTOS QUALITATIVOS E QUANTITATIVOS DOS ITENS PATRIMONIAIS

Objetivo de Aprendizagem 3

O aspecto qualitativo refere-se à natureza do item: dinheiro em caixa é diferente de mercadoria em estoque. Por outro lado, o aspecto quantitativo refere-se ao valor monetário de determinado elemento patrimonial: R$ 30.000 em mercadorias.

Exemplo 10 – Aspecto qualitativo e quantitativo dos elementos patrimoniais

No dia 02/01/X0, Leonardo e Lucas constituíram a Angels Design e Publicidade Ltda. Cada sócio contribuiu com R$ 50.000 para a formação do capital social. Dessa forma, em 02/01/X0, o patrimônio da empresa era:

Disponibilidades	R$ 100.000	Capital social	R$ 100.000
Total do ativo	R$ 100.000	Total do passivo e patrimônio líquido	R$ 100.000

No dia 03/01/X0, a empresa comprou dois *notebooks* por R$ 8.000 cada, pagando à vista. Portanto, em 03/01/X0, o patrimônio da empresa passou a ser:

Disponibilidades	R$ 84.000		
Notebooks	R$ 16.000	Capital social	R$ 100.000
Total do ativo	R$ 100.000	Total do passivo e patrimônio líquido	R$ 100.000

Assim, em 03/01/X0, o patrimônio da Angels passou por uma mutação qualitativa, pois parte do dinheiro em caixa transformou-se em *notebooks*. Entretanto, o montante de recursos não sofreu alteração, continuando a ser de R$ 100.000.

2.3 ATOS ADMINISTRATIVOS E FATOS CONTÁBEIS

É importante distinguir atos administrativos de fatos contábeis.

Atos administrativos são ações que não provocam alterações no patrimônio da empresa. A título de exemplo, pode-se mencionar o estabelecimento de uma norma fixando o horário de funcionamento da empresa ou a alteração na tabela de preço. Assim sendo, atos administrativos são ações, quase sempre dos gestores, sem reflexo sobre a composição ou o valor do patrimônio da empresa. Portanto, a contabilidade não registra atos administrativos.

Objetivos de Aprendizagem 4 e 5

Fatos contábeis são ocorrências que provocam variação no patrimônio da empresa, seja alterando a natureza do item patrimonial ou o seu valor. Os fatos patrimoniais são a dimensão perceptível de fenômenos econômicos, em sua maioria, resultante de transações realizadas durante a gestão do patrimônio da empresa. Mediante o lançamento, a contabilidade reconhece, registra, a variação patrimonial provocada pelos fatos contábeis.

Habitualmente, há um fenômeno econômico subjacente ao fato contábil, tais como uma transação comercial, a perda de valor de um ativo ou a geração espontânea de um bem, como o nascimento de um bezerro. Assim, é importante compreender o fenômeno econômico subjacente ao fato contábil para que se possa registrá-lo adequadamente.

Os fatos contábeis podem ser permutativos, modificativos ou mistos.

Fatos permutativos são os que provocam mutações qualitativas nos componentes patrimoniais. Dessa forma, fatos permutativos não provocam mutações quantitativas e, portanto, não alteram o valor contábil do patrimônio líquido. Tais fatos podem ocorrer entre elementos do ativo, entre elementos do passivo ou entre elemento do ativo e do passivo. São, também, denominados compensativos. O Exemplo 10 ilustra um fato permutativo.

As contas do ativo, do passivo e do patrimônio líquido são denominadas contas patrimoniais. Por sua vez, as contas de receita, custos e despesas são denominadas contas de resultado.

Os fatos permutativos envolvem apenas contas patrimoniais.

Fatos modificativos são os que provocam mutações quantitativas nos componentes patrimoniais e, consequentemente, alteram o patrimônio líquido. Os fatos modificativos envolvem contas patrimoniais e contas de resultado e podem ser aumentativos ou diminutivos.

Para dar conta de seu objetivo de mensurar, reconhecer e evidenciar as mutações patrimoniais decorrentes de fenômenos econômicos que afetam a qualidade e o valor dos itens patrimoniais, a contabilidade se utiliza de quatro técnicas: escrituração; demonstrações contábeis; auditoria; e análise das demonstrações contábeis.

Neste livro, trataremos apenas das técnicas de escrituração e de demonstrações contábeis. As técnicas de análise de demonstrações contábeis e de auditoria estão fora do escopo desta obra.

2.4 ESCRITURAÇÃO

Escrituração é a técnica contábil que se destina ao registro dos fatos contábeis, realizado mediante lançamento. Portanto, **lançamento** é a tarefa de utilizar contas contábeis para o reconhecimento dos fatos que provocam mutações patrimoniais.

2.4.1 Lançamento

2.4.1.1 Contas: conceito, mecânica de movimentação e natureza dos saldos

Conta é o ente abstrato utilizado pela contabilidade para representar os componentes do patrimônio e as mutações patrimoniais que afetam o patrimônio líquido. Nas contas são efetuados os assentamentos de todos os fatos que provocam mutações patrimoniais, tanto qualitativas quanto quantitativas.

As contas que representam os componentes patrimoniais são as do ativo, do passivo e do patrimônio líquido. Tais contas são chamadas de contas patrimoniais.

Por outro lado, nas contas de resultado são registradas as mutações que afetam o patrimônio líquido. As contas de receita, custos e despesas são contas de resultados.

A Tabela 2.1 descreve a mecânica de movimentação e natureza dos saldos dos diferentes grupamentos de contas patrimoniais e de resultado.

TABELA 2.1

Mecânica de movimentação e natureza dos saldos dos grupos de contas

GRUPO	SALDO		NATUREZA DO SALDO
	Aumenta por	Diminui por	
ATIVO	Débito	Crédito	Devedor
PASSIVO	Crédito	Débito	Credor
PATRIMÔNIO LÍQUIDO	Crédito	Débito	Credor
RECEITAS	Crédito	Débito	Credor
CUSTOS E DESPESAS	Débito	Crédito	Devedor

Fonte: elaborado pelo autor.

2.4.1.2 Livros contábeis: diário, razão e livro caixa

Os lançamentos são efetuados em livros contábeis. Os principais livros contábeis são:

Objetivo de Aprendizagem 6

a) **livro diário**: livro contábil em que os fatos contábeis são registrados conforme a data em que ocorreram. Assim, o livro diário é organizado em ordem cronológica da ocorrência dos fatos contábeis nele registrados. O livro diário é um livro obrigatório, exigido pelo art. 1.180 do Código Civil, Lei 10.406/2002, e pelo art. 177 da Lei 6.404/1976, e serve como fonte primária dos assentamentos relativos dos fatos contábeis ocorridos com o patrimônio da empresa;

b) **livro razão**: livro contábil facultativo organizado por conta, permitindo identificar o saldo de cada conta e sua respectiva movimentação em determinada data. O livro razão é de grande utilidade para as rotinas diárias dos contadores e demais profissionais da gestão empresarial, bem como para a verificação dos saldos registrados nos balancetes e para a rápida identificação de determinado fato contábil, que alterou o saldo de uma conta específica;

c) **livro caixa**: livro em que são registrados os valores que a empresa pagou, bem como os que recebeu, em espécie.

Apesar de haver disposição em leis tributárias dispensando a escrituração do livro diário, é indispensável manter a devida escrituração desse livro, uma vez que a legislação tributária não pode anular determinação do Código Civil.

2.4.1.3 Componentes do lançamento

Tradicionalmente, o lançamento era composto por cinco elementos:

Objetivo de Aprendizagem 6

i. local e data em que ocorreu o fato contábil;
ii. uma, ou mais, conta(s) debitada(s);
iii. uma, ou mais, conta(s) creditadas(s);
iv. histórico, que é a descrição do fato contábil registrado; e
v. valor.

Com o advento dos sistemas informatizados, é comum o acréscimo de mais um elemento ao lançamento: o centro de custos.

O mecanismo de débito e crédito contábil baseia-se no princípio das partidas dobradas, pelo qual a cada débito corresponde um, ou mais, crédito(s), e a soma do(s) valor(es) lançado(s) a **débito** corresponde à soma do(s) valor(es) lançado(s) a **crédito**.

Exemplo 11 – Mecânica de débito e crédito

No dia 02/01/X0, Andreia Indústria de Fantasias Ltda. vendeu, a prazo, R$ 1.000,00 em produtos para a Comercial Alice Ltda.
Andreia entregou os produtos e Alice recebeu os produtos.
Considerando que quem recebe tem um débito, quem entrega tem um crédito, e que o estoque de Alice recebeu os produtos entregues por Andreia, tem-se que:

a) o estoque de Alice recebeu os produtos e, portanto, tem um débito;
b) a fornecedora Andreia entregou os produtos e, portanto, tem um crédito; e
c) o valor do débito do estoque de Alice é igual ao do crédito da fornecedora Andreia.

Dessa forma, Alice fará o seguinte lançamento.

São Paulo, 2 de janeiro de X0
Debite: Estoque (<u>para onde</u> foi o produto comercializado)
Credite: Fornecedor (<u>de onde veio</u> o produto comercializado)
Histórico: Valor referente à compra de produtos de Andreia Indústria de Fantasias Ltda.
Valor: R$ 1.000,00

2.4.1.4 Fórmulas de lançamento

Objetivo de Aprendizagem 6

Lançamentos podem ser realizados sob quatro fórmulas:

✓ **1ª fórmula ou fórmula simples:** uma conta debitada e uma conta creditada;

✓ **2ª fórmula:** uma conta debitada e mais de uma conta creditada;

Fundamentos de contabilidade   33

✓ **3ª fórmula:** mais de uma conta debitada e uma conta creditada;

✓ **4ª fórmula ou fórmula complexa:** mais de uma conta debitada e mais de uma conta creditada.

O Exemplo 11 ilustra os lançamentos de 1ª fórmula. A seguir, os Exemplos 12 a 14 ilustram os lançamentos de 2ª, 3ª e 4ª fórmulas.

Exemplo 12 – Lançamento de 2ª fórmula

No dia 02/01/X0, Ariane Comércio Ltda. comprou R$ 600,00 em material de limpeza com entrada de 50% em dinheiro e o restante para pagamento em 30 dias.
Esta transação foi lançada por Ariane da seguinte forma:

São Paulo, 2 de janeiro de X0

Debite: Estoque de materiais de limpeza   600,00

Credite: Caixa   300,00

Credite: Fornecedor   300,00

Histórico: Valor referente à compra de materiais de limpeza.

Exemplo 13 – Lançamento de 3ª fórmula

No dia 02/01/X0, Gilzélia Comércio Ltda. comprou, a prazo, R$ 500,00 em mercadorias. Sobre os produtos comprados por Gilzélia incidiu 18% de ICMS, destacado na DANFE que acompanhou as mercadorias. O valor do ICMS, R$ 90,00, incidente sobre esta transação constitui um crédito que Gilzélia poderá utilizar quando revender essas mercadorias.
Esta transação foi lançada por Gilzélia da seguinte forma:

São Paulo, 2 de janeiro de X0

Debite: Estoque   410,00

Debite: ICMS a recuperar   90,00

Credite: Fornecedor   500,00

Histórico: Valor referente à compra de produtos depara revenda.

Exemplo 14 – Lançamento de 4ª fórmula

No dia 02/01/X0, Adauto Comércio Ltda. comprou R$ 10.000,00 em mercadorias, com 40% de entrada e o restante para pagamento em 30 dias. Sobre esta compra incidiu 18% de ICMS, destacado na DANFE que acompanhou as mercadorias. O valor do ICMS, R$ 1.800,00, incidente sobre esta transação constitui um crédito que Adauto poderá utilizar quando revender essas mercadorias.
Esta transação foi lançada por Adauto da seguinte forma:

São Paulo, 2 de janeiro de X0

Debite: Estoque   8.200,00

Debite: ICMS a recuperar   1.800,00

Credite: Caixa   4.000,00

Credite: Fornecedor   6.000,00

Histórico: Valor referente à compra de mercadorias para revenda.

A partir deste ponto, representaremos os lançamentos omitindo data e histórico. Assim, os lançamentos serão apresentados no seguinte formato:

Debite: conta a débito
Credite: conta a crédito   Valor: R$ X,XX

2.4.1.5 Razonetes

Outra forma de representar os lançamentos é por meio de razonetes. A Figura 2.2 descreve como os razonetes são utilizados.

FIGURA 2.2

Esquema de utilização de razonetes

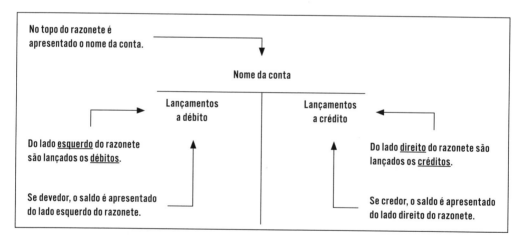

Fonte: elaborado pelo autor.

2.4.2 Plano de contas

Plano de contas apresenta as contas utilizadas pela empresa para registrar seu patrimônio e as variações dele, objetivando dar uniformidade à nomenclatura das contas e promover uma organização lógica das contas ao codificá-las e classificá-las em uma estrutura previamente definida. A rigor, o plano de contas é dividido em elenco de contas e manual de contas.

O **elenco de contas** é um rol de todas as contas disponíveis para o lançamento dos fatos contábeis. Ele apresenta o código da conta, o código reduzido da conta, o nome da conta e o tipo da conta. A seguir, um exemplo do elenco de contas, que é popularmente denominado plano de contas.

Exemplo 15 – Elenco de contas

Código	Código reduzido	Nome	Tipo
1.	1	ATIVO	Sintética
1.1	2	ATIVO CIRCULANTE	Sintética
1.1.1	3	Disponibilidades	Sintética
1.1.1.01	4	Caixa	Sintética
1.1.1.01.01	5	Caixa da matriz	Analítica
1.1.1.01.02	6	Caixa da filial 1	Analítica
1.1.1.02	7	Bancos – contas de livre movimentação	Sintética
1.1.1.02.01	8	Banco do Brasil conta de movimento	Analítica
1.1.1.02.02	9	Caixa Econômica Federal	Analítica
1.1.2	10	Estoques	Sintética
1.1.2.01	11	Materiais	Analítica
1.1.2.02	12	Produtos em elaboração	Analítica
1.1.2.03	13	Produtos acabados	Analítica
1.1.2.04	14	Estoque de mercadorias	Analítica
1.1.3	15	Contas a receber de clientes	Sintética
1.1.3.01	16	Contas a receber de clientes	Analítica
1.1.3.02	17	(–) Perdas estimadas com crédito de liquidação duvidosa	Analítica
1.1.4	18	Tributos a recuperar	Sintética
1.1.4.01	19	Tributos federais a recuperar	Sintética
1.1.4.01.01	20	IRRF a recuperar	Analítica
1.1.4.01.02	21	PCCS a recuperar	Analítica
1.1.4.01.03	22	IPI a recuperar	Analítica
1.1.4.01.04	23	ITR a recuperar	Analítica
1.1.4.01.05	24	INSS a recuperar	Analítica
1.1.4.02	25	Tributos estaduais a recuperar	Sintética
1.1.4.02.01	26	ICMS a recuperar	Analítica
1.1.4.03	27	Tributos municipais a recuperar	Sintética
1.1.4.03.01	28	ISS a recuperar	Analítica

Código	Código reduzido	Nome	Tipo
1.1.5	29	Despesas antecipadas	Sintética
1.1.5.01	30	Prêmios de seguro a apropriar	Analítica
1.1.5.02	31	Assinatura de periódicos	Analítica
1.2	32	ATIVO NÃO CIRCULANTE	Sintética
1.2.1	33	Realizável a longo prazo	Sintética
1.2.1.01	34	Contas a receber de clientes	Sintética
1.2.1.01.01	35	Contas a receber de clientes	Analítica
1.2.1.01.02	36	(–) Juros a apropriar (AVP)	Analítica
1.2.1.01	37	Depósitos judiciais	Analítica
1.2.1.02	38	Empréstimos compulsórios	Analítica
1.2.2	39	Investimento	Sintética
1.2.2.01	40	Participações em outras sociedades	Sintética
1.2.2.01.01	41	Participações avaliadas ao valor justo/custo	Analítica
1.2.2.01.02	42	Participações – equivalência patrimonial	Analítica
1.2.2.01.03	43	Ágio por mais-valia de estoques	Analítica
1.2.2.01.04	44	Ágio por mais-valia de imobilizado	Analítica
1.2.2.01.05	45	*Goodwill*	Analítica
1.2.3	46	Imobilizado	Sintética
1.2.3.01	47	Equipamentos de informática	Analítica
1.2.3.02	48	Máquinas e equipamentos	Analítica
1.2.3.03	49	Ferramentas	Analítica
1.2.3.04	50	Móveis e utensílios	Analítica
1.2.3.05	51	Veículos	Analítica
1.2.3.06	52	Instalações	Analítica
1.2.3.07	53	Edifícios	Analítica
1.2.3.08	54	Terrenos	Analítica
1.2.3.09	55	(–) Depreciação e amortização acumulada	Analítica
1.2.4	56	Intangível	Sintética
1.2.4.01	57	Marcas	Analítica
1.2.4.02	58	Patentes	Analítica
1.2.4.03	59	Direitos de exploração	Analítica
1.2.4.04	60	Direitos autorais	Analítica

Código	Código reduzido	Nome	Tipo
2.	61	PASSIVO	Sintética
2.1	62	PASSIVO CIRCULANTE	Sintética
2.1.1	63	Fornecedores	Analítica
2.1.2	64	Empréstimos e financiamentos	Analítica
2.1.3	65	Salários a pagar	Analítica
2.1.4	66	Obrigações sociais a recolher	Sintética
2.1.4.01	67	INSS a recolher	Analítica
2.1.4.02	68	FGTS a recolher	Analítica
2.1.5	69	Tributos a recolher	Sintética
2.1.5.01	70	Tributos federais a recolher	Sintética
2.1.5.01.01	71	IRPJ a recolher	Analítica
2.1.5.01.02	72	CSLL a recolher	Analítica
2.1.5.01.03	73	PIS a recolher	Analítica
2.1.5.01.04	74	COFINS a recolher	Analítica
2.1.5.01.05	75	IRRF a recolher	Analítica
2.1.5.01.06	76	PCCS retido a recolher	Analítica
2.1.5.01.07	77	IPI a recolher	Analítica
2.1.5.01.08	78	ITR a recolher	Analítica
2.1.5.02	79	Tributos estaduais a recolher	Sintética
2.1.5.02.01	80	ICMS a recolher	Analítica
2.1.5.02.02	81	IPVA a recolher	Analítica
2.1.5.03	82	Tributos municipais a recolher	Sintética
2.1.5.03.01	83	ISS a recolher	Analítica
2.1.5.03.02	84	IPTU a recolher	Analítica
2.1.5.03.03	85	ITBI a recolher	Analítica
2.1.6	86	Provisões	Sintética
2.1.6.01	87	IRPJ	Analítica
2.1.6.02	88	CSLL	Analítica
2.1.6.03	89	Férias + 1/3	Analítica
2.1.6.04	90	13º Salário	Analítica
2.1.7	91	Distribuição de lucros/dividendos a pagar	Analítica

38 CONTABILIDADE TRIBUTÁRIA

Código	Código reduzido	Nome	Tipo
2.2	92	PASSIVO NÃO CIRCULANTE	Sintética
2.2.1	93	Empréstimos e financiamentos	Analítica
2.2.2	94	Parcelamentos fiscais	Sintética
2.2.2.01	95	Parcelamento IRPJ	Analítica
2.2.2.02	96	Parcelamento CSLL	Analítica
2.2.2.03	97	Parcelamento INSS	Analítica
2.2.2.04	98	Parcelamento PIS	Analítica
2.2.2.05	99	Parcelamento COFINS	Analítica
2.2.2.06	100	Parcelamento IPI	Analítica
2.2.2.07	101	Parcelamento ICMS	Analítica
2.2.2.08	102	Parcelamento ISS	Analítica
2.3	103	PATRIMÔNIO LÍQUIDO	Sintética
2.3.1	104	Capital social	Sintética
2.3.1.01	105	Capital integralizado	Sintética
2.3.1.01.01	106	Capital subscrito	Analítica
2.3.1.01.02	107	(–) Capital a integralizar	Analítica
2.3.1.02	108	Reservas de capital	Sintética
2.3.1.02.01	109	Ágio na emissão de ações	Analítica
2.3.1.02.02	110	Bônus de subscrição	Analítica
2.3.1.02.03	111	Alienação de partes beneficiárias	Analítica
2.3.1.03	112	Ajuste de avaliação patrimonial	Analítica
2.3.1.04	113	Reservas de lucros	Sintética
2.3.1.04.01	114	Reserva legal	Analítica
2.3.1.04.02	115	Reserva estatutária	Analítica
2.3.1.04.03	116	Reserva para contingência	Analítica
2.3.1.04.04	117	Reserva de incentivos fiscais	Analítica
2.3.1.04.05	118	Reserva de lucros retidos	Analítica
2.3.1.04.06	119	Reserva de lucros a realizar	Analítica
2.3.1.04.07	120	Dividendos adicionais propostos	Analítica
2.3.1.04.08	121	(–) Ações/quotas em tesouraria	Analítica

Código	Código reduzido	Nome	Tipo
3.	122	Resultado líquido do exercício	Sintética
3.1	123	Resultado bruto	Sintética
3.1.1	124	Receita operacional líquida	Sintética
3.1.1.01	125	Receita bruta de vendas	Sintética
3.1.1.01.01	126	Vendas de produtos e mercadorias (no País)	Analítica
3.1.1.01.02	127	Vendas de produtos e mercadorias (exterior)	Analítica
3.1.1.01.03	128	Vendas de serviços (no País)	Analítica
3.1.1.01.04	129	Vendas de serviços (exterior)	Analítica
3.1.1.01.05	130	Faturamento bruto de produtos	Analítica
3.1.1.01.06	131	(–) IPI	Analítica
3.1.1.02	132	(–) Deduções da receita bruta	Sintética
3.1.1.02.01	133	(–) Devoluções de vendas	Analítica
3.1.1.02.02	134	(–) ICMS sobre vendas	Analítica
3.1.1.02.03	135	(–) ISS sobre vendas	Analítica
3.1.1.02.04	136	(–) PIS	Analítica
3.1.1.02.05	137	(–) COFINS	Analítica
3.1.1.02.06	138	(–) INSS sobre receita bruta	Analítica
3.1.1.02.07	139	(–) Simples Nacional	Analítica
3.1.2	140	(–) Custo das vendas	Sintética
3.1.2.01	141	(–) Custo das vendas	Sintética
3.1.2.01.01	142	(–) Custo dos produtos vendidos	Analítica
3.1.2.01.02	143	(–) Custo das mercadorias vendidas	Analítica
3.1.2.01.03	144	(–) Custo dos serviços prestados	Analítica
3.2	145	(–) Despesas	Sintética
3.2.1	146	(–) Despesas operacionais	Sintética
3.2.1.01	147	(–) Despesas comerciais	Sintética
3.2.1.01.01	148	(–) Salários e ordenados (equipe de vendas)	Analítica
3.2.1.01.02	149	(–) Aluguel de lojas	Analítica
3.2.1.01.03	150	(–) Propaganda e publicidade	Analítica
3.2.1.02	151	(–) Despesas gerais e administrativas	Sintética
3.2.1.02.01	152	(–) Salários e ordenados (administração)	Analítica

Código	Código reduzido	Nome	Tipo
3.2.1.02.02	153	(–) Aluguel de salas	Analítica
3.2.1.03	154	(–) Despesas tributárias	Sintética
3.2.1.03.01	155	(–) IPTU	Analítica
3.2.1.03.02	156	(–) Multas por atraso na entrega de declarações	Analítica
3.2.1.03.03	157	(–) Encargos por pagamento de tributos em atraso	Analítica
3.2.1.04	158	Outras receitas e despesas operacionais	Sintética
3.2.1.04.01	159	Receita de equivalência operacional	Analítica
3.2.1.04.02	160	(–) Despesa de equivalência operacional	Analítica
3.2.2	161	Resultado financeiro líquido	Sintética
3.2.2.01	162	Receitas financeiras	Sintética
3.2.2.01.01	163	Receitas com aplicações financeiras	Analítica
3.2.2.01.02	164	Descontos obtidos	Analítica
3.2.2.01.03	165	Juros cobrados de clientes	Analítica
3.2.2.01.04	166	Variação monetária ativa	Analítica
3.2.2.02	167	(–) Despesas financeiras	Sintética
3.2.2.02.01	168	(–) Juros de empréstimos e financiamentos	Analítica
3.2.2.02.02	169	(–) Descontos concedidos	Analítica
3.2.2.02.03	170	(–) Juros por pagamentos em atraso	Analítica
3.2.2.02.04	171	(–) Variação monetária passiva	Analítica
3.2.3	172	(–) Provisão para IR e CSLL	Sintética
3.2.3.01	173	(–) Provisão para IR e CSLL	Sintética
3.2.3.01.01	174	(–) Provisão para IR	Analítica
3.2.3.01.02	175	(–) Provisão para CSLL	Analítica

Fonte: elaborado pelo autor.

As **contas sintéticas** são também denominadas contas totalizadoras. Os lançamentos são sempre realizados nas **contas analíticas** e os saldos das contas sintéticas, ou totalizadoras, são formados pela movimentação das contas analíticas que elas aglomeram. Nos sistemas informatizados, os lançamentos são efetuados utilizando-se o código reduzido da conta, pois isso facilita a digitação.

O **manual de contas** é o instrumento auxiliar ao uso do elenco de contas, que apresenta a função, sua mecânica de movimentação e a natureza do saldo de cada conta analítica. A seguir, é apresentado um exemplo de manual de contas.

Nome da conta: Caixa da matriz
Código: 1.1.1.01.01
Código reduzido: 5
Função: Registrar o saldo de numerário na tesouraria da matriz.
Funcionamento: É debitada pelos recebimentos em espécie efetuados pela matriz.
É creditada pelos pagamentos em espécie efetuados pela matriz.

Nome da conta: Caixa da filial 1
Código: 1.1.1.01.02
Código reduzido: 6
Função: Registrar o saldo de numerário na tesouraria da filial 1.
Funcionamento: É debitada pelos recebimentos em espécie efetuados pela filial 1.
É creditada pelos pagamentos em espécie efetuados pela filial 1.

Nome da conta: Banco do Brasil conta de movimento
Código: 1.1.1.02.01
Código reduzido: 8
Função: Registrar o saldo de depósito à vista em conta bancária de livre movimentação mantida no Banco do Brasil.
Funcionamento: É debitada pelos depósitos bancários recebidos e valores recebidos por transferências eletrônicas de fundos ou outros meios de recebimentos.
É creditada pelos pagamentos efetuados mediante cheques, transferências eletrônicas de fundos, ordem de pagamento e outras formas de transferência de valores.

2.5 DEMONSTRAÇÕES CONTÁBEIS

É por intermédio das demonstrações contábeis que a contabilidade cumpre sua tarefa de evidenciar a composição do patrimônio, o resultado dos atos de gestão, a geração de fluxos de caixa e as mutações do patrimônio líquido havidas em determinado período. No Brasil, a apresentação das demonstrações contábeis está disciplinada, principalmente, nos arts. 176 ao 188 a Lei 6.404/1976; em diversos artigos a Lei 10.406/2002, Código Civil (CC), em especial nos arts. 1.179 a 1.195; e no Pronunciamento Técnico CPC 26 – Apresentação das Demonstrações Contábeis.

De acordo com o Pronunciamento Técnico CPC 26 – Apresentação das Demonstrações Contábeis, o conjunto completo de demonstrações contábeis inclui:

i. balanço patrimonial (BP) ao final do período;
ii. demonstração do resultado do exercício (DRE) do período;
iii. demonstração do resultado abrangente (DRA) do período;
iv. demonstração da mutações do patrimônio líquido (DMPL) do período;
v. demonstração dos fluxos e caixa (DFC) do período, conforme Pronunciamento Técnico CPC 03 (R2) – Demonstração dos Fluxos de Caixa;
vi. demonstração do valor adicionado (DVA) do período, conforme Pronunciamento Técnico CPC 09 – Demonstração do Valor Adicionado, se exigido legalmente ou por algum órgão regulador ou mesmo se apresentada voluntariamente;
vii. notas explicativas, compreendendo as políticas contábeis significativas e outras informações elucidativas.

As demonstrações acima arroladas devem apresentar, no mínimo, informações comparativas com o período anterior, incluindo as informações narrativas das notas explicativas.

O art. 274 do RIR/1999 exige que, ao fim de cada período de incidência do IRPJ, o contribuinte apure o lucro líquido mediante a elaboração, com observância das disposições a Lei 6.404/1976, do BP, da DRE e da DLPA. Adicionalmente, o § 2º do art. 274 do RIR/1999 determina que o BP seja transcrito no diário ou no LALUR.

2.5.1 Balanço patrimonial (BP)

Objetivo de Aprendizagem 9

Conforme determinação da Lei 6.404/1976, Lei das Sociedades por Ações, e da Lei 10.406/2002 (CC), as massas patrimoniais da empresa devem ser periodicamente apresentadas no balanço patrimonial (BP). A IAS 1 denomina o BP como **relatório da posição financeira**.

No BP, o patrimônio é apresentado em três grandes grupos: ativo, passivo e patrimônio líquido.

2.5.1.1 Grupos e ordem de apresentação das contas

No balanço (veja estrutura na Figura 2.3), os itens que compõem o ativo são classificados em ordem decrescente de grau de liquidez, em ativo circulante e ativo não circulante. O ativo é apresentado no lado esquerdo do balanço.

No **ativo circulante**, são classificados tanto o dinheiro em espécie ou depositado em conta-corrente bancária de livre movimentação quanto os demais recursos controlados pela entidade e realizados no curso do exercício social seguinte à data do balanço patrimonial. No **ativo não circulante**, são apresentados os recursos que serão realizados após o término do exercício social subsequente à data do balanço.

No balanço, os itens que compõem o passivo são classificados em ordem decrescente de grau de exigibilidade, em passivo circulante e passivo não circulante, e apresentados no lado direito do balanço, com o patrimônio líquido.

FIGURA 2.3

Estrutura do balanço patrimonial (BP)

Grau de liquidez	ATIVO CIRCULANTE	PASSIVO CIRCULANTE	Grau de exigibilidade
	Dinheiro em espécie e em conta-corrente bancária de livre movimentação e outros recursos realizáveis <u>até</u> o fim do exercício social subsequente à data do balanço.	Obrigação que deve ser satisfeita, liquidada, <u>até</u> o fim do exercício social subsequente à data do balanço.	
		PASSIVO NÃO CIRCULANTE	
		Obrigação que deve ser satisfeita, liquidada, <u>após</u> o fim do exercício social subsequente à data do balanço.	
	ATIVO NÃO CIRCULANTE	**PATRIMÔNIO LÍQUIDO**	
	Recursos realizáveis <u>após</u> o término do exercício social subsequente à data do balanço.	Obrigação para com os sócios e que não possui data de vencimento.	

Fonte: elaborado pelo autor.

No **passivo circulante**, são classificadas as obrigações vencíveis no curso do exercício social subsequente à data do balanço. No **passivo não circulante**, são apresentadas as obrigações vencíveis após o término do exercício social subsequente à data do balanço.

O patrimônio líquido também é denominado de **passivo não exigível**, porque não possui data de vencimento.

Os ativos representam os recursos aplicados pela entidade. O passivo são os recursos de terceiros, que a empresa captou para aplicar no ativo. O patrimônio líquido é composto pelos aportes de recursos realizados pelos sócios, acrescidos dos lucros auferidos pela entidade e ainda não distribuídos aos sócios.

2.5.1.2 Conteúdo dos grupos de contas do balanço patrimonial

O ativo circulante, habitualmente, é composto por: disponibilidades; aplicações financeiras; contas a receber de clientes; estoques; tributos a recuperar; outras contas a receber; e despesas do exercício seguinte.

O ativo não circulante é composto por: ativo realizável a longo prazo; investimento; imobilizado; e intangível.

O passivo circulante, habitualmente, é composto por: fornecedores; empréstimos e financiamentos bancários; salários e encargos sociais a pagar; tributos a recolher; e outras contas a pagar.

O passivo não circulante apresenta contas semelhantes às do passivo circulante, diferenciando-se por seu vencimento a longo prazo.

O patrimônio líquido é composto por: capital social; reservas de capital; reservas de lucro; ajustes de avaliação patrimonial; e ações/quotas em tesouraria.

Na Figura 2.4, apresentamos o conteúdo dos grupos de contas do balanço patrimonial.

FIGURA 2.4

Conteúdo dos grupos de contas do balanço patrimonial (BP)

ATIVO CIRCULANTE	PASSIVO CIRCULANTE
Disponibilidades Aplicações financeiras Contas a receber de clientes Estoques Tributos a recuperar Outras contas a receber Despesas do exercício seguinte	Empréstimos e financiamentos Salários e encargos sociais a pagar Tributos a recolher Outras contas a pagar
	PASSIVO NÃO CIRCULANTE Contas semelhantes às do passivo circulante
ATIVO NÃO CIRCULANTE	**PATRIMÔNIO LÍQUIDO**
Ativo realizável a longo prazo Investimentos Imobilizado Intangível	Capital social Reservas de capital Reservas de lucro Ajustes de avaliação patrimonial (–) Ações/quotas em tesouraria

Fonte: elaborado pelo autor.

A seguir, é descrito o principal conteúdo das principais contas do **ativo circulante**.

- ✓ **Disponibilidades, disponível ou caixa e equivalentes de caixa:** inclui os valores em moeda corrente mantidos em caixa, os depósitos em contas-correntes bancárias de livre movimentação e os valores de aplicações financeiras com prazo de vencimento igual ou inferior a 90 dias.

- ✓ **Aplicações financeiras ou títulos e valores mobiliários:** valores aplicados em contas de poupança e em títulos emitidos por entidades públicas ou privadas. Tais títulos podem ser de renda fixa ou de renda variável. Os Certificados de Depósito Bancário (CDB) e Letras Financeiras do Tesouro (LFT) são exemplos de títulos de renda fixa, enquanto ações são títulos de renda variável. As aplicações podem ser diretas ou por meio de fundos de investimentos. Comumente, essa rubrica acomoda valores que serão alocados a novos projetos.

✓ **Contas a receber de clientes:** contempla os valores a receber de clientes, decorrentes da venda de produtos e prestação de serviços. Os valores dessa rubrica devem ser apresentados já ajustados a valor presente e deduzidos das perdas estimadas com créditos de liquidação duvidosa (PECLD).

✓ **Estoques:** apresenta o saldo de produtos e mercadorias a serem comercializados pela empresa. Também inclui o saldo de materiais a serem utilizados no processo produtivo da empresa (matérias-primas, materiais de embalagens e outros materiais). Adicionalmente, inclui os estoques de matérias de expediente e limpeza.

✓ **Tributos a recuperar/compensar:** registra os valores de tributos retidos na fonte, tais como Imposto de Renda Retido na Fonte (IRRF) sobre aplicações financeiras e contribuição para o Instituto Nacional de Seguridade Social (INSS) retido sobre a fatura de serviços de construção. Também registra os valores de créditos de PIS e COFINS sobre o montante dos custos incorridos.

✓ **Despesas antecipadas:** engloba os valores pagos antecipadamente, cujo benefício será usufruído pela empresa no exercício seguinte. Os valores mais comuns nessa conta são os relativos a prêmios de seguros a apropriar, assinaturas de periódicos e pagamentos de IPTU e IPVA.

O conteúdo dos principais subgrupos do **ativo não circulante** é descrito a seguir.

✓ **Ativo realizável longo prazo:** apresenta contas que se assemelham às registradas no ativo circulante, exceto disponibilidades. O critério para a alocação de valores no ativo realizável a longo prazo é que a sua realização seja prevista para depois do término do exercício social subsequente à data de encerramento do balanço.

✓ **Investimentos:** apresenta os saldos de valores aplicados em participações societárias permanentes em outras empresas. Em alguns casos, a investidora possui influência sobre a investida, em outros não. Havendo influência, esta poderá ser significativa a ponto de a investidora ter o controle sobre a investida.

✓ **Imobilizado:** contempla saldos de bens que são utilizados no curso das atividades rotineiras da empresa. As contas mais comuns desse subgrupo são:

  o **Edificações:** registra os valores de imóveis próprios, nos quais a empresa funciona.

  o **Móveis e utensílios:** referem-se às mesas, cadeiras, armários e objetos afins utilizados no dia a dia da empresa.

- o **Veículos:** contempla o valor de automóveis e caminhões utilizados nas atividades diárias da empresa, tais como o transporte de materiais, operários ou de engenheiros para as obras.

- o **Máquinas e equipamentos:** engloba os valores de tratores, betoneiras, perfuratrizes, geradores, andaimes etc.

- o **Equipamentos de informática:** registra o valor de computadores, impressoras, servidores de informática e afins.

- ✓ **Intangível:** registrados os valores dos bens que não possuem substância física, que se destinam à manutenção das atividades da empresa e que não são instrumentos financeiros, tais como: marcas, patentes, concessões e ágio por expectativa de resultado futuro (*Goodwill*).

As contas mais comumente encontradas no **passivo circulante** são:

- ✓ **Fornecedores:** refere-se aos saldos em aberto decorrentes de compras a prazo de mercadorias, matérias e serviços.

- ✓ **Empréstimos financiamentos a pagar:** compreende os valores dos empréstimos e financiamentos de curto prazo contraído em bancos, bem como a dívida por emissão de debêntures. Também inclui a parcela vencível no curto prazo de empréstimos, financiamentos e debêntures de longo prazo.

- ✓ **Obrigações sociais e trabalhistas:** engloba os valores das dívidas da empresa relacionadas com a folha de salários, tais como: salários e ordenados; contribuições para o Fundo de Garantia do Tempo de Serviço (FGTS) e para o Instituto Nacional da Seguridade Social (INSS); provisões para férias e para o décimo terceiro salário; provisão para as participações de empregados e administradores no lucro da empresa etc.

- ✓ **Tributos a recolher:** registra os valores que a empresa deverá recolher aos cofres públicos, referentes a Imposto de Renda da Pessoa Jurídica (IRPJ), Contribuição Social sobre o Lucro Líquido (CSLL), Contribuição para Financiamento da Seguridade Social (COFINS), contribuição para o Programa de Integração Social (PIS), Imposto de Renda Retido na Fonte (IRRF) e Imposto Sobre Serviços (ISS).

- ✓ **Provisão para riscos e processos judiciais:** registra os valores que se espera desembolsar como decorrência de processos judiciais de natureza civil, tributária ou trabalhista. Os processos de natureza civil habitualmente estão relacionados com questões contratuais e negociais, tais como a entrega de chaves de unidade imobiliárias, uso de marcas e patentes, resoluções de contratos de compra e venda e questões compreendendo o entorno de obras. Os processos de natureza tributária geralmente envolvem divergências entre o fisco e a empresa quanto ao entendimento e aplicação de norma tributária. Por sua vez, os processos trabalhistas referem-se àqueles movidos por funcionários da empresa ou por funcionários de empreiteiros, em relação aos quais a empresa tenha sido questionada quanto à possível responsabilidade solidária ou subsidiária.

✓ **Tributos diferidos passivos:** engloba o valor de tributos cujo pagamento a legislação fiscal permite que a empresa postergue para outro exercício. Tais valores devem ser mensurados pelas alíquotas que se espera serem aplicáveis no período em que provavelmente serão liquidados. Os tributos diferidos contemplados nessa rubrica são IRPJ, CSLL, PIS e COFINS. Os valores registrados nessa rubrica são correspondidos em conta de resultado ou em conta de outros resultados abrangentes.

As contas do **passivo não circulante** apresentam os mesmos conteúdos daquelas do passivo circulante, porém com a expectativa de que os seus valores somente sejam exigidos da entidade após o término do exercício social subsequente à data a que se refere o balanço patrimonial.

As contas que compõem o **patrimônio líquido** são:

✓ **Capital social:** apresenta o valor do capital social formalizado nos atos constitutivos da empresa e integralizado pelos sócios. Essa conta tem seu saldo formado pelos valores aportados pelos sócios. Esse saldo pode aumentar por outros valores gerados pelas atividades operacionais da empresa, tais como lucros retidos que os sócios deliberaram para que sejam incorporados ao capital social. O saldo dessa conta só pode ser modificado por alteração no estatuto, ou contrato social, da empresa.

✓ **Reserva de capital:** registra valores recebidos pela empresa, que não transitam pelo resultado como receita porque são destinados a reforço do capital e, adicionalmente, não possuem relação com esforços da empresa em termos de entrega de bens ou de prestação de serviços. Essa conta pode apresentar as seguintes subcontas:

a) Ágio na emissão de ações.

b) Bônus de subscrição.

c) Alienação de partes beneficiárias.

✓ **Ajuste de avaliação patrimonial:** registra as contrapartidas de aumentos ou diminuições no valor de elemento do ativo e/ou do passivo como resultado da avaliação pelo valor justo e enquanto o valor de tal variação não deva ser reconhecido em conta do resultado do exercício. Um exemplo de valor a ser registrado nessa conta é o decorrente da variação do valor de mercado de instrumento financeiro designado como avaliado pelo valor justo pelo patrimônio líquido, conforme CPC 48 – Instrumentos financeiros.

✓ **Reservas de lucros:** refere-se ao saldo de lucros que foram segregados para determinados fins, conforme determinado em lei ou no documento de constituição da empresa. As reservas de lucro mais comuns são: reserva legal, reservas estatutárias, reservas para contingências, reserva de incentivos fiscais, reserva de lucros retidos e reserva de lucros a realizar:

a) Reserva legal: o art. 193 da Lei 6.404/1976 determina que do lucro líquido do exercício 5% será aplicado, antes de qualquer outra destinação, na constituição da reserva legal. O saldo dessa reserva não pode exceder 20% do capital social e somente poderá ser utilizado para compensação de prejuízo ou aumento do capital social. A lei permite suspender a formação dessa reserva no exercício em que o seu saldo, somado ao saldo das reservas de capital exceder 30% do valor do capital social.

b) Reservas estatutárias: o art. 195 da Lei 6.404/1976 autoriza que o estatuto da empresa crie reservas por destinação de parcela do lucro líquido do exercício, contanto que:

   i. indique a sua finalidade de modo preciso e completo;

   ii. fixe os critérios que determinam a parcela anual dos lucros líquidos que serão destinados à sua constituição; e

   iii. estabeleça o limite máximo para o saldo da reserva.

c) Reservas para contingências: o art. 195 da Lei 6.404/1976 autoriza que a assembleia de acionistas crie reserva que tenha sido proposta por órgãos da administração, cuja finalidade seja compensar a diminuição do lucro em exercício futuro, desde que essa diminuição do lucro seja decorrente de perda julgada provável e cujo valor possa ser estimado. No entanto, a lei determina que:

   i. a proposta dos órgãos da administração deverá indicar a causa da perda prevista e justificar quais as razões da constituição da reserva;

   ii. a reserva será revertida no exercício em que deixarem de existir as razões que justificaram a constituição da reserva ou no exercício em que ocorrer a perda.

d) Reserva de incentivos fiscais: o art. 195-A da Lei 6.404/1976 permite que a assembleia de acionistas crie reserva, por proposta dos órgãos de administração, por destinação de parcela do lucro líquido decorrente de doações ou subvenções governamentais para investimentos. O saldo dessa reserva poderá ser excluído da base de cálculo do dividendo obrigatório.

e) Reserva de lucros retidos: o art. 196 da Lei 6.404/1976 autoriza que a assembleia de acionistas, por proposta dos órgãos da administração, delibere reter parcela do lucro líquido do exercício prevista em orçamento de capital por ela previamente aprovado. Contudo, a lei determina que:

   i. o orçamento deverá compreender todas as fontes de recursos e aplicações de capital, fixo ou circulante, e poderá ter a duração de até cinco exercícios;

   ii. o prazo do orçamento poderá ser maior se a execução do projeto de investimento estiver prevista para mais de cinco anos;

iii. o referido orçamento deverá ser submetido pelos órgãos da administração e conter justificativa para a retenção de lucros proposta;

iv. o orçamento poderá ser aprovado pela Assembleia Geral Ordinária (AGO) que deliberar sobre o balanço do exercício e revisado anualmente, quando tiver duração superior a um exercício social.

f) Reserva de lucros a realizar: o art. 197 da Lei 6.404/1976 autoriza a assembleia geral de acionistas a destinar o valor de dividendos obrigatórios que exceder a parcela realizada do lucro líquido do exercício à constituição de reserva de lucros a realizar. A criação dessa reserva deve decorrer de proposta dos órgãos de administração e o seu saldo só poderá ser utilizado para pagamento do dividendo obrigatório.

A lei considera realizada a parcela do lucro líquido do exercício que exceder da soma dos seguintes valores:

i. o resultado líquido positivo da equivalência patrimonial; e

ii. o lucro, rendimento ou ganho líquidos em operações ou contabilização de ativo e passivo pelo valor de mercado, cujo prazo de realização financeira ocorra após o término do exercício social seguinte.

✓ **Dividendos adicionais propostos:** registra o valor dos dividendos propostos pela administração que exceder ao valor dos dividendos mínimos fixados na lei ou no ato de constituição da empresa. Os dividendos mínimos obrigatórios, estabelecidos legal, estatutária ou contratualmente, constituem uma obrigação da empresa e configuram um passivo na data do balanço patrimonial. Contudo, a parcela dos dividendos propostos pela administração que exceder ao mínimo não é um passivo na data do balanço patrimonial e, em obediência ao Pronunciamento Técnico CPC 25 – Provisões, Passivos Contingentes e Ativos Contingentes, deve ser mantida dentro do patrimônio líquido.

✓ **Ações em tesouraria:** refere-se ao valor das ações de emissão da própria entidade, que ela adquiriu sem a intenção de redução do seu capital social. Tais aquisições podem decorrer de a administração da empresa entender que as ações estão sendo negociadas no mercado por preço menor do que aquele que elas valem ou de a empresa ter um plano de remuneração de seus executivos com base em opções de compra de ações. O valor registrado nessa conta reduz o saldo do patrimônio líquido.

2.5.1.3 Critérios de avaliação dos componentes patrimoniais

Em termos gerais, os critérios de avaliação dos componentes patrimoniais são os apresentados a seguir.

Contas a receber: são avaliadas pelo valor do título reduzido das estimativas para redução ao seu valor provável de realização. No caso de a empresa estimar haver probabilidade de não recebimento de determinados créditos, deverá contabilizar uma despesa com Perdas Estimadas com Créditos de Liquidação Duvidosa (PECLD) em contrapartida a um subtítulo de Contas a Receber, conforme CPC 47 – Receita de Contrato com Clientes. Entretanto, essa despesa não é dedutível para fins de IRPJ e CSLL, pois a legislação fiscal só autoriza a dedutibilidade de perdas no recebimento de crédito que atenderem aos requisito da Lei 9.430/1996.

Aplicações financeiras: são avaliadas pelo valor justo (*fair value*) ou pelo custo amortizado. O custo amortizado é o valor inicial do título periodicamente acrescido de juros e outros rendimentos aplicáveis, ajustado pelo valor provável de realização, sempre que o valor de realização seja menor que o valor inicial acrescido dos encargos já mencionados. A mensuração, o reconhecimento e a evidenciação de aplicações em instrumentos financeiros são disciplinados nos Pronunciamentos Técnicos (CPC) 39, 40 e 48.

Estoques: são avaliados pelo custo de aquisição, ou de produção, diminuído pelas estimativas de perdas para ajustá-lo ao valor de mercado, sempre que este seja menor. Entretanto, produtos agrícolas e algumas *commodities* são avaliados ao valor justo (*fair value*). De acordo com o Pronunciamento Técnico CPC 16 (R1) – Estoques, o custo dos estoques deve ser atribuído pelo uso do critério Primeiro que Entra, Primeiro que Sai (PEPS) ou pelo critério do custo médio ponderado.

Tributos a recuperar/compensar: são avaliados pelo custo, consubstanciado no valor pago, ou retidos por terceiros.

Ativos imobilizados: são avaliados pelo custo de aquisição, ou produção, deduzido de depreciação, amortização ou exaustão. Além disso, periodicamente deve ser feito estudo sobre a viabilidade de recuperação do custo registrado (*impairment test*) e, caso seja identificado que o valor gasto, ou parte dele, não será recuperado, a parcela não recuperável deve ser baixada contabilmente contra o resultado daquele período do teste. De acordo com o Pronunciamento Técnico CPC 27 – Ativo Imobilizado, terrenos e edifícios são ativos separáveis e são contabilizados separadamente, mesmo quando sejam adquiridos conjuntamente. Com poucas exceções, os terrenos têm vida útil ilimitada e, portanto, não são depreciados. Caso o custo do terreno inclua custos de desmontagem, remoção e restauração do local, essa porção do valor contábil do terreno é depreciada durante o período de benefícios obtidos ao incorrer nesses custos. A IN RFB 1.700/2017, em seu Anexo III, apresenta as taxas anuais de depreciação para os bens do ativo imobilizado.

Ativos biológicos: devem ser avaliados ao valor justo (*fair value*), conforme CPC 29.

Investimentos em empresas em que a investidora não possui influência significativa: são avaliados ao valor justo (*fair value*). Caso não seja possível identificar com segurança o valor justo, deve-se avaliá-los ao custo amortizado e ajustado ao valor provável de realizado, se este for menor que o custo amortizado.

Investimentos em coligadas e controladas: são avaliados pelo método da equivalência patrimonial (MEP), ou seja, pela equivalência entre o percentual de ações/quotas detidas pela investidora e o valor contábil do patrimônio líquido da investida, conforme CPC 18. Os investimentos em controladas também são objeto de consolidação das demonstrações contábeis, conforme CPC 36.

Intangíveis: são avaliados pelo custo incorrido para adquiri-los. O saldo é periodicamente ajustado pelo valor da amortização do período e, quando aplicável, pelo resultado do teste de recuperabilidade de seu custo (*impairment test*), conforme CPC 04.

Exigibilidades: são avaliadas pelos valores conhecidos, ou calculáveis, das obrigações que representam, incluindo-se o reajuste periódico do saldo em virtude de variação monetária, variação cambial, juros e/ou demais encargos do instrumento de dívida.

Patrimônio líquido: considerando que é um valor residual, conforme equação fundamental do patrimônio, sua avaliação depende, em termos gerais, dos critérios de avaliação dos ativos e dos passivos.

Os elementos do ativo não circulante e do passivo não circulante devem ser ajustados ao seu valor presente e os elementos dos demais grupos devem sofrer esse ajuste quando este implicar efeito relevante.

2.5.2 Demonstração do resultado do exercício (DRE)

A **demonstração do resultado do exercício** é o relatório contábil destinado a apresentar o resultado da entidade em determinado período, em termos de lucro ou prejuízo líquido. Todas as empresas brasileiras estão obrigadas à elaboração da DRE, conforme determinação da Lei 6.404/1976 e do Código Civil brasileiro, Lei 10.406/2002. O CPC 26 denomina a DRE de **demonstração do resultado do período**.

Objetivo de Aprendizagem 10

A DRE evidencia importantes informações sobre a empresa, tais como o resultado bruto, o resultado antes das receitas e despesas financeiras e o resultado antes da provisão para IR/CSLL e o resultado líquido do período (a *bottom line*).

2.5.2.1 Estrutura e conteúdo da DRE

A estrutura estabelecida para a DRE pelo art. 187 da Lei 6.404/1976 é:

Receita de bruta das vendas produtos, mercadorias e serviços

(–) Ajuste a valor presente (AVP)

(–) Devoluções e vendas canceladas

(–) Descontos incondicionais

(–) Tributos sobre vendas

= **Receita líquida das vendas** de produtos, mercadorias e serviços

(–) Custo dos produtos, mercadorias e serviços vendidos

= **Lucro ou prejuízo bruto**

(–) Despesas com as vendas

(–) Despesas financeiras, deduzidas das receitas

(–) Despesas gerais e administrativas

+ ou (–) Outras despesas operacionais

= Lucro ou prejuízo operacional

+ ou (–) Outras receitas e as outras despesas

= Resultado do exercício antes da provisão para IRPJ e CSLL

(–) Provisão para IRPJ e CSLL

= Resultado antes das participações

(–) Participações de debenturistas, empregados, administradores e partes beneficiárias

= Lucro ou prejuízo líquido do exercício

Lucro ou prejuízo por ação do capital social.

2.5.2.1.1 *Receita bruta de vendas*

A receita bruta de vendas apresenta o total auferido pela empresa com a venda, e entrega, de produtos, mercadorias e/ou prestação de serviços. Essa informação é fundamental para a determinação da base de cálculo de diversos tributos, entre os quais podemos mencionar:

a) ICMS;

b) ISS;

c) PIS/PASEP;

d) COFINS;

e) tributos englobados no montante a recolher pelas empresas optantes pelo Simples Nacional; e

f) tributos englobados no montante a recolher pelas empresas optantes pelo Regime Especial de Tributação (RET) das empresas de incorporação imobiliária.

Para as empresas optantes pela sistemática do lucro presumido, em especial as que apuram os tributos pelo regime de competência, a receita bruta de vendas representa importante item a ser considerado para a determinação da base de cálculo do IRPJ e da CSLL.

De acordo com o art. 187, § 1º, da Lei 6.404/1976, a seguir transcrito, é obrigatória a obediência ao regime de competência no reconhecimento de receitas e despesas:

§ 1º Na determinação do resultado do exercício serão computados:

a) as receitas e os rendimentos ganhos no período, independentemente da sua realização em moeda; e

b) os custos, despesas, encargos e perdas, pagos ou incorridos, correspondentes a essas receitas e rendimentos.

O disposto na Lei 6.404/1976 está alinhado com o Pronunciamento Conceitual
Básico (R1) – Estrutura Conceitual para Elaboração e Divulgação de Relatório
Contábil-Financeiro, que em seu item 4.50 estabelece:

> 4.50. As despesas devem ser reconhecidas na demonstração do resultado com
> base na associação direta entre elas e os correspondentes itens de receita. Esse
> processo, usualmente chamado de confrontação entre despesas e receitas
> (regime de competência), envolve o reconhecimento simultâneo ou combi-
> nado das receitas e despesas que resultem diretamente ou conjuntamente das
> mesmas transações ou outros eventos. Por exemplo, os vários componentes
> de despesas que integram o custo das mercadorias vendidas devem ser reco-
> nhecidos no mesmo momento em que a receita derivada da venda das merca-
> dorias é reconhecida.

Mais explicitamente, o item 26 do Pronunciamento Técnico CPC 26 –
Apresentação das Demonstrações Contábeis determina que:

> 27. A entidade deve elaborar as suas demonstrações contábeis, exceto
> para a demonstração dos fluxos de caixa, utilizando-se do regime de
> competência.

Na prática, a aplicação do regime de competência resulta no reconhecimento
de receita de vendas quando há a transferência de riscos e benefícios, e do controle, e
não quando ocorre o recebimento do valor correspondente. Isso autoriza o reconhecimento da receita de vendas a prazo, por exemplo, no ato da entrega da mercadoria, ou
produto, ao adquirente, mesmo que o valor correspondente ainda tenha sido recebido.

2.5.2.1.2 Juros embutidos e ajuste a valor presente (AVP)

No caso de vendas a prazo, o valor dos juros embutidos deve ser reconhecido como
receita financeira, ao longo do prazo de recebimento do referido preço, e não como
receita de vendas. Essa é a determinação do Pronunciamento Técnico CPC 12 – Ajuste a
Valor Presente; do Pronunciamento Técnico CPC 47 – Receita de Contrato com Cliente,
em vigor a partir de 1º/01/2018; e do art. 183, VIII, da Lei 6.404/1976, com a alteração da
Lei 11.638/2007.

O AVP é aplicável a ativos e passivos. Assim, tanto as receitas quanto as despesas
devem ser ajustadas a valor presente.

A legislação fiscal determina que o valor do AVP seja incluído na receita bruta
para fins de apuração dos tributos. Nesse sentido, o § 3º do art. 26 da IN RFB 1.700/2017

determina que "Na receita bruta incluem-se os tributos sobre ela incidentes e os valores decorrentes do ajuste a valor presente...".

2.5.2.1.3 Devoluções e vendas canceladas

Devoluções de vendas correspondem a produtos ou mercadorias que já foram entregues aos adquirentes e por eles devolvidos para a entidade que os vendeu. Já as vendas canceladas correspondem à desistência da transação de venda pelo adquirente ou pelo vendedor, antes de a entidade dar saída dos respectivos produtos ou mercadorias do estabelecimento.

No caso de prestação de serviços, é possível ocorrer o cancelamento de venda do serviço. Todavia, é inconcebível haver devolução de serviços.

A legislação fiscal permite que as devoluções e vendas canceladas sejam abatidas da receita bruta para apuração da base de cálculo de PIS, COFINS, IRPJ e CSLL.

2.5.2.1.4 Descontos incondicionais

Descontos incondicionais são os que constam da nota fiscal de venda dos bens e mercadorias ou da nota fiscal ou fatura de prestação de serviços e que não dependem de evento posterior à emissão da nota fiscal ou fatura.

A legislação fiscal permite que os descontos incondicionais sejam abatidos da receita bruta para apuração da base de cálculo de PIS, COFINS, IRPJ e CSLL.

2.5.2.1.5 Tributos sobre vendas

Entre os tributos que incidem sobre a receita de vendas, podem ser mencionados:

a) ICMS;

b) ISS;

c) PIS/PASEP;

d) COFINS;

e) IRPJ e CSLL pelo lucro presumido; e

f) Regime Especial de Tributação (RET) das empresas de incorporação imobiliária.

Os tributos elencados acima têm a sua base de cálculo apurada a partir da receita bruta, diminuída das devoluções e vendas canceladas e dos descontos incondicionais. No entanto, o próprio valor do tributo compõe sua base de cálculo, exceto no caso de tributos não cumulativos cobrados, destacadamente, do comprador ou contratante pelo vendedor dos bens ou pelo prestador dos serviços na condição de mero depositário, tal como o ICMS-ST.

2.5.2.1.6 Receita líquida de venda

A receita líquida de venda corresponde à receita bruta subtraída dos seguintes itens: AVP, devoluções e vendas canceladas e tributos incidentes sobre vendas. Considerando que tais itens não correspondem a receitas da entidade, o Pronunciamento Técnico CPC 26 – Apresentação das Demonstrações Contábeis requer que a primeira linha da DRE apresente a receita líquida de vendas, diferentemente do estabelecido pela Lei 6.404/1976. Todavia, dada a importância da informação sobre a receita bruta de vendas de produtos, mercadorias e serviços, é requerido que as entidades apresentem, em notas explicativas, uma reconciliação entre a receita líquida de vendas e a receita bruta de vendas.

Esse não é o entendimento da legislação tributária, que exige a apresentação da receita bruta de vendas.

2.5.2.1.7 Custo dos produtos vendidos (CPV), custo das mercadorias vendidas (CMV) ou custo dos serviços prestados (CSP)

A apuração do CPV, do CMV e do CSP depende diretamente do sistema de custeio adotado pela entidade e, consequentemente, da avaliação de seus estoques.

O Pronunciamento Técnico CPC 26 – Estoques e a IN RFB 1.700/2017 autorizam a utilização dos critérios Primeiro que Entra, Primeiro que Sai (PEPS) e custo médio para a avaliação de estoques.

2.5.2.1.8 Resultado do exercício antes da provisão para IRPJ e CSLL

Para as empresas submetidas à sistemática do lucro real, o Resultado do exercício antes da provisão para IRPJ e CSLL é um importante componente para a determinação da base de cálculo do IRPJ e da CSLL, pois representa o lucro contábil que será transportado para a apuração da base de cálculo do IRPJ no Livro de Apuração do Lucro Real, que após a Lei 12.973/2014 passou a ser apresentada em meio eletrônico (e-LALUR), no âmbito da ECF.

2.5.2.1.9 Participações de debêntures, empregados, administradores e partes beneficiárias

O art. 187, VI, da Lei 6.404/1976 determina que sejam apresentadas na DRE as participações de debenturistas, empregados, administradores e partes beneficiárias, mesmo na forma de instrumentos financeiros, e de instituições ou fundos de assistência ou previdência de empregados, que não se caracterizem como despesa.

2.5.2.1.10 Resultado líquido do exercício (bottom line)

O art. 187, VII, da Lei 6.404/1976 requer a apresentação do lucro ou prejuízo líquido do exercício e o seu montante por ação do capital social.

De acordo com o Pronunciamento Técnico CPC 41 – Resultado por Ação, a entidade deve apresentar o montante por ação do resultado por ação, a fim de melhorar as comparações de desempenho entre diferentes companhias no mesmo período, bem como para a mesma companhia em períodos diferentes.

2.5.3 Demonstração do resultado abrangente (DRA)

Objetivo de Aprendizagem 11

A demonstração do resultado abrangente (DRA) complementa a DRE, apresentando itens de receita e despesa (incluindo ajustes de reclassificação) que ainda não foram reconhecidos no resultado do período. São itens que foram reconhecidos direto no patrimônio líquido e que são denominados como Outros Resultados Abrangentes (*Other Comprehensive Income*). Tais itens incluem:

a) variações na reserva de reavaliação, quando permitidas legalmente (ver Pronunciamentos Técnicos CPC 27 – Ativo Imobilizado e CPC 04 – Ativo Intangível);

b) ganhos e perdas atuariais em planos de pensão com benefício definido reconhecidos conforme item 93A do Pronunciamento Técnico CPC 33 – Benefícios a Empregados;

c) ganhos e perdas derivados de conversão de demonstrações contábeis de operações no exterior (ver Pronunciamento Técnico CPC 02 – Efeitos das Mudanças nas Taxas de Câmbio e Conversão de Demonstrações Contábeis);

d) ganhos e perdas na remensuração de ativos financeiros disponíveis para venda (ver Pronunciamento Técnico CPC 48 – Instrumentos Financeiroo);

e) parcela efetiva de ganhos ou perdas advindos de instrumentos de *hedge* em operação de *hedge* de fluxo de caixa (ver Pronunciamentos Técnicos CPC 38 e 48).

A DRA não é requerida pela legislação fiscal.

2.5.4 Demonstração dos lucros ou prejuízos acumulados (DLPA)

Objetivo de Aprendizagem 12

A demonstração dos lucros ou prejuízos acumulados (DLPA) apresenta as movimentações da conta de lucros ou prejuízos acumulados, que é uma conta do patrimônio líquido (PL).

Na DLPA (veja o Quadro 2.1) apresentam-se o saldo do início do período e os ajustes de exercícios anteriores, as reversões de reservas e o lucro líquido do exercício. Nela também devem ser discriminados: as transferências para reservas, os dividendos, a parcela dos lucros incorporada ao capital e o saldo ao fim do período.

É obrigatória a elaboração da DLPA para as sociedades limitadas e outros tipos de empresas, conforme art. 274 do Decreto 3.000/1999, RIR/1999, e art. 186 da Lei 6.404/1976.

QUADRO 2.1

Modelo de DLPA

	Lucros ou prejuízos acumulados
Saldo inicial em 31/12/20X0, conforme publicado anteriormente	X,
Ajuste por mudança de política contábil (Nota x)	X,
Retificação de erros (Nota x)	X,
Saldo ajustado em 31/12/20X0	X,
Distribuição de lucros ou dividendos	(X,)
Realização de reserva de reavaliação	X,
Tributos sobre a realização de reserva de reavaliação	(X,)
Lucro líquido do exercício de 20X1	X,
Constituição de reserva legal	(X,)
Constituição de reserva estatutária	(X,)
Saldo final em 31/12/20X1	X,

Fonte: elaborado pelo autor.

Conforme o § 2º do art. 186 da Lei 6.404/1976, a DLPA deve indicar o montante do dividendo por ação do capital social e poderá ser incluída na demonstração das mutações do patrimônio líquido, se elaborada e publicada pela companhia.

2.5.5 Demonstração das mutações do patrimônio líquido (DMPL)

A demonstração das mutações do patrimônio líquido (DMPL) é o relatório contábil destinado a evidenciar as movimentações havidas com as contas do patrimônio líquido (PL). A DMPL tem um formato de tabela, dividida em linhas e colunas. A primeira coluna é destinada à descrição do conteúdo de cada linha, nas colunas adjacentes estão contidas as contas do PL e, na última coluna, a soma das colunas que apresentam valores. No Quadro 2.2 demonstra-se um modelo de DMPL.

Objetivo de Aprendizagem 13

QUADRO 2.2

Modelo de DMPL

	Capital social	Reserva de capital	Reserva de reavaliação	Reservas de lucros	Lucros ou prejuízos acumulados	(–) Ações ou quotas em Tesouraria	Total do patrimônio líquido
Saldos iniciais em 31/12/20X0	X,	X,	X,	X,	X,	(X,)	X,
Aumento (ou redução) de capital	X, ou (X,)						X, ou (X,)
Aquisição ou venda de ações ou quotas de própria emissão						(X,) ou X,	(X,) ou X,
Dividendos ou lucros distribuídos					(X,)		(X,)
Realização de reserva de reavaliação			(X,)				(X,)
Lucro líquido do exercício					X,		X,
Constituição de reservas				X,	(X,)		–
Saldo final em 31/12/20X1	X,	X,	–	X,	X,	(X,)	X,

A empresa que apresenta a DMPL está dispensada de emitir a DLPA.

2.5.6 Demonstração dos fluxos de caixa (DFC)

Objetivo de Aprendizagem 14

A demonstração dos fluxos de caixa (DFC) é o relatório contábil que objetiva evidenciar informações sobre os pagamentos e recebimentos ocorridos durante um determinado período, ajudando os usuários das demonstrações contábeis a analisar a capacidade de as empresas gerarem caixa e equivalentes de caixa, bem como sua necessidade de uso de caixa.

Os requisitos para apresentação da DFC estão estabelecidos no Pronunciamento Técnico CPC 03 (R2) – Demonstrações dos Fluxos de Caixa, que guarda correlação com a IAS 7 – *Statement of Cash Flow*.

A DFC é de apresentação obrigatória para as empresas de capital aberto ou com patrimônio líquido superior a R$ 2.000.000,00 (dois milhões de reais).

2.5.6.1 Conceito de caixa e equivalentes de caixa

O conceito de caixa e equivalentes de caixa engloba o saldo em espécie, ou moeda corrente, bem como o montante de depósitos à vista em conta-corrente bancária de livre movimentação e os saldos de aplicações financeiras de liquidez imediata.

Aplicações financeiras de liquidez imediata são definidas com aquelas de alta liquidez, que são prontamente conversíveis em um montante conhecido de caixa e que não estão sujeitas a significativo risco de mudança de valor. Como aplicações financeiras de liquidez imediata têm-se aquelas com vencimento de até 90 dias, tais como cadernetas de poupança, Certificados de Depósitos Bancários (CDB) prefixados, Letras do Fundo do Tesouro (LFT), Letras do Tesouro Nacional (LTN), Notas do Tesouro Nacional (NTN) e cotas de Fundos de Investimentos.

Caixa e equivalentes de caixa correspondem ao grupo contábil comumente denominado disponibilidades ou disponível.

2.5.6.2 Estrutura e conteúdo da DFC

A demonstração dos fluxos de caixa (DFC) apresenta o caixa gerado/consumido pelas atividades operacionais, o caixa gerado/consumido pelas atividades de investimento, o caixa gerado/consumido pelas atividades de financiamento, o aumento/redução de caixa no período, o saldo de caixa no início do exercício e o saldo de caixa no final do exercício.

Caixa gerado/consumido pelas atividades operacionais: evidencia o fluxo de caixa oriundo das atividades operacionais. Espera-se que as atividades operacionais gerem caixa. No entanto, é possível que, em determinadas circunstâncias, as atividades operacionais terminem por consumir caixa. Essa parte da DFC pode ser elaborada pelo método direto ou pelo método indireto e guarda íntima relação com ativo circulante, passivo circulante e lucro empresarial.

Caixa gerado/consumido pelas atividades de investimento: é comum as atividades de investimento consumirem caixa. Todavia, em determinadas circunstâncias, é possível que as atividades de investimento gerem caixa. Essa parte da DFC está ligada ao ativo não circulante, especialmente com os subgrupos investimento, imobilizado e intangível.

Caixa gerado/consumido pelas atividades de financiamento: as atividades de financiamento tendem a gerar caixa. Todavia, em determinadas circunstâncias, é possível que as atividades de financiamento consumam caixa. Essa parte da DFC está ligada a empréstimos e financiamentos e ao Patrimônio Líquido.

Aumento/redução de caixa no período: corresponde à soma algébrica dos valores gerados/(consumidos) pelas atividades operacional, de investimento e de financiamento.

Saldo de caixa no início do exercício: corresponde ao saldo das disponibilidades no início do exercício, conforme evidenciado no balanço patrimonial (BP) para o exercício imediatamente anterior.

Saldo de caixa no final do exercício: corresponde à soma algébrica de aumento/redução de caixa com o saldo de caixa no início do exercício e deve guardar correspondência com o saldo de disponibilidades, conforme evidenciado no balanço patrimonial (BP).

De acordo com o Pronunciamento Técnico CPC 03 – Demonstração dos Fluxos de Caixa, são exemplos de fluxos de caixa que decorrem das atividades operacionais:

a) recebimentos de caixa pela venda de mercadorias e pela prestação de serviços;

b) recebimentos de caixa decorrentes de *royalties*, honorários, comissões e outras receitas;

c) pagamentos de caixa a fornecedores de mercadorias e serviços;

d) pagamentos de caixa a empregados ou por conta de empregados;

e) recebimentos e pagamentos de caixa por seguradora de prêmios e sinistros, anuidades e outros benefícios da apólice;

f) pagamentos ou restituição de IR, a menos que possam ser especificamente identificados com as atividades de financiamento ou de investimento; e

g) recebimentos e pagamentos de contratos mantidos para negociação imediata ou disponíveis para venda futura.

2.5.6.3 Método direto e método indireto

Os fluxos de caixa das atividades operacionais podem ser apresentados pelo método direto ou pelo método indireto.

Pelo **método direto**, são apresentadas as principais classes de recebimentos brutos e pagamentos brutos. Devem conter, no mínimo, as seguintes categorias de pagamentos e recebimentos relacionados às operações:

✓ recebimentos de clientes;

✓ pagamentos a fornecedores;

✓ pagamentos a empregados;

✓ pagamentos de tributos;

✓ pagamentos de juros;

✓ recebimentos de juros;

✓ recebimentos de dividendos;

✓ outros recebimentos e pagamentos.

Exemplo 16 – DFC pelo método direto

Empresa Modelo Ltda.
Demonstração dos fluxos de caixa de 20X2

Em R$ 1,

ATIVIDADES OPERACIONAIS		
Recebimento de clientes	1.000,	
(–) Pagamentos a fornecedores de mercadorias	(550,)	
(–) Pagamentos de tributos	(100,)	
(–) Pagamentos de salários	(300,)	
Caixa líquido gerado nas atividades operacionais		50,
ATIVIDADES DE INVESTIMENTO		
Recebimento pela venda de imobilizado	2.000,	
(–) Pagamento pela compra de imobilizado	(2.500,)	
Caixa líquido consumido nas atividades de investimento		(500,)
ATIVIDADES DE FINANCIAMENTO		
Aumento de capital social em dinheiro	400,	
Obtenção de empréstimos	6.000,	
(–) Pagamentos de dividendos	(3.000,)	
(–) Pagamentos de empréstimos e financiamentos	(1.600,)	
Caixa líquido gerado nas atividades de financiamento		1.800,
Aumento líquido no caixa e equivalentes de caixa em 20X2		1.350,
Saldo de caixa e equivalentes de caixa em 20X1		4.200,
Saldo de caixa e equivalentes de caixa em 20X2		5.550,

Pelo **método indireto**, o lucro, ou o prejuízo, líquido é ajustado pelos efeitos:

✓ de transações que não envolvem caixa;

✓ de quaisquer diferimentos ou apropriações por competência sobre recebimentos de caixa ou pagamentos em caixa operacionais passados ou futuros; e

✓ de itens de receita ou despesa associados com fluxos de caixa das atividades de investimento ou de financiamento.

Exemplo 17 – DFC pelo método indireto

Empresa Modelo Ltda.
Demonstração dos fluxos de caixa de 20X2

Em R$ 1,

ATIVIDADES OPERACIONAIS		
Lucro líquido do exercício	200,	
Mais: depreciação e amortização	180,	
Menos: lucro na venda de imobilizado	(348,)	
Lucro ajustado	32,	
Aumento em contas a receber de clientes	(30,)	
Aumento em PECLD	25,	
Aumento em estoques	(19,)	
Redução de despesas antecipadas	18,	
Aumento em fornecedores	45,	
Redução de salários a pagar	(21,)	
Caixa líquido gerado nas atividades operacionais		50,
ATIVIDADES DE INVESTIMENTO		
Recebimento pela venda de imobilizado	2.000,	
(–) Pagamento pela compra de imobilizado	(2.500,)	
Caixa líquido consumido nas atividades de investimento		(500,)
ATIVIDADES DE FINANCIAMENTO		
Aumento de capital social em dinheiro	400,	
Obtenção de empréstimos	6.000,	
(–) Pagamentos de dividendos	(3.000,)	
(–) Pagamentos de empréstimos e financiamentos	(1.600,)	
Caixa líquido gerado nas atividades de financiamento		1.800,
Aumento líquido no caixa e equivalentes de caixa em 20X2		1.350,
Saldo de caixa e equivalentes de caixa em 20X1		4.200,
Saldo de caixa e equivalentes de caixa em 20X2		5.550,

2.5.7 Demonstração do valor adicionado (DVA)

De acordo com o Pronunciamento Técnico CPC 09 – Demonstração do Valor Adicionado, a DVA tem por finalidade evidenciar a riqueza criada pela entidade e sua distribuição, durante determinado período.

Objetivo de Aprendizagem 15

Valor adicionado é definido como a riqueza criada pela empresa, de forma geral medida pela diferença entre o valor das vendas e os insumos adquiridos de terceiros. Inclui também o valor adicionado recebido em transferência, ou seja, produzido por terceiros e transferido à entidade.

A DVA não é exigida pela legislação fiscal, porém sua apresentação é obrigatória para as companhias abertas.

TESTES

Os testes a seguir constam das provas de concursos públicos indicadas no enunciado. Cada questão também apresenta o número original da questão na respectiva prova do concurso.

1. **Bloco 2, QUESTÃO 74 – A partir da teoria contábil, analise as assertivas abaixo em relação aos fatos contábeis. (Auditor Fiscal da Receita Estadual, RS, Fundatec, 2014)**

    I. São ocorrências que têm por efeito a alteração da composição do patrimônio, seja em seu aspecto qualitativo ou em seu aspecto quantitativo.

    II. São permutativos aqueles que modificam qualitativamente o patrimônio sem alterar a situação líquida.

    III. São ocorrências equivalentes aos atos administrativos, que têm por efeito a alteração do patrimônio líquido, seja em seu aspecto qualitativo ou em seu aspecto quantitativo.

    IV. São ocorrências que têm por efeito alterações eminentemente quantitativas no patrimônio líquido de uma entidade.

    Quais estão corretas?
- (A) Apenas I.
- (B) Apenas IV.
- (C) Apenas I e II.
- (D) Apenas II e III.
- (D) I, II, III e IV.

Para responder às questões 78 e 79 (BLOCO 2), utilize o elenco de contas extraído do balanço. (Auditor Fiscal da Receita Estadual, RS, Fundatec, 2014)

Patrimonial da Cia. Harmonia

CONTAS	R$
Ações em Tesouraria	25.000
Ativos Intangíveis	175.800
Capital Social	290.000
Contas a receber	180.100
Custo das Mercadorias Vendidas	385.700
Depreciação Acumulada	50.000
Despesas com Comissões de Vendas	42.000
Despesas de Salários	32.350
Despesas Financeiras	5.500
Disponível	50.000
Encargos Sociais a Recolher	32.400
Estoques	283.300
Financiamentos Bancários de Curto Prazo	230.000
Financiamentos Bancários Longo Prazo	188.280
Fornecedores	200.000
ICMS sobre vendas	65.000
Impostos a recuperar	5.200
Investimentos em Controladas	199.230
Máquinas e Equipamentos	450.000
Provisão para Imposto de Renda	42.750
Receita de Equivalência Patrimonial	28.900
Receita Operacional Bruta	650.000
Receitas Financeiras	20.000
Reserva Legal	21.550
Reserva para Contingências	20.000
Salários a pagar	220.000
Seguros Pagos Antecipadamente	15.200
Variações Monetárias Ativas	12.500
Variações Monetárias Passivas	6.500

2. QUESTÃO 78 – De acordo com a tabela acima, calcule o resultado do exercício, assumindo que não ocorreu destinação de dividendos, e informe o valor do patrimônio líquido da Cia. Harmonia.

(A) R$ 466.150,00.

(B) R$ 483.150,00.

(C) R$ 488.150,00.

(D) R$ 463.150,00.

(E) R$ 438.150,00.

3. QUESTÃO 79 – Qual o valor do ativo circulante e do passivo circulante, respectivamente?

(A) R$ 708.800,00 – R$ 870.680,00.

(B) R$ 583.300,00 – R$ 628.400,00.

(C) R$ 533.800,00 – R$ 708.800,00.

(D) R$ 533.800,00 – R$ 682.400,00.

(E) R$ 583.300,00 – R$ 708.800,00.

4. 35 – O patrimônio das empresas, de uma forma geral, pode ser sintetizado pelos seguintes componentes: ativo, passivo e patrimônio líquido. Portanto, a posição financeira da empresa pode ser determinada pela relação entre esses componentes. O termo Balanço advém da seguinte equação: ativo = passivo + patrimônio líquido. Portanto, qual o efeito no patrimônio da empresa causado pela compra à vista de suas próprias ações? (Analista Contador, EMDUR, FUNCAB, 2014)

(A) Aumento do Passivo e diminuição do Ativo.

(B) Aumento do Passivo e aumento do Ativo.

(C) Diminuição do Ativo e aumento do Patrimônio Líquido.

(D) Aumento do Ativo e diminuição do Passivo.

(E) Diminuição do Ativo e diminuição do Patrimônio Líquido.

5. 2 – Observando o patrimônio da empresa Constituída S.A. e as transações realizadas, encontramos, em primeiro lugar, os seguintes dados contabilizados: (Auditor-Fiscal da Receita Federal do Brasil, ESAF, 2009)

Capital registrado na Junta Comercial	R$ 40.000,00
Dinheiro guardado em espécie	R$ 5.500,00
Um débito, em duplicatas, com a GM	R$ 7.500,00
Um crédito, em duplicatas, com as lojas Sá	R$ 10.500,00
Um Vectra GM do próprio uso	R$ 35.000,00
Lucros de períodos anteriores	R$ 3.500,00

Em seguida, constatamos o pagamento de R$ 3.000,00 da dívida existente, com descontos de 10%; e a contratação de empréstimo bancário de R$ 6.500,00, incidindo encargos de 4%, com a emissão de notas promissórias.

Classificando contabilmente os componentes desse patrimônio e considerando as variações provocadas pelas duas transações do exemplo, pode-se dizer que os saldos daí decorrentes, no fim do período, serão devedores e credores de:

(A) R$ 51.000,00.

(B) R$ 54.540,00.

(C) R$ 60.460,00.

(D) R$ 60.500,00.

(E) R$ 61.060,00.

GABARITO

Teste	1	2	3	4	5
Resposta	C	E	D	E	B

CAPÍTULO **3**

Contabilidade tributária

Este capítulo apresenta a contabilidade tributária como o ramo da contabilidade que se dedica à mensuração, ao reconhecimento e à evidenciação das variações patrimoniais provocadas pela aplicação das regras tributárias a um patrimônio específico. O capítulo inicia com a definição de contabilidade tributária e sua relação com as atividades de planejamento tributário, escrituração fiscal e elaboração de declarações e guias fiscais; prossegue apresentando o projeto de Código de Defesa do Contribuinte e com uma breve descrição do Sistema Público de Escrituração Digital (SPED); e termina discutindo a importância de adequada implantação e uso de sistemas integrados de gestão (ERPs).

Objetivos de aprendizagem

Após estudar este capítulo, você deverá ser capaz de:

1. definir contabilidade tributária;
2. caracterizar planejamento tributário;
3. distinguir entre evasão e elisão fiscal;
4. descrever o projeto de criação do Código de Defesa do Contribuinte brasileiro;
5. apontar os documentos fiscais exigidos pelas legislações do IPI e do ICMS;
6. apontar os documentos fiscais exigidos pelas legislações do ISS;
7. descrever o processo de escrituração fiscal;
8. compreender o Sistema Público de Escrituração Digital (SPED);
9. apontar as principais declarações exigidas pela legislação fiscal.

3.1 CONCEITO DE CONTABILIDADE TRIBUTÁRIA

Contabilidade tributária é o ramo da contabilidade que se dedica ao estudo, mensuração, reconhecimento e evidenciação das mutações patrimoniais decorrentes da aplicação da legislação tributária sobre um patrimônio específico. As atividades da contabilidade tributária englobam o planejamento tributário, a escrituração de livros fiscais, a elaboração de declarações exigidas pelas normas fiscais, a apuração de montantes a serem recolhidos aos cofres públicos como decorrência da aplicação de regras tributárias e respectivos registros contábeis de despesas, passivos e ativos tributários.

3.2 PLANEJAMENTO TRIBUTÁRIO

Planejamento é o processo que objetiva perceber a realidade posta, estabelecer a meta a ser alcançada e avaliar os diferentes cursos de ações que podem ser adotados para atingir a meta estabelecida, bem como suas respectivas dificuldades, riscos e consequências. Assim, o planejamento sempre antecede a ação, e a sua implementação, invariavelmente, objetiva a determinado fim. É a partir dessa definição de planejamento que, aqui, conceituamos a expressão planejamento tributário.

Planejamento tributário consiste no conjunto de ações que, dentro dos estritos limites da lei, busca estruturar as operações do contribuinte de tal maneira que os custos com tributos sejam o mínimo exigido pelo sistema tributário nacional, evitando-se o recolhimento de tributos em montante superior àquele legalmente devido. A título ilustrativo, podem-se mencionar as seguintes ações como exemplo de ações alinhadas com um adequado planejamento tributário:

> Planejamento tributário é a ação de projetar as atividades do sujeito passivo para que o ônus tributário seja licitamente minimizado.

a) quando possível, dentro do binômio custo *versus* benefícios, evitar ou postergar ações/transações que impliquem na ocorrência do fato gerador do tributo;
b) privilegiar transações beneficiadas por redução de base de cálculo;
c) privilegiar transações tributáveis com a menor alíquota aplicável;
d) optar por formas de tributação que impliquem em menor custo com apuração de tributos e apresentação de obrigações acessórias. A título de exemplo, pode-se mencionar a opção pelo Simples Nacional, desde que sob o estrito cumprimento da lei.

O legítimo planejamento tributário auxilia o contribuinte a reconhecer a dimensão social da arrecadação tributária, auxilia a engenharia de produtos e serviços, contribui na orientação de tarefas operacionais de diversos setores da empresa, tais como suprimentos, comercial e financeiro.

Exemplo 18 – Planejamento tributário: mudando a engenharia do produto

Determinada indústria do ramo automotivo utilizava um alumínio importado, cuja alíquota do Imposto de Importação (II) era 10%. Durante o Planejamento Tributário a empresa identificou que existe uma liga alternativa com preço equivalente no mercado externo e ex-tarifário que reduz o II de 10% para 2%. Diante desse achado, a equipe responsável pelo planejamento tributário reuniu-se com a área de produção e verificou que o material atende aos requisitos do produto e pode ser utilizando sem qualquer perda de qualidade ou produtividade. Então, os esquemas de produção foram alterados para contemplar a nova liga. Mensalmente, a produção consome R$ 1.000.000 em chapas de alumínio. Portanto, essa alternativa trará uma economia tributária de aproximadamente R$ 80.000 por mês:

Gasto mensal com o insumo	R$ 1.000.000	
A – Imposto de Importação sem ex-tarifário	R$ 100.000	(R$ 1.000.000 × 10%)
B – Imposto de Importação com ex-tarifário	R$ 20.000	(R$ 1.000.000 × 2%)
C – Diferença (A – B)	R$ 80.000	

3.2.1 O que é planejamento tributário

Conforme Oliveira, Chieregato, Perez Junior e Gomes (2014), planejamento tributário é o estudo prévio dos efeitos jurídicos, fiscais e econômicos de determinada decisão gerencial, de forma a identificar qual a opção legal menos onerosa para realizar determinada operação. Esse também é o entendimento externado por Fabretti (2015), para quem planejamento tributário é o "estudo feito preventivamente, ou seja, antes da realização do fato administrativo, pesquisando-se seus efeitos jurídicos e econômicos e as alternativas legais menos onerosas".

Tanto Fabretti (2015) quanto Oliveira et al. (2014) concordam que não se deve confundir planejamento tributário com sonegação fiscal, que é crime previsto na Lei 8.137/1990. Enquanto planejamento tributário é o estudo das opções lícitas de que resulte o menor ônus tributário, a sonegação é o uso de simulações, alterações de registros e documentos, enfim, de qualquer ação ou omissão dolosa que ilicitamente objetive impedir ou retardar, completa ou parcialmente, que a autoridade fiscal tome conhecimento da ocorrência do fato gerador da obrigação tributária principal. O planejamento tributário é sempre anterior à realização do fato administrativo, pois, do contrário, não seria planejamento.

3.2.2 O que não é planejamento tributário

Entre diversas situações que **não configuram** planejamento tributário, mencionamos, a título de exemplo:

a) o planejamento de operações e configurações **exclusivamente** para os propósitos de postergar ou reduzir o pagamento de tributos;

b) a alteração de livros, registros ou documentos com o objetivo de reduzir a base de cálculo do tributo;

c) a alteração de livros, registros ou documentos com o objetivo de mascarar as características da operação para enquadrá-la como outra, sujeita a menor alíquota; e

d) dissimulações e alterações de registros e documentos, bem como quaisquer outras ações ou omissão destinadas a, ilicitamente, impedir ou retardar, completa ou parcialmente, que a autoridade fiscal tome conhecimento da ocorrência do fato gerador da obrigação tributária principal.

3.2.3 Conceitos de simulação e dissimulação

Segundo Torres (2007), simulação é o fingimento de algo que não aconteceu, ou que só aconteceu em parte. O autor apresenta, como exemplo, uma transação de compra e venda, sem, porém, haver entrega de dinheiro (não houve venda).

Por seu turno, dissimulação é a ocultação de algo que ocorreu. Nesse sentido, Monteiro e Pinto (2016) lembram que não se deve confundir simulação com dissimulação, pois a simulação acena com o que não existe e a dissimulação oculta o que existe.

O art. 167 do Código Civil – Lei 10.406/2002 – assim determina:

> Art. 167. É nulo o negócio jurídico simulado, mas subsistirá o que se dissimulou, se válido for na substância e na forma.
>
> § 1º Haverá simulação nos negócios jurídicos quando:
>
> I – aparentarem conferir ou transmitir direitos a pessoas diversas daquelas às quais realmente se conferem, ou transmitem;
>
> II – contiverem declaração, confissão, condição ou cláusula não verdadeira;
>
> III – os instrumentos particulares forem antedatados, ou pós-datados.
>
> § 2º Ressalvam-se os direitos de terceiros de boa-fé em face dos contraentes do negócio jurídico simulado.

3.2.4 O combate à elisão fiscal

Objetivo de Aprendizagem 3

A Lei Complementar 104/2001 acrescentou o seguinte parágrafo único ao art. 116 do Código Tributário Nacional – Lei 5.172/1966:

> Parágrafo único. A autoridade administrativa poderá desconsiderar atos ou negócios jurídicos praticados com a finalidade de dissimular a ocorrência do fato gerador do tributo ou a natureza dos elementos constitutivos da obrigação tributária, observados os procedimentos a serem estabelecidos em lei ordinária.

O parágrafo único do art. 116 do CTN estabelece a possibilidade de se desconsiderar negócios jurídicos feitos para dissimular fatos geradores de imposto. É importante destacar que esse dispositivo ainda carece de ser regulamentado por lei ordinária para que possa ser aplicado.

Apesar de esse dispositivo ter se tornado conhecido como uma norma antielisão, sob a abordagem adotada por Torres (2007) ele é melhor descrito como uma norma de combate à elisão ilícita. Seu texto autoriza desconsiderar atos ou negócios jurídicos destinados à dissimulação, à ocultação da ocorrência da obrigação tributária. Entretanto, este texto não proíbe o legítimo planejamento tributário, que precede à ação econômica e ao fato jurídico e obedece ao estrito cumprimento da lei.

3.2.5 Polêmica sobre os conceitos de elisão e evasão fiscal

Conforme Torres (2007), existem correntes doutrinárias que permitem identificar duas categorias de elisão e outras duas de evasão fiscal, quais sejam:

i. **elisão lícita:** economia de tributos advinda de ato revestido de forma jurídica que não se adequa à descrição abstrata do fato gerador de algum tributo, desde que não haja abuso de direito. A elisão lícita é sempre anterior ao fato gerador;

ii. **elisão ilícita:** inicia-se com a manipulação de formas jurídicas lícitas e depois evolui para a ilicitude, culminando com o abuso do direito. Assim, é uma economia de tributos decorrente de abuso tanto de possibilidades expressas em lei quanto de conceitos jurídicos abertos ou indeterminados;

iii. **evasão lícita:** economia de tributos por se evitar ação que implique na ocorrência de fato gerador da obrigação tributária. Segundo Torres (2007), um exemplo é alguém deixar de fumar para não pagar o IPI ou o ICMS; e

iv. **evasão ilícita:** consiste na ocultação da ocorrência do fato gerador já ocorrido, com o objetivo de não pagar o tributo devido. Compreende sonegação, conluio, falsificação e adulteração de documentos, livros, registros e declarações fiscais, bem como a prestação de informações falsas ou inexatas com o intuito de não pagar tributos, ou pagar quantia menor que a devida.

No Brasil, a sonegação fiscal é crime previsto na Lei 8.137/1990. A sonegação é o uso de simulações, alterações de registros e documentos, enfim, de qualquer ação ou omissão dolosa que ilicitamente objetive impedir ou retardar, completa ou parcialmente, que a autoridade fiscal tome conhecimento da ocorrência do fato gerador da obrigação tributária principal. A sonegação é sempre posterior à ocorrência do fato gerador da obrigação tributária.

Considerando a classificação apresentada por Torres (2007), o planejamento tributário deve se fundamentar em elisão fiscal lícita, portanto anterior à ocorrência do fato gerador e destituída de abuso de direito.

3.2.6 Código de Defesa do Contribuinte brasileiro

Objetivo de Aprendizagem 4

Em 10 de outubro de 2011 foi proposto o Projeto de Lei 2.557 na Câmara dos Deputados Federais. O projeto propõe instituir o Código de Defesa do Contribuinte brasileiro.

A iniciativa de criação do Código de Defesa do Contribuinte brasileiro acena com uma evolução na relação entre Fisco e Contribuintes, pois, já em seu art. 2º, elenca nobres objetivos, conforme segue:

Art. 2º São objetivos do presente Código:

I – promover o bom relacionamento entre o fisco e o contribuinte, baseado nos princípios da lealdade, da cooperação, do respeito mútuo e da parceria, visando a fornecer ao Estado os recursos necessários ao cumprimento de suas atribuições;

II – proteger o contribuinte contra o exercício ilegal do poder de fiscalizar, de lançar e de cobrar tributo instituído em lei;

III – assegurar a ampla defesa dos direitos do contribuinte no âmbito do processo administrativo-fiscal em que tiver legítimo interesse;

IV – assegurar a adequada e eficaz prestação de serviços gratuitos de orientação aos contribuintes;

V – assegurar a manutenção e apresentação de bens, mercadorias, livros, documentos, impressos, papéis, programas de informática ou arquivos eletrônicos a eles relativos, com base no regular exercício da fiscalização.

O referido projeto de Código de Defesa do Contribuinte brasileiro afirma que são direitos do contribuinte:

i. o adequado e eficaz atendimento pelos órgãos e unidades fazendários;
ii. a igualdade de tratamento, com respeito e urbanidade, em qualquer repartição pública da União, dos Estados, do Distrito Federal e dos Municípios;
iii. a identificação do servidor nos órgãos públicos e nas ações fiscais;
iv. o acesso a dados e informações, pessoais e econômicas, que a seu respeito constem em qualquer espécie de fichário ou registro, informatizado ou não, dos órgãos integrantes da Administração Tributária Federal, Estadual, Distrital ou Municipal;

v. a eliminação completa do registro de dados falsos ou obtidos por meios ilícitos;

vi. a retificação, complementação, esclarecimento ou atualização de dados incorretos, incompletos, dúbios ou desatualizados;

vii. a obtenção de certidão sobre atos, contratos, decisões ou pareceres constantes de registros ou autos de procedimentos de seu interesse em poder da Administração Pública, salvo se a informação solicitada estiver protegida por sigilo, observada a legislação pertinente;

viii. a efetiva educação tributária e a orientação sobre procedimentos administrativos;

ix. a apresentação de ordem de fiscalização ou outro ato administrativo, autorizando a execução de auditorias fiscais, coleta de dados ou quaisquer outros procedimentos determinados pela administração tributária;

x. o recebimento de comprovante descritivo dos bens, mercadorias, livros, documentos, impressos, papéis, programas de computador ou arquivos eletrônicos entregues à fiscalização ou por ela apreendidos;

xi. a recusa a prestar informações por requisição verbal, se preferir notificação por escrito;

xii. a faculdade de cumprir as obrigações acessórias relativas à prestação de informações previstas na legislação, bem como as notificações relativas à prestação de informações ou ao fornecimento de registros fiscais e contábeis, mediante o envio de arquivos eletrônicos a endereços virtuais da Secretaria da Fazenda, de propriedade do ente federado responsável tributário, criados especialmente para essa finalidade, segundo a disciplina pertinente;

xiii. a informação sobre os prazos de pagamento e reduções de multa, quando autuado;

xiv. a não obrigatoriedade de pagamento imediato de qualquer autuação e o exercício do direito de defesa, se assim o desejar;

xv. a faculdade de se comunicar com seu advogado ou entidade de classe quando sofrer ação fiscal, sem prejuízo da continuidade desta;

xvi. a ciência formal da tramitação de processo administrativo-fiscal de que seja parte, a vista do mesmo no órgão ou repartição fiscal e a obtenção de cópias dos autos, mediante ressarcimento dos custos da reprodução;

xvii. a preservação, pela administração tributária, do sigilo de seus negócios, documentos e operações, exceto nas hipóteses previstas na lei;

xviii. o encaminhamento, sem qualquer ônus, de petição contra ilegalidade ou abuso de poder ou para defesa de seus direitos.

Adicionalmente, o Código de Defesa do Contribuinte brasileiro determina que o contribuinte tem direito ao ressarcimento por danos causados por agente público, agindo na qualidade de agente de fiscalização tributária, sendo que tal direito poderá ser exercido por entidade associativa, quando expressamente autorizada por seu estatuto, ou sindicato, em defesa dos interesses coletivos ou individuais de seus membros.

Além disso, o Código de Defesa do Contribuinte brasileiro também determina que são garantias do contribuinte, conforme o disposto no CTN e em leis correlatas:

a) a exclusão da responsabilidade pelo pagamento de tributo e de multa não previstos em lei;

b) a faculdade de corrigir obrigação tributária, antes de iniciado o procedimento fiscal, mediante prévia autorização do fisco e observada a legislação aplicável, em prazo compatível e razoável. Nos casos em que a correção implicar em reconstituição da escrituração fiscal, o prazo para tal correção não será inferior a 60 (sessenta) dias;

c) a presunção relativa da verdade nos lançamentos contidos em seus livros e documentos contábeis ou fiscais, quando fundamentados em documentação hábil;

d) a obediência aos princípios do contraditório, da ampla defesa e da duplicidade de instância no contencioso administrativo-tributário, assegurada, ainda, a participação paritária dos contribuintes no julgamento do processo na instância colegiada;

e) a liquidação antecipada, total ou parcial, do crédito tributário parcelado, com redução proporcional dos juros e demais acréscimos incidentes sobre a parcela remanescente;

f) a fruição de benefícios e incentivos fiscais ou financeiros, bem como o acesso a linhas oficiais de crédito e a participação em licitações, independentemente da existência de processo administrativo ou judicial pendente, em matéria tributária, sem prejuízo do disposto no art. 206 do CTN.

Cumprindo o seu objetivo de promover o bom relacionamento entre o fisco e o contribuinte, o Código de Defesa do Contribuinte brasileiro também enumera as obrigações do contribuinte.

Art. 6º São obrigações do contribuinte:

I – o tratamento, com respeito e urbanidade, aos funcionários da administração fazendária do Estado;

II – a identificação do titular, sócio, diretor ou representante nas repartições administrativas e fazendárias e nas ações fiscais;

III – o fornecimento de condições de segurança e local adequado em seu estabelecimento, para a execução dos procedimentos de fiscalização;

IV – a apuração, declaração e recolhimento do imposto devido, na forma prevista na legislação;

V – a apresentação em ordem, quando solicitados, no prazo estabelecido na legislação, de bens, mercadorias, informações, livros, documentos, impressos, papéis, programas de computador ou arquivos eletrônicos;

VI – a manutenção em ordem, pelo prazo previsto na legislação, de livros, documentos, impressos e registros eletrônicos relativos ao imposto;

VII – a manutenção, junto à repartição fiscal, de informações cadastrais atualizadas relativas ao estabelecimento, titular, sócios ou diretores.

Parágrafo único. Relativamente ao inciso VII, tomando conhecimento de verdade diversa da consignada nos registros sobre o contribuinte, a autoridade fiscal pode efetuar de ofício a alteração da informação incorreta, incompleta, dúbia ou desatualizada.

O Projeto de Lei 2.557/2011 também institui o Conselho Federal de Defesa do Contribuinte (CODECON). De acordo com o art. 15 do referido Projeto de Lei, integram o CODECON:

I. o Congresso Nacional;
II. a Confederação Nacional do Comércio de Bens, Serviços e de Turismo;
III. a Confederação Nacional da Indústria;
IV. a Confederação Nacional das Instituições Financeiras;
V. a Confederação da Agricultura e Pecuária do Brasil;
VI. o Serviço Nacional de Apoio às Micro e Pequenas Empresas (SEBRAE);
VII. a Ordem dos Advogados do Brasil (OAB);
VIII. o Conselho Federal de Contabilidade (CFC);
IX. o Ministério da Fazenda;
X. a Procuradoria-Geral da Fazenda Nacional;
XI. o Ministério da Justiça e Defesa Nacional; e
XII. a Casa Civil.

3.3 DOCUMENTOS FISCAIS

3.3.1 Documentos fiscais exigidos pela legislação do ICMS e do IPI

A pessoa jurídica contribuinte do IPI e/ou do ICMS deve emitir, conforme as operações ou prestações que realizar, os documentos fiscais da Tabela 3.1.

Objetivo de Aprendizagem

5

76 CONTABILIDADE TRIBUTÁRIA

TABELA 3.1

Documentos fiscais emitidos por contribuintes do ICMS e do IPI

Documento	Modelo	Quem deve emitir
Nota Fiscal	1 ou 1-A	Contribuintes do ICMS e do IPI
Nota Fiscal de Venda a Consumidor	2	Contribuintes do ICMS e do IPI
Cupom Fiscal[1]	–	Contribuintes do ICMS e do IPI
Nota Fiscal de Produtor	4	Estabelecimento rural de produtor
Nota Fiscal/Conta de Energia Elétrica	6	Contribuinte que promover a saída de energia elétrica
Nota Fiscal de Serviço de Transporte	7	Agência de viagem ou por transportador de passageiros, de bens ou mercadorias, de valores ou ferroviário de cargas
Conhecimento de Transporte Rodoviário de Cargas	8	Transportador que executar serviço de transporte rodoviário interestadual ou intermunicipal de carga
Conhecimento de Transporte Aquaviário de Cargas	9	Transportador que executar serviço de transporte aquaviário interestadual ou intermunicipal de carga
Conhecimento Aéreo	10	Transportador que executar serviço de transporte aeroviário interestadual ou intermunicipal de carga
Conhecimento de Transporte Ferroviário de Cargas	11	Transportador que executar serviço de transporte ferroviário interestadual ou intermunicipal de carga
Bilhete de Passagem Rodoviário	13	Transportador que executar serviço de transporte rodoviário interestadual ou intermunicipal de passageiros
Bilhete de Passagem Aquaviário	14	Transportador que executar serviço de transporte aquaviário interestadual ou intermunicipal de passageiros
Bilhete de Passagem e Nota de Bagagem	15	Transportador que executar serviço de transporte aeroviário interestadual ou intermunicipal de passageiros
Bilhete de Passagem Ferroviário	16	Transportador que executar serviço de transporte ferroviário interestadual ou intermunicipal de passageiros
Despacho de Transporte	17	Transportadora que contratar transportador autônomo para concluir a execução de serviço de transporte de carga em meio de transporte diverso do original, cujo preço tiver sido cobrado até o destino da carga
Resumo de Movimento Diário	18	Contribuinte que prestar serviço de transporte de passageiros, possuidor de inscrição única abrangendo mais de um estabelecimento,
Ordem de Coleta de Carga	20	Transportador que coletar carga desde o endereço do remetente até o seu endereço.
Nota Fiscal de Serviço de Comunicação	21	Estabelecimento que prestar serviço de comunicação
Nota Fiscal de Serviço de Telecomunicações	22	Estabelecimento que prestar serviço de telecomunicação
Manifesto de Carga	25	Transportador que realize transporte de carga fracionada

---

[1] Emitido por Equipamento Emissor de Cupom Fiscal (EECF).

3.3.2 Documentos fiscais exigidos pela legislação do ISS

O ISS é um tributo municipal e, portanto, os documentos fiscais a serem emitidos pelos contribuintes desse imposto são disciplinados pela legislação de cada município. É comum que essa legislação exija que seus contribuintes emitam Nota Fiscal de Serviços (NFS). Inclusive, muitos municípios já adotaram a Nota Fiscal de Serviços Eletrônica (NFS-e).

Objetivo de Aprendizagem 6

Além da NFS, alguns municípios determinam a emissão de outros documentos fiscais. A título de exemplo, o município de São Paulo exige a emissão dos documentos apresentados na Tabela 3.2.

TABELA 3.2

ISS Documentos fiscais exigidos pelo município de São Paulo

Documento	Quem deve emitir
Nota Fiscal de Serviços Eletrônica (NFS-e)	Prestadores de serviços, exceto os que obtiverem regime especial expressamente desobrigando-os e as instituições financeiras e assemelhadas.
Cupom de Estacionamento	Contribuintes que realizarem operações relativas à prestação de serviços de guarda e estacionamento de veículos terrestres automotores, do tipo *valet service*.
Nota Fiscal Eletrônica do Tomador/Intermediário de Serviços	Pessoas jurídicas e condomínios edilícios residenciais ou comerciais por ocasião da contratação de serviços sob determinadas hipóteses estabelecidas na legislação do município de São Paulo.

3.4 ESCRITURAÇÃO FISCAL

Escrituração de livros fiscais consiste em uma das obrigações tributárias acessórias e se consubstancia no registro, em livros exigidos pelo ente tributante, das transações realizadas pela empresa.

Objetivo de Aprendizagem 7

3.4.1 Livros fiscais exigidos pela legislação do ICMS e do IPI

Os seguintes livros são exigidos pela legislação do ICMS e do IPI.

O **Livro Registro de Entrada** destina-se ao registro das aquisições de mercadorias, insumos e bens do ativo imobilizado, que foram recebidos pela empresa. Nele também deve ser registrado o recebimento de itens em devoluções de vendas da empresa. Deve ser escriturado diariamente e totalizado ao final de cada mês.

No Livro Registro de Entradas são escriturados: o montante de créditos de ICMS e de IPI que a empresa tem perante o fisco, como decorrência da compra de mercadorias, produtos e insumos; a devolução de suas vendas; e outros créditos permitidos pela lei tributária.

Existem dois modelos para o Livro Registro de Entradas: Modelo 1 e Modelo 1-A. O Modelo 1 é utilizado por contribuinte sujeito, simultaneamente, à legislação do IPI e à do ICMS. Já o Modelo 1-A é utilizado por contribuinte sujeito apenas à legislação do ICMS. A Escrituração Fiscal Digital (EFD – ICMS) substitui a escrituração do Livro Registro de Entradas. A esse respeito, ver o Convênio ICMS 143/2006.

O **Livro Registro de Saídas de Mercadorias** serve para registrar todas as saídas de produtos, mercadorias e bens do ativo imobilizado que foram vendidos pela empresa. Nele também devem ser registradas as saídas em devoluções de itens recebidos pela empresa. Deve ser escriturado diariamente e totalizado ao final de cada mês.

Existem dois modelos para o Livro Registro de Saídas: Modelo 2 e Modelo 2-A. O Modelo 2 é utilizado por contribuinte sujeito, simultaneamente, à legislação do IPI e à do ICMS. Já o Modelo 2-A é utilizado por contribuinte sujeito apenas à legislação do ICMS. A Escrituração Fiscal Digital (EFD – ICMS) substitui a escrituração do Livro Registro de Saídas. A esse respeito, ver o Convênio ICMS 143/2006.

O **Registro de Controle da Produção e do Estoque**, Modelo 3, é utilizado por estabelecimento industrial ou a ele equiparado pela legislação federal, e por atacadista, podendo, a critério do fisco, ser exigido de estabelecimento de contribuinte de outro setor, com as adaptações necessárias. O seu objetivo é o controle quantitativo da produção e do estoque de mercadorias.

Nele são escriturados os documentos fiscais e os documentos de uso interno do estabelecimento, correspondentes às entradas e saídas, à produção e às quantidades referentes aos estoques de mercadorias.

Caso o contribuinte mantenha mais de um estabelecimento, por exemplo: filiais, sucursais, agências ou equivalente, deverá manter, em cada estabelecimento, a escrituração de livros Registro de Controle da Produção e do Estoque distintos, sendo vedada a sua centralização.

Os registros devem ser feitos operação a operação, devendo ser utilizada uma folha para cada espécie, marca, tipo e modelo de mercadoria. A critério do fisco, o livro poderá ser substituído por fichas. A escrituração do livro ou das fichas não poderá atrasar por mais de 15 (quinze) dias. A Escrituração Fiscal Digital (EFD – ICMS) substitui a escrituração do Livro Registro de Entradas. A esse respeito, ver o Convênio ICMS 143/2006.

O **Livro Registro do Selo Especial de Controle**, Modelo 4, destina-se à escrituração dos dados relativos ao recebimento e à utilização do selo especial de controle previsto pela legislação do Imposto sobre Produtos Industrializados (IPI).

O **Livro Registro de Impressão de Documentos Fiscais**, Modelo 5, é utilizado por estabelecimento que confeccionar impressos de documentos fiscais para terceiro ou para uso próprio. Portanto, esse livro destina-se à escrituração da confecção de impressos dos documentos fiscais enumerados na Tabela 3.1.

Os registros serão feitos operação a operação, em ordem cronológica das saídas dos impressos fiscais confeccionados, ou de sua elaboração no caso de serem utilizados pelo próprio estabelecimento.

O **Livro Registro de Utilização de Documentos Fiscais e Termos de Ocorrências**, Modelo 6, destina-se à escrituração da entrada de impressos de documentos fiscais enumerados na Tabela 3.1, confeccionados por estabelecimentos gráficos ou pelo próprio contribuinte usuário, bem como à lavratura de termos de ocorrências pelo fisco.

Os registros serão feitos operação a operação, em ordem cronológica de aquisição ou confecção própria, devendo ser utilizada uma folha para cada espécie, série e subsérie do impresso de documento fiscal.

No **Livro Registro de Inventário**, Modelo 7, devem ser arrolados, pelos seus valores e com especificações que permitam sua perfeita identificação, as mercadorias, as matérias-primas, os produtos intermediários, os materiais de embalagem, os produtos manufaturados e os produtos em fabricação, existentes no estabelecimento na época do balanço. Inexistindo estoque, esse fato deve ser mencionado na primeira linha, após o preenchimento do cabeçalho da página.

A escrituração deverá ser efetivada dentro de 60 (sessenta) dias, contados da data do balanço. Se a empresa não mantiver escrita contábil, o inventário deve ser levantado em cada estabelecimento no último dia do ano civil.

O **Livro Registro de Apuração do IPI**, Modelo 8, destina-se à escrituração dos totais dos valores fiscais das operações de entrada e saída, registradas nos livros Registro de Entradas e Registro de Saídas. Portanto, nesse livro são registrados os débitos e os créditos do imposto, apurando-se o saldo a ser recolhido ou acumulado para o período seguinte, além dos demais valores contábeis e fiscais.

No **Livro Registro de Apuração do ICMS**, mensalmente, é realizado o confronto do montante de ICMS que a empresa tem a seu favor, apurado no Livro Registro de Entradas de Mercadorias, com o montante de ICMS que a empresa tem a seu desfavor, apurados no Livro Registro de Saída de Mercadorias. Dessa forma, a empresa apura, mensalmente, o montante a recolher aos cofres públicos ou o montante de créditos que acumulou contra o fisco. Nesse livro também são registrados os dados relativos às guias de informação e às guias de recolhimento do imposto.

O **Livro Registro do Selo Especial de Controle** é utilizado nas hipóteses previstas na legislação do Imposto sobre Produtos Industrializados (art. 73 do Convênio SINIEF s/n, de 15 de dezembro de 1970).

3.4.2 Sistema Público de Escrituração Digital (SPED)

O Sistema Público de Escrituração Digital (SPED) foi instituído pelo Decreto 6.022, de 22 de janeiro de 2007, e tem como principais objetivos:

a) promover a integração dos fiscos, por intermédio de padronização e compartilhamento de informações contábeis e fiscais, quando legalmente admitido;
b) racionalizar e uniformizar as obrigações acessórias para os contribuintes, com o estabelecimento de transmissão única de distintas obrigações acessórias de diferentes órgãos fiscalizadores; e
c) tornar mais célere a identificação de ilícitos tributários, com a melhoria do controle dos processos, a rapidez no acesso às informações e a fiscalização mais efetiva das operações com o cruzamento de dados e auditoria eletrônica.

O SPED nasceu juntamente com o projeto de Nota Fiscal Eletrônica (NF-e) e engloba, entre outras obrigações acessórias:

i. Conhecimento de Transporte eletrônico (CT-e): versão eletrônica do Conhecimento de Transporte Rodoviário de Cargas, Modelo 8; do Conhecimento de Transporte Aquaviário de Cargas, Modelo 9; do Conhecimento Aéreo, Modelo 10; do Conhecimento de Transporte Ferroviário de Cargas, Modelo 11; da Nota Fiscal de Serviço de Transporte Ferroviário de Cargas, Modelo 27; da Nota Fiscal de Serviço de Transporte, Modelo 7, quando utilizada em transporte de cargas. Também serve como documento fiscal eletrônico de transporte dutoviário e nos transportes Multimodais;
ii. Escrituração Contábil Digital (ECD): versão digital do Livro Diário e seus auxiliares; do Livro Razão e seus auxiliares; e do Livro Balancetes Diários, Balanços e fichas de lançamento comprobatórias dos assentamentos neles transcritos;
iii. Escrituração Contábil Fiscal (ECF): substituiu a Declaração do Imposto de Renda da Pessoa Jurídica (DIPJ);
iv. Escrituração Fiscal Digital (EFD) ICMS IPI: se constitui de um conjunto de escriturações de documentos fiscais e de outras informações de interesse dos Fiscos das unidades federadas e da RFB, bem como de registros de apuração de impostos referentes às operações e prestações praticadas pelo contribuinte;
v. EFD-Contribuições: declaração utilizada pelas pessoas jurídicas de direito privado na escrituração da Contribuição para o PIS/PASEP e da COFINS;
vi. Escrituração Fiscal Digital das Retenções e Informações da Contribuição Previdenciária Substituída (EFD-Reinf): engloba todas as retenções do contribuinte sem relação com o trabalho o assalariado, bem como as informações

sobre a receita bruta para a apuração das contribuições previdenciárias substituídas. A EFD-Reinf substituirá as informações contidas em outras obrigações acessórias, tais como o módulo da EFD-Contribuições que apura a Contribuição Previdenciária sobre a Receita Bruta (CPRB);

vii. e-Financeira: obrigação acessória em que as instituições financeiras apresentam ao fisco saldos de contas-correntes, movimentações de resgate e rendimentos de poupanças, bem como outras informações financeiras previstas na IN RFB 1.571, de 2 de julho de 2015;

viii. e-Social: é o instrumento de unificação da prestação das informações referentes à escrituração das obrigações fiscais, previdenciárias e trabalhistas e tem por finalidade padronizar sua transmissão, validação, armazenamento e distribuição, constituindo um ambiente nacional, conforme o Decreto 8.373/2014.

3.4.3 Principais declarações fiscais

A complexa legislação tributária brasileira exige uma gama de declarações, entre as quais podem ser mencionadas:

Objetivo de Aprendizagem 9

✓ DCTF: a Declaração de Débitos e Créditos Tributários Federais deve ser apresentada à Receita Federal Brasileira (RFB), e tem como objetivo informar os tributos e contribuições que são apurados pela empresa por meio de programas geradores específicos, fornecidos pela RFB. A DCTF deve ser entregue até o 15º (décimo quinto) dia útil do 2º (segundo) mês subsequente ao mês de ocorrência dos fatos geradores;

✓ DIPJ: a Declaração de Rendimentos da Pessoa Jurídica era de apresentação obrigatória, anualmente, e registrava os rendimentos e o resultado das operações da PJ, referentes ao período de 1º de janeiro a 31 de dezembro do ano anterior ao da declaração. A partir do ano-calendário de 2014, a DIPJ foi substituída pela ECF;

✓ ECF: a Escrituração Contábil Fiscal substituiu a DPJ e deve ser entregue até 30 de setembro do ano seguinte ao do período da escrituração no ambiente do SPED;

✓ EFD – Contribuições: é uma declaração, em arquivo digital, no âmbito SPED, utilizada para a escrituração do PIS/PASEP e da COFINS, bem como da Contribuição Previdenciária sobre a Receita Bruta (CPRB);

✓ PER/Dcomp: o Programa Pedido Eletrônico de Ressarcimento ou Restituição e Declaração de Compensação é utilizado para o requerimento de restituição e/ou compensação de quantias recolhidas a título de tributo ou contribuição administrados pela RFB;

82 CONTABILIDADE TRIBUTÁRIA

✓ e-LALUR: instituído pela Instrução Normativa RFB 989/2009, atualmente disciplinado dentro das normas da ECF, o Livro Eletrônico de Escrituração e Apuração do Imposto sobre a Renda e da Contribuição Social sobre o Lucro Líquido da Pessoa Jurídica Tributada pelo Lucro Real substituiu o LALUR físico.

TESTES

O teste 1 consta da prova de concurso público indicada no enunciado, estando registrado o número original da questão na respectiva prova; os demais testes são de elaboração própria, para este livro.

1. **64 – A Escrituração Contábil Digital (ECD) é uma parte do projeto SPED e visa a substituir a escrituração em papel pela escrituração transmitida via arquivo, correspondente à obrigação de transmitir, em versão oficial, os principais livros contábeis.**

    O aludido projeto SPED, que inclui o ECD, tem como um de seus objetivos: (Profissional Junior – Ciências Contábeis, BR Distribuidora, CESGRANRIO, 2015)

(A) aumentar a produtividade do auditor ao eliminar os passos para a coleta dos arquivos.

(B) racionalizar e uniformizar as obrigações acessórias para os contribuintes.

(C) reduzir o valor do custo denominado "Custo Brasil".

(D) simplificar os procedimentos sujeitos ao controle da administração tributária.

(E) uniformizar as informações que os contribuintes prestam às diversas unidades federadas.

2. **O e-LALUR, estabelecido pela Lei 12.973/2014:**

(A) deve ser entregue mensalmente.

(B) é parte da ECD.

(C) é parte da EFD – Contribuições.

(D) é parte da ECF.

(E) é parte da DCTF.

3. **São declarações mensais:**

(A) a ECD e a ECF.

(B) a ECD e a DIRF.

(C) a DCTF e a ECF.

(D) a DCTF e a EFD – Contribuições.

(E) a DCTF e a DIRF.

Contabilidade tributária 83

4. São obrigações acessórias:

(A) pagar o tributo e guardar em boa ordem as respectivas notas fiscais.

(B) pagar a multa por entrega de declaração em atraso e emitir nota fiscal.

(C) pagar a multa por entrega de declaração em atraso e retificar declaração que tenha erro.

(D) emitir nota fiscal e apresentar as devidas declarações fiscais.

(E) emitir nota fiscal e recolher o respectivo tributo.

5. O Livro Registro de Apuração do ICMS:

(A) deve ser escriturado diariamente.

(B) deve ser escriturado semanalmente.

(C) deve ser escriturado mensalmente.

(D) deve ser escriturado manualmente, sendo vetado o uso de sistema de processamento de dados.

(E) deve ser escriturado com o uso de sistema de processamento de dados, sendo vedada a escrituração manual.

GABARITO

Teste	1	2	3	4	5
Resposta	B	D	D	D	C

Parte II

TRIBUTOS INDIRETOS

Esta parte é dedicada aos tributos indiretos, que são aqueles em que o sujeito passivo legalmente definido apenas recolhe o valor que é de fato suportado pelo consumidor final. A partir desta parte, os textos trazem a aplicação da norma tributária e seus reflexos sobre o patrimônio e a renda das pessoas jurídicas. Em uma abordagem prática:

- ✓ o Capítulo 4 apresenta e discute as normas aplicáveis ao ICMS;
- ✓ o Capítulo 5 trata da tributação pelo IPI;
- ✓ o Capítulo 6 discute o ISS;
- ✓ o Capítulo 7 apresenta as contribuições para o PIS e COFINS sob o regime cumulativo;
- ✓ o Capítulo 8 aborda as contribuições para o PIS e COFINS sob regime não cumulativo.

CAPÍTULO 4

ICMS

Assista ao vídeo "Você sabe quanto paga de ICMS?".

uqr.to/chde

Neste capítulo são abordadas as questões relacionadas ao Imposto sobre Circulação de Mercadorias e prestação de Serviços de Transporte Interestadual e Intermunicipal e de Comunicação (ICMS). O capítulo inicia apresentando o ICMS como um tributo não cumulativo, de competência dos Estados e do Distrito Federal, cujo fato gerador é a circulação de mercadoria, a prestação de serviços de transporte intermunicipal e interestadual e a prestação de serviços de comunicação em caráter oneroso. São demonstradas as hipóteses de incidência e de não incidência, bem como a caracterização dos contribuintes e das alíquotas aplicáveis ao ICMS, com destaque para as alíquotas internas, interestaduais e ao Diferencial de Alíquota (DIFAL). O capítulo apresenta uma exposição sobre a contabilização do ICMS. Também são discutidas questões como a não cumulatividade do ICMS, a transferência de bens e mercadorias entre estabelecimentos da mesma empresa, o local da operação ou da prestação, o ICMS incidente sobre importações, o aproveitamento do crédito, os Códigos de Situação Tributária (CST), os Códigos Fiscais de Operação e Prestação (CFOP) e a guerra dos portos com uma exposição sobre a contabilização do ICMS. O capítulo conclui com uma discussão sobre substituição tributária do ICMS (ICMS-ST).

Objetivos de aprendizagem

Após estudar este capítulo, você deverá ser capaz de:

1. reconhecer o ICMS como um tributo de competência dos Estados e do Distrito Federal;
2. identificar o fato gerador do ICMS;

3. identificar os casos de incidência e de não incidência do ICMS;
4. caracterizar os contribuintes do ICMS;
5. apurar a base de cálculo do ICMS;
6. compreender a aplicação de alíquotas internas, interestaduais e do Diferencial de Alíquota (DIFAL);
7. compreender a não cumulatividade do ICMS;
8. apontar os documentos fiscais exigidos pela legislação do ICMS;
9. compreender a contabilização do ICMS;
10. identificar o local para o qual o ICMS é devido;
11. conhecer a incidência do ICMS sobre a importação de bens e mercadorias;
12. descrever os requisitos para o aproveitamento e/ou acumulação do crédito de ICMS;
13. compreender a estrutura e o significado do Código de Situação Tributária (CST);
14. conhecer a estrutura e o significado do Código Fiscal de Operação e Prestação (CFOP);
15. compreender a aplicabilidade de alíquota especial de ICMS em operações interestaduais com produtos e mercadorias importados;
16. apontar em quais casos é aplicável a substituição tributária do ICMS.

4.1 ASPECTOS INTRODUTÓRIOS

Objetivo de Aprendizagem 1

O Imposto sobre Operações Relativas à Circulação de Mercadorias e sobre Prestações de Serviços de Transporte Interestadual e Intermunicipal e Comunicação (ICMS) é um imposto da competência dos Estados e do Distrito Federal, sendo uma importante fonte de receita para esses entes federados.

Para fins de ICMS, o conceito de mercadorias inclui produtos, alimentos, bebidas, minerais, energia elétrica e combustíveis.

O ICMS é um imposto não cumulativo, que também incide sobre a importação de mercadorias. De acordo com o art. 155, § 2º, III, da Constituição Federal (CF), o ICMS poderá ser seletivo em função da essencialidade das mercadorias e dos serviços. Isso significa que a alíquota do ICMS poderá ser menor para as mercadorias e serviços mais necessários e maior para os menos necessários, ou mais supérfluos.

A legislação do ICMS evoluiu a partir das normas do Imposto sobre Circulação de Mercadorias (ICM), que constavam dos arts. 52 a 58, já revogados, do CTN. Os principais dispositivos legais do ICMS são:

a) a CF de 1988;
b) Lei Complementar (LC) 87, de 13 de setembro de 1996, também conhecida como Lei Kandir, que dispõe sobre o imposto dos Estados e do Distrito Federal sobre operações relativas à circulação de mercadorias e sobre prestações de serviços de transporte interestadual e intermunicipal e de comunicação;

c) LC 102, de 11 de julho de 2000, que altera dispositivos da LC 87/1996;
d) LC 122, de 12 de dezembro de 2006, que altera o art. 33 da LC 87/1996; e
e) Emenda Constitucional 87/2015.

4.2 FATO GERADOR

O fato gerador do ICMS é a circulação de mercadoria, a prestação de serviços de transporte intermunicipal e interestadual e a prestação de serviços de comunicação em caráter oneroso.

Objetivo de Aprendizagem 2

Exemplo 19 – Fato gerador do ICMS
No dia 15 de março de X1, sexta-feira, Ribeiro Comércio de Confecções Ltda. realizou uma venda no valor de R$ 225.000. No mesmo dia foi emitida a nota fiscal desta venda. Contudo, somente no dia 17 de março de X1 as respectivas mercadorias foram retiradas da sede da Ribeiro e entregues ao adquirente. Neste caso, a data da ocorrência do fato gerador é 17 de março de X1.

4.3 INCIDÊNCIA

O ICMS incide sobre:

i. operações relativas à circulação de mercadorias, inclusive o fornecimento de alimentação e bebidas em bares, restaurantes e estabelecimentos similares;
ii. prestações de serviços de transporte interestadual e intermunicipal, por qualquer via, de pessoas, bens, mercadorias ou valores;

Objetivo de Aprendizagem 3

iii. prestações onerosas de serviços de comunicação, por qualquer meio, inclusive a geração, a emissão, a recepção, a transmissão, a retransmissão, a repetição e a ampliação de comunicação de qualquer natureza;
iv. fornecimento de mercadorias com prestação de serviços não compreendidos na competência tributária dos Municípios;
v. fornecimento de mercadorias com prestação de serviços sujeitos ao imposto sobre serviços, de competência dos Municípios, quando a lei complementar aplicável expressamente o sujeitar à incidência do imposto estadual;
vi. a entrada de mercadoria importada do exterior, por pessoa física ou jurídica, ainda quando se tratar de bem destinado a consumo ou ativo permanente do estabelecimento;

vii. o serviço prestado no exterior ou cuja prestação se tenha iniciado no exterior;

viii. a entrada, no território do Estado destinatário, de petróleo, inclusive lubrificantes e combustíveis líquidos e gasosos dele derivados, e de energia elétrica, quando não destinados à comercialização ou à industrialização, decorrentes de operações interestaduais, cabendo o imposto ao Estado onde estiver localizado o adquirente.

Exemplo 20 – Incidência do ICMS

O ICMS incide sobre as vendas de refeições e bebidas de Di Lia Bar e Restaurante Ltda.

O ICMS incide sobre a prestação de serviços de fretes de Kaká Transportes Ltda., especializado em transporte interestadual de mercadorias de São Paulo para o Nordeste do Brasil.

O ICMS também incide sobre o serviço de telefonia móvel da Pingo Telecom Ltda.

4.4 TRANSFERÊNCIA DE MERCADORIAS ENTRE MATRIZ E FILIAIS E ENTRE FILIAIS

Objetivo de Aprendizagem 3

Regra geral, o ICMS incide sobre a transferência de mercadorias entre a matriz e as filiais da mesma empresa. Porém, é importante destacar que o STJ já formou entendimento de que não há incidência do ICMS sobre operações de transferências. Considera-se como transferência a operação em que os estabelecimentos de origem e de destino da mercadoria pertencem à mesma empresa, tais como:

a) envio de mercadorias da matriz para suas filiais;
b) envio de mercadorias de filiais para sua matriz; e/ou
c) envio de mercadorias de uma filial para outra filial da mesma empresa.

É muito comum esse tipo de transação em empresa comercial, atacadista ou varejista, que possui muitas filiais e opera com centro de distribuição (CD), centralizando suas compras. Também é comum nos casos das indústrias que enviam seus produtos para serem vendidos em lojas próprias. Tais transferências não caracterizam venda, pois não há transferência de propriedade. Assim, seria de esperar que tais operações não configurassem fato gerador do ICMS. Contudo, não é bem assim.

A legislação do ICMS é estadual e, portanto, deve-se consultar o regulamento do ICMS de cada Estado para conferir o tratamento nele estabelecido. Genericamente, é importante destacar que o art. 12 da LC 87/1996 determina:

> Art. 12. Considera-se ocorrido o fato gerador do imposto no momento:
>
> I – da saída de mercadoria de estabelecimento de contribuinte, ainda que para outro estabelecimento do mesmo titular.

Adicionalmente, o regulamento do ICMS do Estado de São Paulo, Decreto 45.490/2000, assim estabelece:

> Art. 2º Ocorre o fato gerador do imposto (Lei 6.374/89, art. 2º, na redação da Lei 10.619/00, art. 1º, II, e Lei Complementar federal 87/96, art. 12, XII, na redação da Lei Complementar 102/00, art. 1º):
>
> I – na saída de mercadoria, a qualquer título, de estabelecimento de contribuinte, e ainda que para outro estabelecimento do mesmo titular.

O Estado de São Paulo também exige que as empresas que pretenderem praticar com habitualidade operações relativas à circulação de mercadoria ou prestações de serviço de transporte interestadual ou intermunicipal ou de comunicação, deverão inscrever-se no Cadastro de Contribuintes do ICMS antes do início de suas atividades. No caso de manter mais de um estabelecimento, seja filial, sucursal, agência, depósito, fábrica ou outro, inclusive escritório meramente administrativo, a empresa:

a) fará a inscrição em relação a cada um deles (art. 19, § 2º);
b) fará em cada um deles escrituração em livros fiscais distintos, vedada a sua centralização (Lei 6.374/1989, art. 67, § 1º, e Convênio SINIEF s/n, de 15 de dezembro de 1970, art. 66).

Portanto, recomenda-se atentar para os procedimentos estabelecidos no regulamento do ICMS de cada Estado para a transferência de mercadorias entre estabelecimentos da mesma empresa.

4.5 NÃO INCIDÊNCIA DO ICMS

O ICMS **não** incide sobre:

a) operações com livros, jornais, periódicos e o papel destinado a sua impressão;
b) operações e prestações que destinem ao exterior mercadorias, inclusive produtos primários e produtos industrializados semielaborados, ou serviços;
c) operações interestaduais relativas a energia elétrica e petróleo, inclusive lubrificantes e combustíveis líquidos e gasosos dele derivados, quando destinados à industrialização ou à comercialização;
d) operações com ouro, quando definido em lei como ativo financeiro ou instrumento cambial;
e) operações relativas a mercadorias que tenham sido ou que se destinem a ser utilizadas na prestação, pelo próprio autor da saída, de serviço de qualquer natureza definido em lei complementar como sujeito ao imposto sobre serviços, de competência dos Municípios, ressalvadas as hipóteses previstas na mesma lei complementar;

Objetivo de Aprendizagem 3

O ICMS não incide sobre exportação.

> O ICMS não incide sobre operações interestaduais relativas a energia elétrica e petróleo, inclusive lubrificantes e combustíveis líquidos e gasosos dele derivados, desde que destinados à industrialização ou à operação comercial.

f) operações de qualquer natureza de que decorra a transferência de propriedade de estabelecimento industrial, comercial ou de outra espécie;

g) operações decorrentes de alienação fiduciária em garantia, inclusive a operação efetuada pelo credor em decorrência do inadimplemento do devedor;

h) operações de arrendamento mercantil, não compreendida a venda do bem arrendado ao arrendatário;

i) operações de qualquer natureza de que decorra a transferência de bens móveis salvados de sinistro para companhias seguradoras.

Equipara-se às operações de exportação a saída de mercadoria realizada com o fim específico de exportação para o exterior, destinada a empresa comercial exportadora, inclusive *tradings* ou outro estabelecimento da mesma empresa e a armazém alfandegado ou entreposto aduaneiro.

4.6 CONTRIBUINTE

Objetivo de Aprendizagem 4

É contribuinte do ICMS toda e qualquer pessoa, física ou jurídica, que realize, com habitualidade ou em volume que caracterize intuito comercial, operações de circulação de mercadoria ou prestações de serviços de transporte interestadual e intermunicipal e de comunicação, ainda que as operações e as prestações se iniciem no exterior.

Adicionalmente, também é contribuinte do ICMS a pessoa física ou jurídica que, mesmo sem habitualidade:

i. importe mercadorias do exterior, ainda que as destine a consumo/ativo permanente do estabelecimento;
ii. seja destinatária de serviço prestado no exterior ou cuja prestação se tenha iniciado no exterior;
iii. adquira em licitação de mercadorias apreendidas ou abandonadas; e/ou
iv. adquira lubrificantes e combustíveis líquidos e gasosos derivados de petróleo e energia elétrica oriundos de outro Estado, quando não destinados à comercialização ou à industrialização.

4.7 BASE DE CÁLCULO DO ICMS

Objetivo de Aprendizagem 5

O ICMS é considerado um imposto "embutido", pois, como regra geral, o valor do ICMS compõe a sua própria base de cálculo.

> ### Exemplo 21 – Base de cálculo do ICMS
> Sousa Comércio de Móveis Ltda. vendeu um sofá por R$ 3.000,00. A alíquota do ICMS é 18% e Sousa entregará o sofá na residência do adquirente sem cobrar nenhum valor adicional pela entrega. Neste caso, a base de cálculo do ICMS é R$ 3.000,00 e o valor do ICMS é R$ 540,00 (R$ 3.000,00 × 18%).

De acordo com o art. 13 da LC 87/1996, a base de cálculo do ICMS é:

I – na saída de mercadoria de estabelecimento de contribuinte, ainda que para outro estabelecimento do mesmo titular, o valor da operação;

II – na transmissão a terceiro de mercadoria depositada em armazém geral ou em depósito fechado no Estado do transmitente, o valor da operação;

III – na transmissão de propriedade de mercadoria, ou de título que a represente, quando a mercadoria não tiver transitado pelo estabelecimento transmitente, o valor da operação;

IV – no fornecimento de alimentação, bebidas e outras mercadorias por qualquer estabelecimento, o valor da operação, compreendendo mercadoria e serviço;

V – na prestação de serviço de transporte interestadual e intermunicipal e de comunicação, o preço do serviço;

VI – no fornecimento de mercadoria com prestação de serviços não compreendidos na competência tributária dos Municípios, o valor da operação;

VII – no fornecimento de mercadoria com prestação de serviços compreendidos na competência tributária dos Municípios e com indicação expressa de incidência do imposto de competência estadual, como definido na LC 106/2003, preço corrente da mercadoria fornecida ou empregada;

VIII – no desembaraço aduaneiro de mercadorias ou bens importados do exterior, a soma das seguintes parcelas:

a) o valor da mercadoria ou bem constante dos documentos de importação, observado que o preço de importação expresso em moeda estrangeira será convertido em moeda nacional pela mesma taxa de câmbio utilizada no cálculo do imposto de importação, sem qualquer acréscimo ou devolução posterior se houver variação da taxa de câmbio até o pagamento efetivo do preço. Destaque-se que o valor fixado pela autoridade aduaneira para base de cálculo do imposto de importação, nos termos da lei aplicável, substituirá o preço declarado;

b) imposto de importação (II);

c) imposto sobre produtos industrializados (IPI);

d) imposto sobre operações de câmbio;

e) quaisquer outros impostos, taxas, contribuições e despesas aduaneiras;

IX – no recebimento, pelo destinatário, de serviço prestado no exterior, o valor da prestação do serviço, acrescido, se for o caso, de todos os encargos relacionados com a sua utilização;

X – no caso de desembaraço aduaneiro de mercadorias ou bens importados do exterior, o valor da operação acrescido do valor dos impostos de importação (II) e sobre produtos industrializados (IPI) e de todas as despesas cobradas ou debitadas ao adquirente;

XI – na entrada no território do Estado de lubrificantes e combustíveis líquidos e gasosos derivados de petróleo e energia elétrica oriundos de outro Estado, quando não destinados à comercialização ou à industrialização, o valor da operação de que decorrer a entrada;

XII – na utilização, por contribuinte, de serviço cuja prestação se tenha iniciado em outro Estado e não esteja vinculada a operação ou prestação subsequente, o valor da prestação no Estado de origem.

De acordo com o art. 13, § 1º, da LC 87/1996, integra a base de cálculo do imposto, inclusive no caso de desembaraço aduaneiro de mercadorias ou bens importados do exterior:

I. o montante do próprio imposto, constituindo o respectivo destaque mera indicação para fins de controle;

II. o valor correspondente a:
   a) seguros, juros e demais importâncias pagas, recebidas ou debitadas, bem como descontos concedidos sob condição;
   b) frete, caso o transporte seja efetuado pelo próprio remetente ou por sua conta e ordem e seja cobrado em separado.

De acordo com o art. 13, § 2º, da LC 87/1996, não integra a base de cálculo do imposto o montante do IPI, quando a operação, realizada entre contribuintes e relativa a produto destinado à industrialização ou à comercialização, configurar fato gerador de ambos os impostos.

4.8 ALÍQUOTAS DO ICMS

As alíquotas do ICMS variam conforme as regiões do País e, de acordo com a natureza do produto, os limites das alíquotas são fixados pelo Senado Federal.

4.8.1 Alíquotas internas

Cada Estado tem liberdade para definir as alíquotas internas do ICMS. Atualmente, 12 Estados utilizam alíquota interna de 17% e 15 Estados utilizam a alíquota de 18% para operações e prestações internas em geral, conforme se pode verificar na Tabela 4.1.

TABELA 4.1

Alíquotas do ICMS (internas e interestaduais)

DESTINO

ORIGEM	AC	AL	AM	AP	BA	CE	DF	ES	GO	MA	MT	MS	MG	PA	PB	PR	PE	PI	RN	RS	RJ	RO	RR	SC	SP	SE	TO
AC	17	12	12	12	12	12	12	12	12	12	12	12	12	12	12	12	12	12	12	12	12	12	12	12	12	12	12
AL	12	17	12	12	12	12	12	12	12	12	12	12	12	12	12	12	12	12	12	12	12	12	12	12	12	12	12
AM	12	12	18	12	12	12	12	12	12	12	12	12	12	12	12	12	12	12	12	12	12	12	12	12	12	12	12
AP	12	12	12	18	12	12	12	12	12	12	12	12	12	12	12	12	12	12	12	12	12	12	12	12	12	12	12
BA	12	12	12	12	18	12	12	12	12	12	12	12	12	12	12	12	12	12	12	12	12	12	12	12	12	12	12
CE	12	12	12	12	12	17	12	12	12	12	12	12	12	12	12	12	12	12	12	12	12	12	12	12	12	12	12
DF	12	12	12	12	12	12	18	12	12	12	12	12	12	12	12	12	12	12	12	12	12	12	12	12	12	12	12
ES	12	12	12	12	12	12	12	17	12	12	12	12	12	12	12	12	12	12	12	12	12	12	12	12	12	12	12
GO	12	12	12	12	12	12	12	12	17	12	12	12	12	12	12	12	12	12	12	12	12	12	12	12	12	12	12
MA	12	12	12	12	12	12	12	12	12	18	12	12	12	12	12	12	12	12	12	12	12	12	12	12	12	12	12
MT	12	12	12	12	12	12	12	12	12	12	17	12	12	12	12	12	12	12	12	12	12	12	12	12	12	12	12
MS	12	12	12	12	12	12	12	12	12	12	12	17	12	12	12	12	12	12	12	12	12	12	12	12	12	12	12
MG	7	7	7	7	7	7	7	7	7	7	7	7	18	7	7	12	7	7	7	12	12	7	7	12	12	7	7
PA	12	12	12	12	12	12	12	12	12	12	12	12	12	17	12	12	12	12	12	12	12	12	12	12	12	12	12
PB	12	12	12	12	12	12	12	12	12	12	12	12	12	12	18	12	12	12	12	12	12	12	12	12	12	12	12
PR	7	7	7	7	7	7	7	7	7	7	7	7	12	7	7	18	7	7	7	12	12	7	7	12	12	7	7
PE	12	12	12	12	12	12	12	12	12	12	12	12	12	12	12	12	18	12	12	12	12	12	12	12	12	12	12
PI	12	12	12	12	12	12	12	12	12	12	12	12	12	12	12	12	12	17	12	12	12	12	12	12	12	12	12
RN	12	12	12	12	12	12	12	12	12	12	12	12	12	12	12	12	12	12	18	12	12	12	12	12	12	12	12
RS	7	7	7	7	7	7	7	7	7	7	7	7	12	7	7	12	7	7	7	18	12	7	7	12	12	7	7
RJ	7	7	7	7	7	7	7	7	7	7	7	7	12	7	7	12	7	7	7	12	18	7	7	12	12	7	7
RO	12	12	12	12	12	12	12	12	12	12	12	12	12	12	12	12	12	12	12	12	12	17	12	12	12	12	12
RR	12	12	12	12	12	12	12	12	12	12	12	12	12	12	12	12	12	12	12	12	12	12	17	12	12	12	12
SC	7	7	7	7	7	7	7	7	7	7	7	7	12	7	7	12	7	7	7	12	12	7	7	17	12	7	7
SP	7	7	7	7	7	7	7	7	7	7	7	7	12	7	7	12	7	7	7	12	12	7	7	12	18	7	7
SE	12	12	12	12	12	12	12	12	12	12	12	12	12	12	12	12	12	12	12	12	12	12	12	12	12	18	12
TO	12	12	12	12	12	12	12	12	12	12	12	12	12	12	12	12	12	12	12	12	12	12	12	12	12	12	18

Na Tabela 4.1, a diagonal principal apresenta as alíquotas internas de cada Estado. As intersecções entre as colunas e as linhas indicam as alíquotas interestaduais do ICMS, exceto para operações com produtos e mercadorias importados, cuja alíquota é 4%. Porém, operações subsequentes de vendas interestaduais e a alteração do conteúdo importado pode afetar a aplicação desta alíquota (ver item 4.21).

Para evitar abusos por parte dos governantes estaduais, o Senado Federal poderá fixar limites máximos para alíquotas internas. Todavia, atualmente este limite máximo não está definido.

A título de exemplo, apresentamos na Tabela 4.2 algumas alíquotas internas praticadas nos Estados de São Paulo, Rio de Janeiro, Bahia e Minas Gerais.

TABELA 4.2

Exemplos de alíquotas internas praticadas por alguns Estados

Operação	SP	RJ	BA	MG	SC	MT
Operações internas em geral, mesmo que iniciadas no exterior	18%	18%	18%	18%	17%	17%
Cesta básica ou gêneros de primeira necessidade, tais como feijão e arroz	7%	7%	7%*	12%	7%**	12%
Serviços de telecomunicações	25%	26%***	25%***	27%	25%	32%

* Alguns produtos de cesta básica têm redução de 100%, conforme RICMS – BA.
** Mediante redução de base de cálculo, conforme art. 11 do RICMS – SC.
*** Inclui 4% de fundo estadual de combate à pobreza no RJ e Fundo de Combate a Pobreza e Desigualdades Sociais de 2% na BA.

Fonte: Regulamentos do ICMS, e demais normas tributárias, dos respectivos Estados.

4.8.2 Alíquotas interestaduais

Objetivo de Aprendizagem 6

A definição das alíquotas interestaduais é de competência exclusiva do Senado Federal. A diretriz que norteia o estabelecimento das alíquotas interestaduais é estabelecer uma repartição da receita tributária entre o Estado de origem e o Estado onde o bem ou mercadoria será consumido. Nesse sentido, as alíquotas interestaduais servem como instrumento de política tributária.

As alíquotas para operações interestaduais, por região do País, estão resumidas na Tabela 4.3.

TABELA 4.3

Resumo das alíquotas interestaduais por região do País

Região do Estado de origem	Região do Estado de destino	Alíquota
Norte, Nordeste, Centro-Oeste ou Espírito Santo	Qualquer região do País	12%
Sul ou Sudeste, exceto Espírito Santo	Norte, Nordeste, Centro-Oeste ou Espírito Santo	7%
Sul ou Sudeste, exceto Espírito Santo	Sul ou Sudeste, exceto Espírito Santo	12%

Observação: no Estado do Rio de Janeiro, deve-se considerar, ainda, o percentual do Fundo Estadual de Combate à Pobreza e às Desigualdades Sociais (FECP), que até 2015 era de 1% e, em 2016, passou a ser de 2%.

Fonte: Resolução 22/1989 do Senado Federal e legislação dos respectivos Estados.

Até a promulgação da Emenda Constitucional (EC) 87, de 18 de abril de 2015, as alíquotas interestaduais somente eram aplicadas nas operações com contribuintes do ICMS. Portanto, até a EC 87/2015, nas operações interestaduais com não contribuintes eram aplicadas as mesmas alíquotas de operações internas do Estado de origem do produto ou mercadoria.

A EC 87/2015 determina que, nas operações e prestações que destinem bens e serviços ao consumidor final, contribuinte ou não do imposto, localizado em outro Estado, adotar-se-á a alíquota interestadual e caberá ao Estado de localização do destinatário o imposto correspondente à diferença entre a alíquota interna do Estado destinatário e a alíquota interestadual.

De acordo com a EC 87/2015, a responsabilidade pelo recolhimento do imposto correspondente à diferença entre a alíquota interna e a interestadual será atribuída:

a) ao destinatário, quando este for contribuinte do imposto; ou

b) ao remetente, quando o destinatário não for contribuinte do imposto.

4.9 DIFERENCIAL DE ALÍQUOTA (DIFAL)

As entradas destinadas para uso e consumo do adquirente, as entradas destinadas para o ativo imobilizado, bem como o transporte interestadual referente à aquisição de materiais para uso e consumo ou imobilizado sujeitam o adquirente ao recolhimento do valor do ICMS decorrente da diferença entre a alíquota interna (praticada no Estado destinatário) e a alíquota interestadual. Esse diferencial de alíquota ficou conhecido como DIFAL.

Objetivo de Aprendizagem 6

Conforme Convênio ICMS 52, de 7 de abril de 2017, para o cálculo da DIFAL deve-se aplicar a seguinte fórmula:

$$DIFAL= \frac{(Vlr\ oper - ICMS\ Orig)}{(1 - Alq\ interna)} \times Alq\ interna - (vlr\ oper \times Alq\ interest)$$

Em que:

✓ "DIFAL" é o valor do imposto correspondente à diferença entre a alíquota interna a consumidor final estabelecida na unidade federada de destino para o bem ou a mercadoria e a alíquota interestadual;

✓ "Vlr oper" é o valor da operação interestadual, acrescido dos valores correspondentes a frete, seguro, impostos, contribuições e outros encargos transferíveis ou cobrados do destinatário, ainda que por terceiros;

✓ "ICMS Orig" é o valor do imposto correspondente à operação interestadual, destacado no documento fiscal de aquisição;

✓ "Aliq interna" é a alíquota interna estabelecida na unidade federada de destino para as operações com o bem e a mercadoria a consumidor final; e

✓ "Aliq interest" é a alíquota estabelecida pelo Senado Federal para a operação.

Exemplo 22 – DIFAL

Lopes Comércio de Confecções Ltda., contribuinte do ICMS com sede e lojas na Bahia, adquiriu equipamentos de informática para suas lojas de Ribeiro Equipamentos de Informática Ltda., sediada em São Paulo. Esta é uma compra para o ativo imobilizado da adquirente e os demais dados da operação são:

Venda CIF (frete por conta do vendedor, em transporte próprio)
Estado de origem: SP
Estado de destino: BA
Valor da operação: R$ 100.000,
Alíquota interestadual do ICMS para a operação: 7%
ICMS da UF de origem (SP): R$ 7.000,
Alíquota interna BA: 18%
O montante de DIFAL a ser recolhido para o Estado da Bahia é R$ 13.414,63:

$$\frac{(100.000 - 7.000)}{(1 - 18\%)} \times 18\% - (100.000 \times 7\%) = 13.414,63$$

Até a promulgação da EC/2015, às vendas interestaduais para não contribuintes do ICMS eram aplicadas as mesmas alíquotas de operações internas do Estado de origem do produto ou mercadoria. Portanto, até a EC 87/2015, não havia DIFAL nas operações com não contribuintes do ICMS. Entretanto, a EC 87/2015 determina que as alíquotas interestaduais sejam aplicadas mesmo nas operações com não contribuintes do ICMS. Assim, no caso de vendas de bens e mercadorias destinadas para uso e/ou consumo ou, ainda, para o ativo imobilizado do adquirente, quando o destinatário não for contribuinte do ICMS, cabe ao remetente a responsabilidade pelo recolhimento do valor correspondente à diferença entre a alíquota interna e a interestadual.

4.10 NÃO CUMULATIVIDADE

Conforme art. 155, § 2º, I, o ICMS será não cumulativo, compensando-se o que for devido em cada operação relativa à circulação de mercadorias ou prestação de serviços com o montante cobrado nas anteriores pelo mesmo ou outro Estado ou pelo Distrito Federal.

Objetivo de Aprendizagem 7

A não cumulatividade do ICMS é operacionalizada pelo sistema de crédito do imposto relativo a produtos entrados no estabelecimento do contribuinte para ser abatido do que for devido pelos produtos dele saídos, num mesmo período.

A Figura 4.1 apresenta o sistema de "conta-corrente" do ICMS, destinado a garantir a não cumulatividade desse imposto de valor agregado.

FIGURA 4.1

Não cumulatividade do ICMS

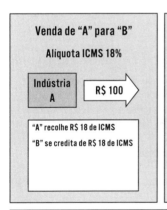
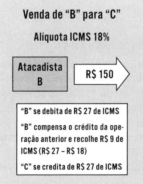
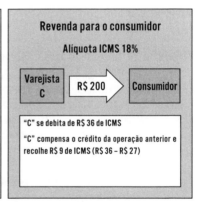

Fonte: Elaborado pelo autor.

Na Figura 4.1, o valor agregado pelo Atacadista B é de R$ 50 (R$ 150 – R$ 100). Assim, o valor por ele recolhido é de R$ 9 (R$ 50 × 18%).

4.11 DOCUMENTOS FISCAIS DO ICMS

O Contribuinte do ICMS deve emitir, conforme as operações ou prestações que realizar, os documentos fiscais mencionados no item 3.3.1.

4.12 CONTABILIZAÇÃO

O crédito de ICMS, decorrente de entradas de produtos ou mercadorias no estabelecimento do contribuinte, é escriturado em uma conta do ativo circulante, habitualmente denominada "ICMS a recuperar". Por outro lado, o débito de ICMS decorrente de saídas de produtos ou mercadorias do estabelecimento do contribuinte é escriturado em uma conta do passivo circulante, comumente chamada de "ICMS a recolher".

No final do mês, os saldos das contas são confrontados e a conta de menor saldo, ICMS a recolher ou ICMS a recuperar, é encerrada.

Caso o saldo da conta **ICMS a recolher** seja superior ao da conta ICMS a recuperar, a empresa deverá recolher esse valor aos cofres do Estado no mês subsequente ao da apuração.

Exemplo 23 – Contabilização e apuração do ICMS a recolher

Em março de 20X0, saldo de ICMS a recolher da Comercial Pereira Ltda. era de R$ 83.000 e o saldo em conta-corrente bancária de livre movimentação era de R$ 400.000. O saldo do ICMS foi devidamente recolhido em abril. Durante o mês de abril de 20X0, a Comercial Pereira Ltda. recebeu R$ 300.000 em mercadorias tributadas e promoveu a saída de mercadorias, que vendeu por R$ 550.000. Todas as transações foram realizadas à vista, mediante transferência bancária, e foram tributadas com ICMS com alíquota de 18%.

Com base nestes dados, a contabilidade da empresa promoveu os seguintes assentamentos contábeis:

Pelo recolhimento do ICMS de março (lançamento 1)
Debite: ICMS a recolher – Passivo circulante
Credite: Banco conta de movimento – Ativo circulante   R$ 83.000,

Pelas compras de mercadorias (lançamento 2)
Debite: Estoque de mercadorias – Ativo circulante   R$ 246.000,
Debite: ICMS a recuperar – Ativo circulante   R$ 54.000,
Credite: Banco conta de movimento – Ativo circulante   R$ 300.000,

Pelas vendas de mercadorias (lançamento 3)
Debite: Banco conta de movimento – Ativo circulante
Credite: Receita de vendas – Resultado   R$ 550.000,

Pelo valor do ICMS sobre vendas (lançamento 4)
Debite: (–) ICMS sobre vendas – Resultado
Credite: ICMS a recolher – Passivo circulante   R$ 99.000,

Pela apuração mensal do saldo do ICMS (lançamento 5)
Debite: ICMS a recolher – Passivo circulante
Credite: ICMS a recuperar – Ativo circulante   R$ 54.000,

Banco do Brasil – Ativo circulante		Estoques de mercadorias – Ativo circulante		ICMS a recuperar – Ativo circulante	
saldo 400.000,	83.000, (1)	(2) 246.000,		(2) 54.000,	54.000, (5)
(3) 550.000,	300.000, (2)				

ICMS a recolher – Passivo circulante		Receita de vendas – Resultado		(–) ICMS sobre vendas – Resultado	
(1) 83.000,	83.000, saldo		550.000, (3)	(4) 99.000,	
(5) 54.000,	99.000, (4)				
	45.000, saldo				

A Comercial Pereira Ltda. apurou R$ 45.000 de ICMS a ser recolhido em maio de 20X0.

Caso o saldo da conta **ICMS a recuperar** seja superior ao da conta ICMS a recolher, a empresa acumula esse crédito e poderá utilizá-lo para abater o valor a ser recolhido no futuro.

Exemplo 24 – Contabilização e apuração do ICMS a recuperar

Em janeiro de 20X7, saldo de ICMS a recolher do Atacadista Lima Ltda. era de R$ 22.000 e o saldo em conta-corrente bancária de livre movimentação era de R$ 370.000. O saldo do ICMS foi devidamente recolhido em fevereiro de 20X7. Durante o mês de fevereiro de 20X7, o Atacadista Lima Ltda. recebeu R$ 250.000 em mercadorias tributadas e promoveu a saída de mercadorias, vendidas por R$ 200.000. Todas as transações foram realizadas à vista, mediante transferência bancária, e foram tributadas com ICMS com alíquota de 18%.

Assim, a contabilidade do atacadista promoveu os seguintes registros contábeis:

Pelo recolhimento do ICMS de janeiro (lançamento 1)
Debite: ICMS a recolher – Passivo circulante
Credite: Banco conta de movimento – Ativo circulante   R$ 22.000,

Pelas compras de mercadorias (lançamento 2)
Debite: Estoque de mercadorias – Ativo circulante   R$ 205.000,
Debite: ICMS a recuperar – Ativo circulante   R$ 45.000,
Credite: Banco conta de movimento – Ativo circulante   R$ 250.000,

Pelas vendas de mercadorias (lançamento 3)
Debite: Banco conta de movimento – Ativo circulante
Credite: Receita de vendas – Resultado   R$ 200.000,

Pelo valor do ICMS sobre vendas (lançamento 4)
Debite: (–) ICMS sobre vendas – Resultado
Credite: ICMS a recolher – Passivo circulante   R$ 36.000,

Pela apuração mensal do saldo do ICMS (lançamento 5)
Debite: ICMS a recolher – Passivo circulante
Credite: ICMS a recuperar – Ativo circulante   R$ 36.000,

Banco do Brasil – Ativo circulante	Estoques de mercadorias – Ativo circulante	ICMS a recuperar – Ativo circulante
saldo 370.000, | 22.000, (1)	(2) 205.000,	(2) 45.000, | 36.000, (5)
(3) 200.000, | 250.000, (2)		saldo 9.000,

ICMS a recolher – Passivo circulante	Receita de vendas – Resultado	(–) ICMS sobre vendas – Resultado
(1) 22.000, | 22.000, saldo	| 200.000, (3)	(4) 36.000, |
(5) 36.000, | 36.000, (4)		

A Comercial Pereira Ltda. apurou R$ 9.000 de crédito de ICMS, que poderá utilizar para abater na apuração de março de 20X7.

4.13 LOCAL DA OPERAÇÃO OU DA PRESTAÇÃO

Objetivo de Aprendizagem 10

O local da operação ou da prestação corresponde à dimensão espacial do fator gerador do ICMS, sendo o ponto de partida para a identificação do sujeito passivo da obrigação tributária e do ente estatal para o qual o imposto é devido. Todavia, sendo o ICMS um tributo de competência dos Estados, sua legislação nem sempre é pacífica no que concerne à definição do local da operação ou prestação.

4.13.1 Operações com bem ou mercadorias

De acordo com o art. 11 da LC 87/1996, nas operações regulares com mercadoria ou bem, o local da operação é o do estabelecimento vendedor, desde que a mercadoria tenha por ele transitado. Essa regra se aplica a operações internas e interestaduais.

> **Exemplo 25 – Local de operação: venda de mercadoria para outro Estado**
> A Comercial Sousa Ltda., estabelecida em Minas Gerais, vendeu mercadorias para Chaves Comércio de artigos de decorações Ltda., estabelecida na Bahia. A operação foi acobertada por documentação idônea e se refere a mercadorias regularmente adquiridas pela Sousa, tendo saído de seu depósito, em Minas Gerais, para entrega para a Chaves, no Estado da Bahia. Neste caso, o local da operação é Minas Gerais.

4.13.2 Operações sem trânsito no estabelecimento do vendedor

Nos casos em que a mercadoria ou bem não transite pelo estabelecimento de que transfira sua propriedade, ou o título que a represente, o local de operação será o deste estabelecimento, desde que a mercadoria ou bem tenha sido por ele adquirida aqui no Brasil.

> **Exemplo 26 – Local de operação: ausência de trânsito no estabelecimento vendedor**
> Alice Atacadista de Brinquedos Ltda., estabelecida em São Paulo, vendeu mercadorias para Ariane Comércio de Brinquedos Ltda., estabelecida na Bahia. Estas mercadorias foram adquiridas por Alice de Josefa Fábrica de Brinquedos Ltda., estabelecida no Rio de Janeiro, que recebeu ordem para entregar as mercadorias diretamente para Ariane, na Bahia. Neste caso, temos duas operações:
>
> a) venda de Josefa para Alice, cujo local da operação é Rio de Janeiro; e
> b) venda de Alice para Ariane, cujo local da operação é São Paulo.
>
>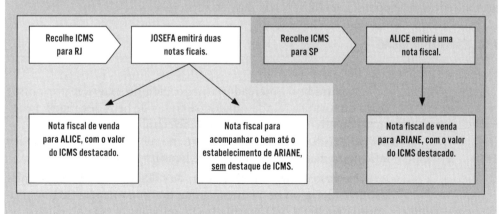

Nos casos de mercadoria ou bem em <u>situação irregular</u>, por falta de documentação ou quando acompanhada por documentação inidônea, o local da prestação é onde se encontre a mercadoria ou bem.

Para bem ou mercadoria importado do exterior, o local da operação é o do estabelecimento onde ocorrer a entrada física ou do domicílio do adquirente, quando não estabelecido.

> **Exemplo 27 – Local de operação: mercadoria importada do exterior**
> A Comercial Lopes Ltda., estabelecida no Piauí, importou mercadoria através do porto de Santos, São Paulo. Neste caso, o ICMS é devido para o Piauí.

4.13.3 Prestação de serviços de transporte interestadual e intermunicipal

Objetivo de Aprendizagem 10

No caso de prestação de serviço de transporte interestadual e intermunicipal, o ICMS é devido para o Estado em que teve início a prestação do serviço.

> **Exemplo 28 – Local de operação: prestação de serviço de transporte de carga**
> A Transportadora Larissa Veloz recolheu uma carga no Rio de Janeiro e a transportou até Sergipe. Neste caso, mesmo tendo transitado pelos Estados de Minas Gerais e Bahia, o ICMS é devido para o Estado do Rio de Janeiro.

Quando a prestação de serviço de transporte interestadual e intermunicipal ocorre com coleta de bens, mercadorias, valores ou pessoas em mais de um Estado, o ICMS é devido para cada Estado em que houve a coleta, relativamente ao transporte do bem, mercadoria, valor ou pessoa que nele se coletou e com base no preço do transporte desde aquele ponto, Estado, até cada destino específico.

4.14 ICMS IMPORTAÇÃO

Objetivo de Aprendizagem 11

A entrada de mercadoria importada do exterior, por pessoa física ou jurídica, ainda quando se tratar de bem destinado a consumo ou ativo permanente do estabelecimento, constitui fato gerador do ICMS. O fato gerador ocorre no momento do desembaraço aduaneiro das mercadorias ou dos bens importados do exterior.

No caso de importação, a base de cálculo do ICMS será o valor da mercadoria ou do bem constante dos documentos de importação, convertido em moeda nacional pela mesma taxa cambial utilizada no cálculo do Imposto de Importação (II), acrescido das seguintes parcelas:

a) Imposto de Importação (II);
b) Imposto sobre Produtos Industrializados (IPI);

c) Imposto sobre Operações de Câmbio;

d) quaisquer outros impostos, taxas, contribuições e despesas aduaneiras.

Por despesas aduaneiras entendem-se os valores pagos ou devidos à repartição alfandegária até o momento do desembaraço da mercadoria, tais como taxas e os decorrentes de diferenças de peso, erro na classificação fiscal ou multa por infração.

Conforme Parecer Normativo ST 1/2013, devem ser incluídos na base de cálculo do ICMS importação

i. a taxa do Siscomex;

ii. o Adicional ao Frete para Renovação da Marinha Mercante (AFRMM);

iii. o ATA Aéreo; e

iv. as contribuições ao PIS/PASEP – Importação, COFINS-Importação, CIDE e direitos *antidumping*.

Exemplo 29 – ICMS importação

Determinada empresa situada no Rio de Janeiro importou mercadorias diretamente do exterior. Os valores, já convertidos pela mesma taxa cambial utilizada no cálculo do Imposto de Importação (II) foram:

A – Valor FOB	3.000,00
B – Frete	2.070,00
C – Seguro	9,00
D – Valor CIF (A + B + C)	5.079,00
E – Imposto de Importação (D – 2%)	101,58
F – IPI ([D + E] – 15%)	777,09
G – PIS (D – 1,65%)	83,80
H – COFINS (D – 7,6%)	386,00
I – Taxa da DI	214,50
J – Soma de D a I	6.641,97
K – Base de cálculo do ICMS importação (J/(1–18%)	8.099,96
L – ICMS (K – 18%)	1.457,99

No Estado da Bahia, o art. 17 da Lei 7.014/1996 indica outros elementos que devem ser incluídos na base de cálculo, tais como quaisquer outros impostos, taxas, contribuições e despesas aduaneiras cobradas ou debitadas ao adquirente, relativas a armazenagem, capatazia, estiva, arqueação e multas por infração. Porém, isso tem sido questionado pelos contribuintes administrativa e judicialmente.

De acordo com o regulamento do ICMS de São Paulo, o contribuinte deve emitir nota fiscal de entrada no momento em que entrar no estabelecimento mercadoria ou bem importado diretamente do exterior.

4.15 APROVEITAMENTO DE CRÉDITO DO ICMS

Apesar de a CF de 1988 determinar que o contribuinte tem direito de creditar-se do ICMS relativo à mercadoria ou insumo que entrou no seu estabelecimento de forma real ou simbólica, inclusive os destinados a uso ou ativo permanente, algumas regras devem ser observadas para o correto aproveitamento do crédito do ICMS.

Para o aproveitamento do crédito do ICMS é indispensável que o documento fiscal idôneo, que acoberte a entrada de mercadoria ou o serviço recebido, registre o valor do imposto destacado e tenha sido emitido contribuinte em situação regular perante o ente tributário competente.

Adicionalmente, à luz da LC 87/1996, o estabelecimento somente poderá aproveitar o crédito do ICMS se as mercadorias que deram entrada no estabelecimento sejam destinadas à revenda tributada pelo ICMS ou se mercadorias ou serviços forem insumos utilizados na produção de bem ou na prestação de serviço tributado pelo ICMS. Essa disposição também é aplicável à entrada de bens para o ativo permanente.

4.16 VEDAÇÃO DE CRÉDITO

A LC 87/1996 (Lei Kandir) veda o aproveitamento quando a operação subsequente for isenta ou não tributada. Também é proibido o aproveitamento do crédito referente à entrada de mercadorias ou recebimento de serviços alheios à atividade do estabelecimento. Destaque-se que a decisão judicial no sentido de que saída subsequente com base de cálculo reduzida equipara-se a uma isenção parcial e o crédito deve ser proporcional.

A LC 87/1996 não permite o crédito de ICMS na entrada de mercadoria ou recebimento de serviço para integração ou consumo em processo de industrialização ou produção rural, quando a saída do produto resultante não for tributada ou estiver isenta do imposto, exceto se se tratar de saída para o exterior. Também não é permitido o crédito nas entradas de mercadoria ou recebimentos de serviço para comercialização ou prestação de serviço, quando a saída ou a prestação subsequente não forem tributadas ou estiverem isentas do imposto, exceto as destinadas ao exterior.

Não é permitido o crédito de ICMS na entrada de mercadoria ou recebimento de serviço que não esteja acobertada por documento idôneo, emitido em estrita obediência aos dispositivos legais e com devido destaque do ICMS.

4.17 ESTORNO DE CRÉDITO

O estabelecimento deve seguir as regras para estorno de crédito estabelecido por seu Estado. Contribuinte estabelecido no Estado de São Paulo deve proceder ao estorno do ICMS eventualmente creditado, quando a mercadoria entrada no estabelecimento para comercialização, industrialização, produção rural, ou prestação de serviço:

a) perecer ou deteriorar-se;
b) for roubada, furtada ou extraviada;
c) seja objeto de saída ou prestação de serviço não tributada ou isenta;
d) for integrada ou consumida em processo de industrialização ou produção rural, quando a saída do produto resultante não for tributada ou estiver isenta do imposto;
e) venha a ser utilizada em fim alheio à atividade do estabelecimento;
f) venha a ser utilizada ou consumida no próprio estabelecimento;
g) seja integrada ou consumida em processo de industrialização ou produção rural, ou objeto de saída ou prestação de serviço, com redução da base de cálculo. Nesse caso, o estorno deverá ser proporcional à parcela correspondente à redução; e
h) estiver acobertada por documento fiscal que, após decorridos os prazos legalmente estabelecidos, não tenha sido registrado ou apresente divergências entre os dados nele constantes e as informações contidas no respectivo Registro Eletrônico de Documento Fiscal (REDF).

4.18 PRESCRIÇÃO DE CRÉDITO

De acordo com a LC 87/1996, art. 23, o direito de utilizar o crédito do ICMS se extingue depois de decorridos cinco anos da data de emissão do documento fiscal.

4.19 CÓDIGO DE SITUAÇÃO TRIBUTÁRIA (CST)

O Código de Situação Tributária (CST) é composto de três dígitos com o formato ABB. O primeiro dígito é retirado da Tabela A e diz respeito à origem da mercadoria ou serviço. Os demais são retirados da Tabela B e se referem à tributação pelo ICMS. As Tabelas A e B são apresentadas no Quadro 4.1.

QUADRO 4.1

Tabelas para a composição do Código de Situação Tributária (CST)

TABELA A – ORIGEM DA MERCADORIA OU SERVIÇO

0 – Nacional, exceto as indicadas nos códigos 3, 4, 5 e 8
1 – Estrangeira – importação direta, exceto as indicadas em 6
2 – Estrangeira – adquirida no mercado interno, exceto as indicadas em 7
3 – Nacional, mercadorias ou bens com conteúdo de importação superior a 40% e até 70%
4 – Nacional, cuja produção tenha sido feita em conformidade com os processos produtivos de que tratam o Decreto-lei 288/1967 e as Leis 8.248/1991, 8.387/1991, 10.176/2001 e 11.484/2007
5 – Nacional, mercadorias ou bem com conteúdo de importação até 40%
6 – Estrangeira, importação direta, sem similar nacional, constante em lista de resolução CAMEX e gás natural
7 – Estrangeira, adquirida no mercado interno, sem similar nacional, constante em lista de resolução CAMEX e gás natural
8 – Nacional, mercadoria ou bem com conteúdo de importação superior a 70%

TABELA B – TRIBUTAÇÃO PELO ICMS

00 – Tributada integralmente
10 – Tributada e com cobrança de ICMS por substituição tributária
20 – Com redução de base de cálculo
30 – Isenta ou não tributada e com cobrança de ICMS por substituição tributária
40 – Isenta
41 – Não tributada
50 – Suspensão
51 – Diferimento
60 – ICMS cobrado anteriormente por substituição tributária
70 – Com redução de base de cálculo e cobrança do ICMS por substituição tributária
90 – Outras

4.20 CÓDIGO FISCAL DE OPERAÇÃO E PRESTAÇÃO (CFOP)

Objetivo de Aprendizagem 14

Os Códigos Fiscais de Operação e Prestação (CFOP) são compostos por 4 dígitos, e os códigos que iniciam com 1, 2 ou 3 referem-se a entradas de produtos, mercadorias ou serviços e os códigos que iniciam com 5, 6 ou 7 dizem respeito a saídas de produtos, mercadorias ou serviços, conforme o Quadro 4.2.

QUADRO 4.2

Estrutura do Código Fiscal de Operação e Prestação (CFOP)

> 1XXX – Entradas com remetente do mesmo Estado
> 2XXX – Entradas com remetente de outro Estado
> 3XXX – Entradas com procedência do estrangeiro
>
> 5XXX – Saídas para destinatário do mesmo Estado
> 6XXX – Saídas para destinatário de outro Estado
> 7XXX – Saídas para destinatário do exterior

4.21 GUERRA DOS PORTOS

Para aumentar a arrecadação do ICMS e a utilização de suas estruturas portuárias, alguns Estados passaram a conceder incentivos para as operações de importação, de modo a atrair importadores a seus Estados. Essa prática é conhecida como "guerra dos portos".

Objetivo de Aprendizagem 15

Para coibir essa prática, a Resolução do Senado Federal 13/2012 reduziu, e tornou únicas, as alíquotas interestaduais dos produtos importados, de modo a diminuir os créditos dos destinatários das operações em outros Estados, fazendo que o benefício concedido deixe de surtir efeitos econômicos. Adicionalmente, a redução das alíquotas interestaduais faz que o Estado de origem fique com parcela menor do ICMS e transfira uma parcela maior para o de destino.

Conforme Resolução do Senado Federal 13/2012, a alíquota do ICMS, nas operações interestaduais com bens e mercadorias importados do exterior, é de 4%.

Exemplo 30 – ICMS e a guerra dos portos

Determinada empresa situada no Rio de Janeiro vendeu mercadorias importadas para um comerciante varejista de São Paulo. Os valores desta transação foram:

Valor da venda, já embutido ICMS:	R$ 100.000
4% de ICMS, já embutido no preço:	R$ 4.000
5% de IPI	R$ 5.000
Valor total da nota	**R$ 105.000**

A tributação diferenciada com alíquota de 4% aplica-se não somente à operação realizada pelo importador ou pelo contribuinte que industrializou a mercadoria com conteúdo de importação superior a 40%, mas a todas as operações interestaduais com as mercadorias e bens que, após seu desembaraço aduaneiro:

a) não tenham sido submetidos a processo de industrialização; e
b) ainda que submetidos a qualquer processo de transformação, beneficiamento, montagem, acondicionamento, reacondicionamento, renovação ou recondicionamento, resultem em mercadorias ou bens com conteúdo de importação superior a 40%.

4.21.1 Conteúdo de importação

Conteúdo de importação é o quociente entre o valor da parcela importada do exterior e o valor total da operação de saída interestadual da mercadoria ou bem submetido a processo de industrialização. O cálculo considera valor o valor CIF ou o valor aduaneiro como o valor da parcela importada do exterior. A Figura 4.2 descreve o cálculo do conteúdo de importação.

FIGURA 4.2

Cálculo do conteúdo de importação

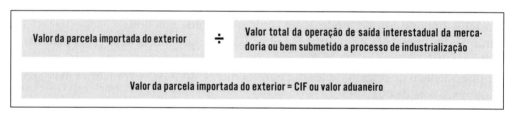

Há três possibilidades distintas de definição do valor da parcela importada do exterior:

a) insumos importados diretamente pelo industrializador;
b) insumos adquiridos no mercado nacional, não submetidos à industrialização no território nacional: considera-se valor da parcela importada do exterior o valor do bem ou mercadoria informado na NF, excluídos os valores do ICMS e do IPI;
c) insumos adquiridos no mercado nacional, submetidos à industrialização no território nacional.

É importante verificar o dígito relativo à origem do Código de Situação Tributária:

1: Estrangeira – Importação direta, exceto a indicada no código 6.
2: Estrangeira – Adquirida no mercado interno, exceto a indicada no código 7.

6: Estrangeira – Importação direta, sem similar nacional, constante em lista de Resolução CAMEX e gás natural.

7: Estrangeira – Adquirida no mercado interno, sem similar nacional, constante em lista de Resolução CAMEX e gás natural.

Exemplo 31 – Insumos adquiridos no mercado nacional, não submetidos à industrialização no território nacional

Insumos adquiridos no mercado nacional, com valor de R$ 1.500,00. CST relativo à origem: 1 - Estrangeira - Importação direta, exceto a indicada no código 6.

ICMS 18%	= R$ 270,00
IPI 15%	= R$ 225,00
Total da nota fiscal	= R$ 1.725,00

Valor a ser considerado, para fins de cálculo do conteúdo de importação:
R$ 1.725,00 – R$ 270,00 – R$ 225,00 = R$ 1.230,00

No caso de insumos adquiridos pelo industrializador no mercado nacional, alínea "c" acima, na hipótese de já terem sido submetidos a um processo industrial no território nacional, há três possibilidades:

- ✓ serão considerados como nacionais os insumos cujo conteúdo de importação informado pelo fornecedor seja de até 40%;
- ✓ serão considerados como 50% nacionais e 50% importados os insumos cujo conteúdo de importação informado pelo fornecedor seja superior a 40%, e inferior ou igual a 70%;
- ✓ serão considerados como importados os insumos cujo conteúdo de importação informado pelo fornecedor seja superior a 70%.

4.21.2 Inaplicabilidade da alíquota de 4%

Não é aplicável a alíquota de 4% a bens e mercadorias importados do exterior que não tenham similar nacional, conforme Resolução CAMEX 79/2012, bem como a bens e mercadorias produzidos em conformidade com os processos produtivos básicos.

Objetivo de Aprendizagem 15

Processo Produtivo Básico (PPB) é o conjunto mínimo de operações, no estabelecimento fabril, que caracteriza a efetiva industrialização de determinado produto, para a concessão de incentivos fiscais promovidos pela legislação da Zona Franca de Manaus e pela legislação de incentivo à indústria de bens de informática, telecomunicações e automação, mais conhecida como Lei de Informática.

No caso de gás natural importado do exterior, o seu valor não será considerado como integrante do valor da parcela importada, para efeito do cálculo do conteúdo de importação.

4.21.3 Aproveitamento do crédito do ICMS pago na importação

O importador faz jus ao aproveitamento dos créditos do ICMS pago nas importações, e o referido imposto é calculado com base na alíquota interna do Estado onde é estabelecido o importador.

Considerando operações realizadas em Estados que não concedem benefícios fiscais para as importações, normalmente o ICMS devido na importação será calculado com percentuais que variam de 12% a 18% da base de cálculo da importação. Tendo uma saída posterior tributada com uma alíquota de 4%, a tendência é que o valor do débito do imposto seja inferior ao imposto aproveitado como crédito pelo importador. Portanto, há a tendência ao acúmulo dos créditos e, conforme a legislação do Estado onde estabelecido o importador, será possível avaliar quais as formas possíveis de aproveitamento de tais créditos.

4.21.4 Regime especial de suspensão do ICMS devido ao desembaraço aduaneiro

No Estado de São Paulo há a concessão de Regime Especial para a suspensão do lançamento do ICMS devido no desembaraço aduaneiro de mercadorias importadas que sairão com alíquota interestadual de 4%.

4.22 SUBSTITUIÇÃO TRIBUTÁRIA DO ICMS

A substituição tributária do ICMS está prevista no art. 6º da LC 87/1996:

> Art. 6º Lei estadual poderá atribuir a contribuinte do imposto ou a depositário a qualquer título a responsabilidade pelo seu pagamento, hipótese em que assumirá a condição de substituto tributário.

Conforme mencionado, a substituição tributária pode ser por antecipação ou por diferimento, conforme estabelecido no § 1º do art. 6º da LC 87/1996:

§ 1º A responsabilidade poderá ser atribuída em relação ao imposto incidente sobre uma ou mais operações ou prestações, sejam antecedentes, concomitantes ou subsequentes, inclusive ao valor decorrente da diferença entre alíquotas interna e interestadual nas operações e prestações que destinem bens e serviços a consumidor final localizado em outro Estado, que seja contribuinte do imposto.

É importante verificar a legislação local para identificar os bens e mercadorias sujeitos à substituição tributária, pois a atribuição de responsabilidade dar-se-á em relação a mercadorias ou serviços previstos em lei de cada Estado.

Na **antecipação**, a **substituição tributária (ST)** ocorre com o vendedor cobrando e retendo do adquirente o valor do ICMS relativo às operações subsequentes. Para o cálculo do ICMS-ST é necessário verificar a legislação que vai estabelecer o percentual de margem de valor agregado (MVA). A apuração da base de cálculo (BC) é dada pela seguinte fórmula:

BC = (Valor mercadoria + frete + IPI + outras despesas) × percentual de valor agregado

---

Exemplo 32 – Substituição tributária (ST) por antecipação

Uma indústria de tintas de São Paulo vende verniz para contribuinte da Bahia. Os dados são:

A – Preço do produto	R$ 300,00
B – Seguro e frete cobrados do cliente	R$ 20,00
C – Valor da operação (A + B)	**R$ 320,00**
D – Margem de valor agregado 57,26%	R$ 183,23
E – Base de cálculo do ICMS (C + D)	R$ 503,23
F – ICMS próprio (C × 7%)	R$ 22,40
G – ICMS por alíquota interna (E × 18%)	R$ 90,58
H – ICMS substituição (G – F)	R$ 68,18
I – Valor total da nota fiscal (C + H)	**R$ 388,18**

Observe que o valor do ICMS próprio, letra "F", já está embutido no valor da operação, letra "C", e que o valor do ICMS próprio é utilizado como crédito para compensar parte da substituição tributária do ICMS.

No **diferimento**, a ST ocorre com o comprador ficando responsável pelo ICMS relativo à operação anterior.

É assegurado ao contribuinte substituído o direito à restituição do valor do imposto pago por força da substituição tributária, correspondente ao fato gerador presumido, que não se realizar. Formulado o pedido de restituição e não havendo

114 CONTABILIDADE TRIBUTÁRIA

deliberação no prazo de noventa dias, o contribuinte substituído poderá se creditar, em sua escrita fiscal, do valor objeto do pedido, devidamente atualizado segundo os mesmos critérios aplicáveis ao tributo, conforme § 1º do art. 10 da LC 87/1996. No entanto, sobrevindo decisão contrária irrecorrível, o contribuinte substituído, no prazo de quinze dias da respectiva notificação, procederá ao estorno dos créditos lançados, também devidamente atualizados, com o pagamento dos acréscimos legais cabíveis. De todo modo, é importante consultar a legislação de cada Estado e do Distrito Federal.

TESTES

Os testes a seguir constam das provas de concursos públicos indicadas no enunciado. Cada questão também apresenta o número original da questão na respectiva prova do concurso.

1.   17. **Marcos, analista tributário de uma empresa comercial localizada em Alcântara/MA, está analisando o custo tributário de alguns negócios que a empresa pretende realizar. Verificando a Lei Complementar nº 87/1996, constatou que o ICMS NÃO incide: (Auditor Fiscal da Receita Estadual – Administração Tributária, SEFAZ – SEGEP/MA, FCC, 2016)**

(A)   sobre a entrada de mercadoria ou bem importados do exterior, por pessoa física, que não seja contribuinte habitual do imposto, qualquer que seja a finalidade dessa entrada.

(B)   nas operações de qualquer natureza de que decorra a transferência de propriedade de estabelecimento industrial, comercial ou de outra espécie.

(C)   nas operações de arrendamento mercantil, inclusive na hipótese de venda do bem arrendado ao arrendatário.

(D)   nas prestações onerosas de serviços de comunicação, por meio de TV a cabo ou internet, inclusive a geração, a emissão, a recepção, a transmissão, a retransmissão, a repetição e a ampliação de comunicação de qualquer natureza.

(E)   nas operações de saída ou na entrada no território do Estado destinatário, de petróleo, de energia elétrica, e de gás natural veicular ou doméstico, quando não destinados à comercialização ou à industrialização, decorrentes de operações interestaduais.

2.   QUESTÃO 07 – **Em relação à temática da tributação, na origem e/ou no destino, no caso do ICMS, analise as assertivas abaixo: (Auditor–Fiscal da Receita Estadual – Bloco 1, SEFAZ – RS, Fundatec, 2014)**

I. O imposto será repartido entre os Estados de origem e de destino, nas operações interestaduais, entre contribuintes, com gás natural e seus derivados, desde que tais operações não se enquadrem nas hipóteses de operações com os lubrificantes e combustíveis derivados de petróleo, circunstância em que o imposto caberá ao Estado onde ocorrer o consumo.

II. O imposto caberá apenas ao estado de destino, nas operações interestaduais, entre contribuintes, com lubrificantes e combustíveis, desde que tais operações não se enquadrem nas hipóteses de operações com os lubrificantes e combustíveis derivados de petróleo, circunstância em que o imposto caberá ao Estado onde ocorrer o consumo.

III. O imposto caberá apenas ao Estado de origem, nas operações interestaduais com lubrificantes e combustíveis, desde que tais operações não se enquadrem nas hipóteses de operações com os lubrificantes e combustíveis derivados de petróleo, circunstância em que o imposto será repartido entre os Estados de origem e de destino.

(A) Apenas I.

(B) Apenas II.

(C) Apenas III.

(D) Apenas I e II.

(E) Apenas II e III.

3. QUESTÃO 27 – Segundo a Lei Complementar nº 87/96, é correto afirmar que: (Auditor–Fiscal da Receita Estadual – Bloco 1, SEFAZ – RS, Fundatec, 2014)

(A) O fornecimento de alimentação em restaurantes, por se tratar de prestação de serviços, é caso de não incidência de ICMS.

(B) O serviço de radioamador prestado pelas pessoas naturais, por ser não oneroso, não é alcançado pela incidência de ICMS.

(C) A natureza jurídica da operação é condição necessária à caracterização do fato gerador do ICMS.

(D) Como o fato gerador do ICMS é a circulação da mercadoria, ele incide nas hipóteses de aluguel, pois há movimentação física do bem do locador para o locatário.

(E) A habitualidade é a única condição necessária para que qualquer pessoa, física ou jurídica, que realize operações de circulação de mercadoria seja enquadrada como contribuinte.

4. 02. A listagem de saldos para elaboração dos balanços da Companhia Gama S/A apresentou as contas patrimoniais e de resultado abaixo mencionadas. A eventual diferença aritmética existente decorre da conta corrente de ICMS, cujo encerramento ainda não havia sido contabilizado. (Auditor-Fiscal da Receita Estadual AFRE – MG, ESAF, 2005)

Caixa	R$ 28.000,00
Capital Social	R$ 16.000,00
Compras de Mercadorias	R$ 96.000,00
Contas a Receber	R$ 39.200,00
COFINS	R$ 152,00
Fornecedores	R$ 32.000,00
ICMS sobre Vendas	R$ 40.800,00
Impostos e Taxas	R$ 1.840,00
Juros Ativos	R$ 880,00
Mercadorias	R$ 36.000,00
Móveis e Utensílios	R$ 48.000,00
PIS sobre Faturamento	R$ 168,00
Prêmio de Seguros	R$ 2.880,00
Reserva Legal	R$ 800,00
Salários e Encargos	R$ 6.400,00
Salários e Encargos a Pagar	R$ 960,00
Vendas de Mercadorias	R$ 240.000,00
Veículos	R$ 32.000,00

Observações:

1. O estoque atual de mercadorias está avaliado em R$ 1.600,00.

2. As compras e as vendas são tributadas à mesma alíquota de ICMS.

3. Não houve nenhuma distribuição de lucros no período.

As demonstrações contábeis elaboradas a partir das informações anteriormente citadas, certamente, vão evidenciar:

(A) R$ 130.400,00 de Custo das Mercadorias Vendidas (CMV).

(B) R$ 85.680,00 de Lucro Operacional Bruto.

(C) R$ 147.200,00 de Ativo total.

(D) R$ 32.960,00 de Passivo Circulante.

(E) R$ 91.360,00 de Patrimônio Líquido.

5. **05. O balancete de verificação da empresa Firma Livre Libery, levantado em 31 de dezembro, antes do ajuste de ICMS sobre compras e vendas, compunha-se das seguintes contas: (Auditor-Fiscal da Receita Estadual AFRE – MG, ESAF, 2005)**

Bancos Conta Movimento	R$	49.000,00
Caixa	R$	35.000,00
Capital Social	R$	20.000,00
Compras de Mercadorias	R$	120.000,00
COFINS	R$	190,00
Fornecedores	R$	40.000,00
Impostos e Taxas	R$	2.300,00
Juros Ativos	R$	1.100,00
Mercadorias	R$	45.000,00
Móveis e Utensílios	R$	60.000,00
PIS sobre Faturamento	R$	210,00
Prêmio de Seguros	R$	3.600,00
Reserva Legal	R$	1.000,00
Salários e Encargos	R$	8.000,00
Salários e Encargos a Pagar	R$	1.200,00
Vendas de Mercadorias	R$	300.000,00
Veículos	R$	40.000,00

O ICMS incidente sobre as vendas alcançou o valor de R$ 51.000,00.

Examinando-se o balancete acima e considerando-se que o imposto sobre circulação de mercadorias e serviços incide sobre as compras à mesma alíquota incidente sobre as vendas e que a empresa tem estoque atual de mercadorias no valor de R$ 2.000,00, pode-se afirmar que essa empresa tem ICMS a Recolher no valor de

(A) R$ 51.000,00
(B) R$ 30.600,00
(C) R$ 30.260,00
(D) R$ 22.950,00
(E) R$ 20.400,00

GABARITO

Resposta	B	n.d.a.*	B	E	B
Teste	1	2	3	4	5

---

* Questão anulada por falta da pergunta "Qual opção está correta?".

CAPÍTULO **5**

IPI

Este capítulo discute questões relacionadas ao Imposto sobre Produtos Industrializados (IPI). O capítulo se inicia apresentando o IPI como um tributo "por fora" e de competência da União e discorre sobre o processo de industrialização com fato gerador do IPI e sobre as empresas industriais, e entidades a elas equiparadas, como contribuintes do IPI. Também é discutida a importância da Tabela de Incidência do IPI (TIPI) para a identificação da alíquota e apuração da base de cálculo do IPI. Adicionalmente, o capítulo aborda tópicos como a Nomenclatura Comum do Mercosul – Sistema Harmonizado (NCM-SH) e a incidência do IPI sobre a importação de bens e produtos.

Objetivos de aprendizagem

Após estudar este capítulo, você deverá ser capaz de:

1. reconhecer o IPI como um tributo de competência da União;
2. identificar a ocorrência do fato gerador do IPI;
3. identificar os casos de não incidência do IPI;
4. caracterizar os Contribuintes do IPI;
5. definir processo de industrialização;
6. discernir sobre a equiparação à indústria, obrigatória e facultativa;
7. apurar a base de cálculo do IPI;

8. compreender a aplicação de diferentes alíquotas constantes na Tabela de Incidência do IPI (TIPI);
9. apontar as características de seletividade e de obediência à anterioridade nonagesimal do IPI;
10. identificar o campo de incidência do IPI;
11. apontar o período de apuração do IPI;
12. compreender a não cumulatividade do IPI;
13. identificar quando o IPI deve ser incluído na base de cálculo do ICMS;
14. compreender a contabilização do IPI.

5.1 ASPECTOS INTRODUTÓRIOS SOBRE IPI

Objetivo de Aprendizagem 1

O Imposto sobre Produtos Industrializados (IPI) é um tributo federal, não cumulativo e seletivo, conforme estabelecido pelo art. 153 da Constituição Federal (CF) de 1988 e regulamentado pelo Decreto 7.212/2010, Regulamento do IPI (RIPI). As incidências, bases de cálculo e alíquotas do IPI estão descritas na Tabela de Incidência do IPI (TIPI).

De acordo com o RIPI, os produtos são distribuídos na TIPI por Seções, Capítulos, Subcapítulos, Posições, Subposições, Itens e Subitens, conforme a **Nomenclatura Comum do Mercosul – Sistema Harmonizado (NCM-SH)**.

A Nomenclatura Comum do Mercosul (NCM) tem por base o sistema harmonizado (SH) e é um sistema de categorização de mercadorias que foi adotado pelo Uruguai, Paraguai, Brasil e Argentina em 1995 e pela Venezuela em 2006.

O sistema harmonizado (SH) é um método internacional de classificação de mercadorias baseado em uma estrutura de códigos e respectivas descrições. Foi criado em 1988 e facilita os trâmites comerciais internacionais e a elaboração das tarifas de fretes e de estatísticas, tais como as sobre os diferentes meios de transporte usados.

A codificação da NCM-SH é composta de oito dígitos, dos quais seis são do SH e dois são específicos do Mercosul, sendo que:

- ✓ os dois primeiros dígitos representam o capítulo no qual foi classificado o produto;
- ✓ o terceiro e o quarto dígito representam a posição dentro do capítulo correspondente;
- ✓ o quinto e o sexto dígito representam a subposição;
- ✓ o sétimo dígito, específico do Mercosul, representa o item; e
- ✓ o oitavo dígito, também específico do Mercosul, representa o subitem.

O Exemplo 33 apresenta o código NCM-SH 0104.10.11 – Animais vivos, reprodutores de raça pura, da espécie ovina, prenhe ou com cria ao pé:

Exemplo 33 – Código NCM-SH

Seção	I	ANIMAIS VIVOS E PRODUTOS DO REINO ANIMAL
Capítulo	01	Animais vivos
Posição	0104	Animais vivos da espécie ovina e caprina
Subposição	0104.10	Ovinos
Item	0104.10.1	Reprodutores de raça pura
Subitem	0104.10.11	Prenhe ou com cria ao pé

O IPI é considerado um imposto por fora, pois, diferentemente do ICMS, o seu valor não compõe a sua própria base de cálculo.

Exemplo 34 – IPI é um tributo "por fora"

A Indústria Lopes Ltda. registrou os seguintes valores na nota fiscal de venda de determinado produto, de fabricação própria, com alíquota de IPI de 10% e alíquota de ICMS de 18%:

A – Valor dos produtos	R$ 100.000,00
B – IPI (A × 10%)	R$ 10.000,00
C – Valor total da nota fiscal	R$ 110.000,00

No valor de R$ 100.000,00 já estão incluídos R$ 18.000,00 de ICMS, que é um imposto "por dentro".

5.2 FATO GERADOR

O fato gerador do IPI é:

a) a saída de produto de estabelecimento industrial, ou equiparado a industrial;

b) o desembaraço aduaneiro do produto de procedência estrangeira; e

c) a arrematação em leilão de produto apreendido ou abandonado.

Objetivo de Aprendizagem 2

5.2.1 Ocorrência do fato gerador

Considera-se ocorrido o fato gerador:

i. na entrega do produto ao comprador, quanto aos produtos vendidos por intermédio de ambulantes;

ii. na saída de armazém-geral ou outro depositário do estabelecimento industrial ou equiparado a industrial depositante, quanto aos produtos entregues diretamente a outro estabelecimento;

iii. na saída da repartição que promoveu o desembaraço aduaneiro, quanto aos produtos que, por ordem do importador, forem remetidos diretamente a terceiros;

iv. na saída do estabelecimento industrial diretamente para estabelecimento da mesma firma ou de terceiros, por ordem do encomendante, quanto aos produtos mandados industrializar por encomenda;

v. na saída de bens de produção dos associados para as suas cooperativas, equiparadas, por opção, a estabelecimento industrial;

vi. no quarto dia da data da emissão da respectiva nota fiscal, quanto aos produtos que até o dia anterior não tiverem deixado o estabelecimento do contribuinte;

vii. no momento em que ficar concluída a operação industrial, quando a industrialização se der no próprio local de consumo ou de utilização do produto, fora do estabelecimento industrial;

viii. no início do consumo ou da utilização do papel destinado à impressão de livros, jornais e periódicos, em finalidade diferente da que lhe é prevista, ou na saída do fabricante, do importador ou de seus estabelecimentos distribuidores, para pessoas que não sejam empresas jornalísticas ou editoras;

ix. na aquisição ou, se a venda tiver sido feita antes de concluída a operação industrial, na conclusão desta, quanto aos produtos que, antes de sair do estabelecimento que os tenha industrializado por encomenda, sejam por este adquiridos;

x. na data da emissão da nota fiscal pelo estabelecimento industrial, quando:

a) transcorridos 180 dias da data da emissão da nota fiscal de venda pelo estabelecimento industrial, não houver sido efetivada a exportação;

b) os produtos forem revendidos no mercado interno; ou

c) ocorrer a destruição, o furto ou roubo dos produtos;

xi. no momento da sua venda, quanto aos produtos objeto de operação de venda que forem consumidos ou utilizados dentro do estabelecimento industrial;

xii. na saída simbólica de álcool das usinas produtoras para as suas cooperativas, equiparadas, por opção, a estabelecimento industrial; e

xiii. na data do vencimento do prazo de permanência da mercadoria no recinto alfandegado, antes de aplicada a pena de perdimento, quando as mercadorias importadas forem consideradas abandonadas pelo decurso do referido prazo.

No caso vii, supracitado, considera-se concluída a operação industrial e ocorrido o fato gerador na data da entrega do produto ao adquirente ou na data em que se iniciar o seu consumo ou a sua utilização, se anterior à formalização da entrega.

Havendo venda, exposição à venda ou consumo no território nacional de produtos destinados ao exterior, ou na hipótese de descumprimento das condições estabelecidas para a isenção ou a suspensão do imposto, considerar-se-á ocorrido o fato gerador na data da saída dos produtos do estabelecimento industrial ou equiparado a industrial.

5.2.2 Casos que não constituem fato gerador do IPI

Não constituem fato gerador do IPI:

I. desembaraço aduaneiro de produto nacional que retorne ao Brasil, nos seguintes casos:
   a) quando enviado em consignação para o exterior e não vendido nos prazos autorizados;
   b) por defeito técnico que exija sua devolução para reparo ou substituição;
   c) em virtude de modificações na sistemática de importação do país importador;
   d) por motivo de guerra ou calamidade pública; e
   e) por quaisquer outros fatores alheios à vontade do exportador;
II. as saídas de produtos subsequentes à primeira:
   a) nos casos de locação ou arrendamento, salvo se o produto tiver sido submetido a nova industrialização; ou
   b) quando se tratar de bens do ativo permanente, industrializados ou importados pelo próprio estabelecimento industrial ou equiparado a industrial, destinados à execução de serviços pela própria firma remetente;
III. a saída de produtos incorporados ao ativo permanente, após cinco anos de sua incorporação, pelo estabelecimento industrial, ou equiparado a industrial, que os tenha industrializado ou importado; ou
IV. a saída de produtos por motivo de mudança de endereço do estabelecimento.

Entretanto, é importante destacar a irrelevância de aspectos jurídicos no sentido de que o imposto é devido sejam quais forem as finalidades a que se destine o produto ou o título jurídico a que se faça a importação ou de que decorra a saída do estabelecimento produtor.

5.3 CONTRIBUINTE

São contribuintes do IPI:

i. o **importador**, em relação ao fato gerador decorrente do desembaraço aduaneiro;

ii. o **industrial**, em relação ao fato gerador decorrente da saída de produto que industrializar em seu estabelecimento, bem assim quanto aos demais fatos geradores decorrentes de atos que praticar;

iii. o **equiparado a industrial**, quanto ao fato gerador relativo aos produtos que dele saírem, bem assim quanto aos demais fatos geradores decorrentes de atos que praticar;

iv. o **arrematante** de produtos apreendidos ou abandonados, levados a leilão;

v. o **consumidor**, os que consumirem ou utilizarem em outra finalidade, ou remeterem a pessoas que não sejam empresas jornalísticas ou editoras, o papel destinado à impressão de livros, jornais e periódicos, quando alcançado pela imunidade prevista na Constituição Federal.

Adicionalmente, é responsável, por substituição, o industrial ou equiparado a industrial, mediante requerimento, em relação às operações anteriores, concomitantes ou posteriores às saídas que promover, nas hipóteses e condições estabelecidas pela Receita Federal do Brasil (RFB).

5.4 DOCUMENTOS FISCAIS DO IPI

A pessoa jurídica contribuinte do IPI deve emitir os documentos fiscais apresentados na Tabela 3.1 deste livro.

5.5 DEFINIÇÃO LEGAL DE INDUSTRIALIZAÇÃO

Conforme o RIPI, industrialização é qualquer operação que modifique a natureza, o funcionamento, o acabamento, a apresentação ou a finalidade do produto, ou o aperfeiçoe para consumo. Entre essas operações estão:

✓ **Transformação**: operação que, exercida sobre matéria-prima ou produtos intermediários, importe na obtenção de espécie nova.

✓ **Beneficiamento**: operação que importe em modificar, aperfeiçoar ou de qualquer forma alterar o funcionamento, a utilização, o acabamento ou a aparência do produto.

- ✓ **Montagem**: operação que consiste na reunião de produtos, peças ou partes que resultem em um novo produto, ainda que com a mesma classificação fiscal.
- ✓ **Acondicionamento** ou **reacondicionamento**: operação que altera a apresentação do produto, pela colocação de embalagem, ainda que em substituição da original, salvo quando a embalagem colocada se destinar apenas ao transporte da mercadoria.
- ✓ **Renovação** ou **recondicionamento**: a que, exercida sobre produto usado ou parte remanescente de produto deteriorado ou inutilizado, renove ou restaure o produto para utilização.

5.6 EQUIPARAÇÃO À INDÚSTRIA

A equiparação a estabelecimento industrial pode ser obrigatória ou facultativa.

Objetivo de Aprendizagem 6

5.6.1 Equiparação obrigatória

De acordo com o RIPI, são obrigatoriamente equiparados a estabelecimento industrial:

i. os estabelecimentos importadores de produtos de procedência estrangeira, que derem saída a esses produtos;

ii. os estabelecimentos, ainda que varejistas, que receberem, para comercialização, diretamente da repartição que os liberou, produtos importados por outro estabelecimento da mesma firma;

iii. as filiais e demais estabelecimentos que exercerem o comércio de produtos importados, industrializados ou mandados industrializar por outro estabelecimento do mesmo contribuinte, salvo se aqueles operarem exclusivamente na venda a varejo e não estiverem enquadrados na hipótese do item ii acima;

iv. os estabelecimentos comerciais de produtos cuja industrialização haja sido realizada por outro estabelecimento da mesma firma ou de terceiro, mediante a remessa, por eles efetuada, de matérias-primas, produtos intermediários, embalagens, recipientes, moldes, matrizes ou modelos;

v. os estabelecimentos comerciais de produtos do Capítulo 22 da TIPI (Bebidas, líquidos alcoólicos e vinagres), cuja industrialização tenha sido encomendada a estabelecimento industrial, sob marca ou nome de fantasia de propriedade do encomendante, de terceiro ou do próprio executor da encomenda;

vi. os estabelecimentos comerciais atacadistas dos produtos classificados nas posições 71.01 a 71.16 da TIPI;

vii. os estabelecimentos atacadistas e cooperativas de produtores que derem saída a bebidas alcoólicas e demais produtos, de produção nacional, classificados nas posições 22.04, 22.05, 22.06 e 22.08 da TIPI e acondicionados em recipientes de capacidade superior ao limite máximo permitido para venda a varejo, com destino aos seguintes estabelecimentos:

    a) industriais que utilizarem esses produtos mencionados como insumo na fabricação de bebidas;

    b) atacadistas e cooperativas de produtores; ou

    c) engarrafadores dos mesmos produtos.

viii. os estabelecimentos comerciais atacadistas que adquirirem de estabelecimentos importadores produtos de procedência estrangeira, classificados nas posições 33.03 a 33.07 da TIPI;

ix. os estabelecimentos, atacadistas ou varejistas, que adquirirem produtos de procedência estrangeira, importados por sua conta e ordem, por intermédio de pessoa jurídica importadora, observado o disposto no § 2º; e

x. os estabelecimentos atacadistas dos produtos da posição 87.03 da TIPI.

5.6.2 Equiparação facultativa

De acordo com o RIPI, equiparam-se a estabelecimento industrial, por opção:

a) os estabelecimentos comerciais que derem saída a bens de produção, para estabelecimentos industriais ou revendedores, observado o disposto na alínea *a* do inciso I do art. 14; e

b) as cooperativas, constituídas nos termos da Lei 5.764, de 16 de dezembro de 1971, que se dedicarem à venda em comum de bens de produção, recebidos de seus associados para comercialização.

5.7 BASE DE CÁLCULO

Objetivo de Aprendizagem 7

O RIPI, em seus arts. 190 a 193, determina a base de cálculo do IPI, conforme a seguir transcrito:

Art. 190. Salvo disposição em contrário deste Regulamento, constitui valor tributável:

I – dos produtos de procedência estrangeira:

a) o valor que servir ou que serviria de base para o cálculo dos tributos aduaneiros, por ocasião do despacho de importação, acrescido do montante desses tributos e dos encargos cambiais efetivamente pagos pelo importador ou dele exigíveis (Lei nº 4.502, de 1964, art. 14, inciso I, alínea "b"); e

b) o valor total da operação de que decorrer a saída do estabelecimento equiparado a industrial (Lei nº 4.502, de 1964, art. 18); ou

II – dos produtos nacionais, o valor total da operação de que decorrer a saída do estabelecimento industrial ou equiparado a industrial (Lei nº 4.502, de 1964, art. 14, inciso II, e Lei nº 7.798, de 1989, art. 15).

§ 1º O valor da operação referido na alínea "b" do inciso I e no inciso II compreende o preço do produto, acrescido do valor do frete e das demais despesas acessórias, cobradas ou debitadas pelo contribuinte ao comprador ou destinatário (Lei nº 4.502, de 1964, art. 14, § 1º, Decreto-Lei nº 1.593, de 1977, art. 27, e Lei nº 7.798, de 1989, art. 15).

§ 2º Será também considerado como cobrado ou debitado pelo contribuinte, ao comprador ou destinatário, para efeitos do disposto no § 1º, o valor do frete, quando o transporte for realizado ou cobrado por firma controladora ou controlada (Lei nº 6.404, de 15 de dezembro de 1976, art. 243), coligadas (Lei nº 10.406, de 10 de janeiro de 2002, art. 1.099, e Lei nº 11.941, de 27 de maio de 2009, art. 46, parágrafo único), ou interligada (Decreto-Lei nº 1.950, de 1982, art. 10, § 2º) do estabelecimento contribuinte ou por firma com a qual este tenha relação de interdependência, mesmo quando o frete seja subcontratado (Lei nº 4.502, de 1964, art. 14, § 3º, e Lei nº 7.798, de 1989, art. 15).

§ 3º Não podem ser deduzidos do valor da operação os descontos, diferenças ou abatimentos, concedidos a qualquer título, ainda que incondicionalmente (Lei nº 4.502, de 1964, art. 14, § 2º, Decreto-Lei nº 1.593, de 1977, art. 27, e Lei nº 7.798, de 1989, art. 15).

§ 4º Nas saídas de produtos a título de consignação mercantil, o valor da operação referido na alínea "b" do inciso I e no inciso II do *caput*, será o preço de venda do consignatário, estabelecido pelo consignante.

§ 5º Poderão ser excluídos da base de cálculo do imposto os valores recebidos pelo fabricante ou importador nas vendas diretas ao consumidor final dos veículos classificados nas Posições 87.03 e 87.04 da TIPI, por conta e ordem dos concessionários de que trata a Lei nº 6.729, de 28 de novembro de 1979, a estes devidos pela intermediação ou entrega dos veículos, nos termos estabelecidos nos respectivos contratos de concessão (Lei nº 10.485, de 2002, art. 2º).

§ 6º Os valores referidos no § 5º não poderão exceder a nove por cento do valor total da operação (Lei nº 10.485, de 2002, art. 2º, § 2º, inciso I).

Art. 191. Nos casos de produtos industrializados por encomenda, será acrescido, pelo industrializador, ao valor da operação definido no art. 190, salvo se se tratar de insumos usados, o valor das matérias-primas, dos produtos intermediários e dos materiais de embalagem, fornecidos pelo encomendante, desde que este não destine os produtos industrializados (Lei nº 4.502, de 1964, art. 14, § 4º, Decreto-Lei nº 1.593, de 1977, art. 27, e Lei nº 7.798, de 1989, art. 15):

I – a comércio;

II – a emprego, como matéria-prima ou produto intermediário, em nova industrialização; ou

III – a emprego no acondicionamento de produtos tributados.

Art. 192. Considera-se valor tributável o preço corrente do produto ou seu similar, no mercado atacadista da praça do remetente, na forma do disposto nos arts. 195 e 196, na saída do produto do estabelecimento industrial ou equiparado a industrial, quando a saída se der a título de locação ou arrendamento mercantil ou decorrer de operação a título gratuito, assim considerada também aquela que, em virtude de não transferir a propriedade do produto, não importe em fixar-lhe o preço (Lei nº 4.502, de 1964, art. 16).

Art. 193. Na saída de produtos do estabelecimento do importador, em arrendamento mercantil, nos termos da Lei nº 6.099, de 12 de setembro de 1974, o valor tributável será:

I – o preço corrente do mercado atacadista da praça em que o estabelecimento arrendador estiver domiciliado (Lei nº 6.099, de 1974, art. 18, e Lei nº 7.132, de 26 de outubro de 1983, art. 1º, inciso III); ou

II – o valor que serviu de base de cálculo do imposto no desembaraço aduaneiro, se for demonstrado comprovadamente que o preço dos produtos importados é igual ou superior ao que seria pago pelo arrendatário se os importasse diretamente (Lei nº 6.099, de 1974, art. 18, § 2º).

Art. 194. O imposto incidente sobre produtos usados, adquiridos de particulares ou não, que sofrerem o processo de industrialização, de que trata o inciso V do art. 4º (renovação ou recondicionamento), será calculado sobre a diferença de preço entre a aquisição e a revenda (Decreto-Lei nº 400, de 1968, art. 7º).

5.8 ALÍQUOTAS

Objetivo de Aprendizagem 8

As alíquotas do IPI variam por produto, conforme apresentado na Tabela de Incidência do Imposto sobre Produtos Industrializados (TIPI). Tais alíquotas variam de 0% a 365,63%. Os produtos estão enumerados na TIPI, organizados por NCM-SH.

Exemplo 35 – Alíquotas do IPI em função do NCM-SH

NCM	DESCRIÇÃO	ALÍQUOTA (%)
	I. PÉROLAS NATURAIS OU CULTIVADAS, PEDRAS PRECIOSAS OU SEMIPRECIOSAS E SEMELHANTES	
71.01	Pérolas naturais ou cultivadas, mesmo trabalhadas ou combinadas, mas não enfiadas, nem montadas, nem engastadas; pérolas naturais ou cultivadas, enfiadas temporariamente para facilidade de transporte.	
7101.10.00	- Pérolas naturais	30
7101.2	- Pérolas cultivadas:	
7101.21.00	- Em bruto	30
7101.22.00	- Trabalhadas	30

NCM	DESCRIÇÃO	ALÍQUOTA (%)
	I. PRODUTOS DE BASE; PRODUTOS QUE SE APRESENTEM SOB A FORMA DE GRANALHA OU PÓ	
72.01	Ferro fundido bruto e ferro *spiegel* (especular), em lingotes, linguados ou outras formas primárias.	
7201.10.00	- Ferro fundido bruto não ligado, que contenha, em peso, 0,5% ou menos de fósforo	5
7201.20.00	- Ferro fundido bruto não ligado, que contenha, em peso, mais de 0,5% de fósforo	5
7201.50.00	- Ligas de ferro fundido bruto; ferro *spiegel* (especular)	5

5.9 SELETIVIDADE

O IPI é um imposto seletivo. Assim, sua alíquota deve variar de acordo com a essencialidade do produto, sendo maior para produtos como bebidas alcoólicas e cigarros.

Objetivo de Aprendizagem 9

5.10 ANTERIORIDADE NONAGESIMAL E AUMENTO DE ALÍQUOTA POR DECRETO

O IPI não está sujeito ao princípio da anterioridade anual, devendo, porém, respeitar a nonagesimal. Portanto, suas alíquotas podem ser alteradas durante o exercício financeiro, mas tal alteração só surtirá efeitos após decorridos 90 (noventa) dias do ato que aumentar sua alíquota. Esse aumento de alíquota pode se dar por meio de decreto.

5.11 INCIDÊNCIA

Objetivo de Aprendizagem 10

O campo de incidência do IPI engloba todos os produtos com alíquota, mesmo que zero, relacionados na TIPI, estando excluídos do campo de incidência os produtos com a notação de não tributado (NT). Alerte-se para a importância de se observar as disposições contidas nas respectivas notas complementares.

O IPI não incide sobre produtos destinados ao exterior, conforme o art. 153, § 3º, III, da Constituição Federal (CF).

5.12 PERÍODO DE APURAÇÃO

Objetivo de Aprendizagem 11

O período de apuração do IPI, incidente nas saídas dos produtos dos estabelecimentos industriais ou equiparados a industrial, é:

a) mensal, desde outubro de 2004 e quando devido por microempresas (ME) e empresas de pequeno porte (EPP); e

b) decendial nas saídas dos produtos classificados no Capítulo 22 (Bebidas, líquidos alcoólicos e vinagres), nas posições 84.29, 84.32, 84.33, 87.01 a 87.06 e 87.11 e no código 2402.20.00 (cigarros que contenham tabaco), da TIPI.

No Capítulo 84 estão "Reatores nucleares, caldeiras, máquinas, aparelhos e instrumentos mecânicos, e suas partes" e no Capítulo 87 estão "Veículos automóveis, tratores, ciclos e outros veículos terrestres, suas partes e acessórios".

O IPI incidente sobre produtos de procedência estrangeira deve ser apurado na importação, conforme a IN SRF 394/2004.

Sempre que o estabelecimento industrial ou equiparado a industrial der saída a produtos industrializados sujeitos a periodicidades de apuração distintas, a escrituração deverá ser efetuada segregando-se a apuração dos débitos e créditos, de acordo com a periodicidade de apuração a que os produtos estão sujeitos. Nesse caso, a escrituração deve ser efetuada concomitantemente em páginas distintas no livro Registro de Apuração do IPI, Modelo 8, separando-se a apuração decendial da mensal, observando-se a seguinte sequência de organização no referido livro fiscal, ao longo do mês: 1º decêndio, 2º decêndio, 3º decêndio, mês.

O prazo de recolhimento também obedece à escala de vencimento prevista, conforme a apuração seja decendial ou mensal.

5.13 NÃO CUMULATIVIDADE

Objetivo de Aprendizagem 12

O IPI é um tributo não cumulativo e sua não cumulatividade é operacionalizada pelo sistema de crédito do imposto relativo a produtos entrados no estabelecimento do contribuinte, para ser abatido do que for devido pelos produtos dele saídos, num mesmo período.

O contribuinte também tem direito ao crédito do IPI referente a produtos saídos do estabelecimento e a este devolvidos ou retornados, de modo que se anule o débito do imposto que o contribuinte sofreu quando da saída desse mesmo produto.

Também são operacionalizados pelo sistema de crédito os valores escriturados a título de incentivo.

Adicionalmente, é admitido ao contribuinte creditar-se:

a) do valor do imposto, já escriturado, no caso de cancelamento da respectiva nota fiscal, antes da saída da mercadoria; e
b) do valor da diferença do imposto em virtude de redução de alíquota, nos casos em que tenha havido lançamento antecipado previsto no art. 187 do RIPI.

Nos casos das alíneas "a" e "b" *supra*, o contribuinte deverá, ao registrar o crédito, anotar o motivo dele na coluna "Observações" do livro Registro de Apuração do IPI.

Para que o contribuinte possa aproveitar o crédito do valor pago a título do IPI nas entradas de mercadorias, é necessário que:

i. tais mercadorias sejam efetivamente utilizadas no processo industrial como matérias-primas, materiais de embalagem ou como outra classe de insumo; e
ii. as saídas dos produtos fabricados sejam tributadas pelo IPI. Entretanto, existem algumas exceções. Assim, algumas saídas isentas do IPI podem gerar créditos para contribuintes que fazem parte de etapas posteriores da cadeia produtiva.

Exemplo 36 – Apuração do IPI a recolher

A Indústria Lima & Chaves Ltda. iniciou suas atividades em 1º/07/20X0.
Durante o mês julho de 20X0, a empresa adquiriu R$ 3.000.000 em matéria-prima e materiais de embalagem para uso na elaboração de seus produtos. A soma do IPI destacado nas notas fiscais desses insumos, pelos fornecedores, foi de R$ 615.000.
As vendas do mês de julho de 20X0 foram de R$ 4.500.000, com incidência de R$ 922.500 de IPI.
Nesse caso, a empresa apurou o seguinte montante do IPI a recolher:

A – Crédito pelas compras	R$ 615.000,
B – Débito pelas vendas	R$ 922.500,
IPI a recolher (A-B)	*(R$ 307.500)*

132 CONTABILIDADE TRIBUTÁRIA

É possível que o montante dos créditos de IPI supere o total de débitos de IPI. Nesses casos, a empresa terá um saldo credor de IPI, que poderá utilizar na apuração do saldo do período seguinte. Caso a apuração do IPI do período seguinte também resulte em saldo credor para a empresa, a acumulação do crédito continuará indefinidamente, pois não há prazo limite para a compensação do saldo credor do IPI. O contribuinte não precisa efetuar recolhimento do IPI no período em que apurar saldo credor. Todavia, deverá recolhê-lo no período em que o saldo credor for totalmente absorvido pelos débitos e seja apurado saldo devedor.

Exemplo 37 – Apuração de saldo credor do IPI em um período e devedor no período seguinte

A Indústria Lopes Ltda. apurou saldo de IPI a recolher em 31/01/20X0 e efetuou o devido recolhimento desse valor. Durante o mês de fevereiro de 20X0, a empresa adquiriu R$ 4.000.000 em matéria-prima e materiais de embalagem para uso na elaboração de seus produtos. A soma do IPI destacado nas notas fiscais desses insumos, pelos fornecedores, foi de R$ 820.000.

As vendas do mês de fevereiro de 20X0 foram de R$ 3.800.000, com incidência de R$ 779.000 de IPI. Assim, em fevereiro de 20X0, a empresa apurou o seguinte saldo credor de IPI:

APURAÇÃO DO IPI EM FEVEREIRO DE 20X0

A – Crédito pelas compras	R$ 820.000,
B – Débito pelas vendas	R$ 779.000,
Saldo credor de IPI (A – B)	*R$ 41.000*

As compras de insumos em março de 20X0 foi de R$ 3.000.000 com crédito de IPI no montante de R$ 360.000. No mesmo mês, as vendas totalizaram R$ 3.900.000 com incidência de R$ 468.000. Assim, em março de 20X0, a empresa apurou o seguinte saldo devedor de IPI:

APURAÇÃO DO IPI EM MARÇO DE 20X0

A – Saldo Anterior	R$ 41.000,
B – Crédito pelas compras	R$ 360.000,
C – Débito pelas vendas	R$ 468.000,
IPI a recolher (A + B – C)	*(R$ 67.000)*

A empresa tem até cinco anos, contados a partir da data de emissão do documento hábil pelo fornecedor, para o aproveitamento do crédito do IPI. Após esse prazo extingue-se esse direito. Adicionalmente, para o aproveitamento do crédito do IPI, a legislação tributária exige que:

a) tanto o ICMS quanto o IPI estejam destacados em documento fiscal hábil e dentro de todas as exigências legais;

b) o documento fiscal hábil tenha sido emitido por contribuinte com situação regular perante a autoridade tributária. Para tanto, o emitente deve estar inscrito na repartição competente, estar em atividades no local indicado e ser possível a comprovação dos demais dados cadastrais impressos no documento fiscal; e

c) o documento fiscal hábil seja escriturado no Livro Registro de Entradas, Modelo 1.

5.14 QUANDO O IPI DEVE SER INCLUÍDO NA BASE DE CÁLCULO DO ICMS

O IPI deve ser incluído na base de cálculo do ICMS nas operações realizadas com produtos adquiridos para uso ou consumo próprio não destinado à industrialização ou comercialização, bem como nas operações realizadas entre contribuintes e não contribuintes.

Entretanto, o IPI **não** comporá a base de cálculo do ICMS quando a operação for realizada entre contribuintes e relativa a produto destinado à industrialização ou à comercialização e configure fato gerador desses dois impostos, conforme o art. 155, § 2º, XI, da CF.

Objetivo de Aprendizagem 13

5.15 CONTABILIZAÇÃO DO IPI

5.15.1 Entrada de insumos e produtos

Nas entradas de insumos e produtos, as indústrias e as empresas a elas equiparadas, que podem aproveitar o crédito do IPI, devem contabilizar o valor desse imposto como um ativo destacado do seu estoque, pois tal valor não compõe o custo dos estoques dessas empresas. Esse tratamento é semelhante ao adotado pelas empresas comerciais para o ICMS.

Objetivo de Aprendizagem 14

Exemplo 38 – Contabilização do IPI na entrada de insumos

A Indústria Chaves Ltda. recebeu insumos, comprados a prazo, cujos dados são:

A – Valor dos produtos	R$ 200.000,
B – Valor do ICMS (18%)	R$ 36.000,
C – Valor do IPI (10%)	R$ 20.000,
D – Valor total da nota fiscal (A + C)	R$ 220.000,

Com base nesses dados, a empresa realizou a seguinte contabilização:

Debite: IPI a recuperar – Ativo circulante	R$ 20.000,
Debite: ICMS a recuperar – Ativo circulante	R$ 36.000,
Debite: Estoque de matéria-prima – Ativo circulante	R$ 164.000,
Credite: Fornecedores – Passivo circulante	R$ 220.000,

5.15.2 Saída de produtos

Na saída, as indústrias e as empresas a elas equiparadas devem contabilizar o valor do IPI a débito de conta retificadora do faturamento bruto e a crédito de conta do passivo.

Exemplo 39 – Contabilização do IPI na saída de produtos

A Indústria Ribeiro Ltda. vendeu produtos, a prazo, cujos dados são:

A – Valor dos produtos	R$ 300.000,
B – Valor do ICMS (18%)	R$ 54.000,
C – Valor do IPI (10%)	R$ 30.000,
D – Valor total da nota fiscal (A + C)	R$ 330.000,

Com base nesses dados, a empresa realizou a seguinte contabilização:

Pelo valor da venda:

Debite: Contas a receber de clientes – Ativo circulante
Credite: Faturamento Bruto – Resultado   R$ 330.000,

Pelo valor do ICMS e do IPI sobre a venda:

Debite: (–) IPI sobre vendas – Resultado	R$ 30.000,
Debite: (–) ICMS sobre vendas – Resultado	R$ 54.000,
Credite: IPI a recolher – Passivo circulante	R$ 30.000,
Credite: ICMS a recolher – Passivo circulante	R$ 54.000,

TESTES

Os testes 1 a 4 constam das provas de concursos públicos indicadas no enunciado. Cada questão também apresenta o número original da questão na respectiva prova; o teste 5 é de elaboração própria, para este livro.

1. 57 – Uma indústria, para atender à demanda de um dos seus produtos, que consome 7,2 quilos de matéria-prima por unidade produzida, tem de fabricar e entregar 2.500 unidades desse produto.

   Sem estoque dessa matéria-prima, a indústria adquiriu 20.000 kg, pagando R$ 510.000,00, conforme nota fiscal, incluindo IPI de R$ 85.000,00 e ICMS de R$ 51.000,00.

   Considerando exclusivamente as informações recebidas, o custo da matéria-prima consumida pelo produto, para atender à demanda da indústria, em reais, é (Profissional Junior – Ciências Contábeis, BR Distribuidora, CESGRANRIO, 2015)

(A) 336.600,00

(B) 382.500,00

(C) 413.100,00

(D) 459.000,00

(E) 510.000,00

2. 77 – O fato gerador do Imposto sobre Produtos Industrializados (IPI) para as importações é o desembaraço aduaneiro da mercadoria, sendo o contribuinte do imposto o próprio importador. (Analista de Correios – Comércio Exterior, Correios, CESPE, 2011)

C) Certo

E) Errado

3. 31 – O IPI é um imposto cuja seletividade é de natureza obrigatória e deve ser aplicada em razão da maior ou menor essencialidade dos produtos. (Juiz Substituto, TRF 5ª, CESPE, 2004)

C) Certo

E) Errado

4. 56 – Sociedade empresária industrial, com relação aos produtos que fabrica e vende, sofre incidência de IPI à alíquota de 15% e concede desconto de 10% apenas para os clientes que firmarem contrato de financiamento com outra empresa do mesmo grupo.

Com relação à base de cálculo do ICMS, assinale a alternativa que apresenta incorreção referente à incidência de IPI e à concessão de desconto. (Fiscal de Rendas, SEFAZ/RJ, FGV, 2010)

(A) O valor do IPI não é incluído na base de cálculo do ICMS, no caso de as vendas destinarem-se à industrialização por adquirentes contribuintes / O valor correspondente ao desconto inclui-se na base de cálculo do ICMS, eis que concedido de maneira condicionada.

(B) O valor do IPI é incluído na base de cálculo do ICMS, no caso de as vendas destinarem-se à comercialização por adquirentes contribuintes / O valor correspondente ao desconto não se inclui na base de cálculo do ICMS, eis que concedido de maneira condicionada.

(C) O valor do IPI não é incluído na base de cálculo do ICMS, no caso de as vendas destinarem-se a órgão da Administração Pública Municipal / O valor correspondente ao desconto inclui-se na base de cálculo do ICMS, salvo se concedido de maneira não condicionada.

(D) O valor do IPI é incluído na base de cálculo do ICMS, no caso de as vendas destinarem-se ao consumo por adquirentes não contribuintes / O valor correspondente ao desconto não se inclui na base de cálculo do ICMS, eis que concedido de maneira condicionada.

(E) O valor do IPI não é incluído na base de cálculo do ICMS, no caso de as vendas destinarem-se à comercialização ou à industrialização por adquirentes contribuintes / O valor correspondente ao desconto inclui-se na base de cálculo do ICMS, eis que concedido de maneira condicionada.

5. **A Indústria Sousa Ltda. adquiriu matéria-prima, que foi utilizada em seu processo produtivo. Os valores consignados na nota fiscal foram:**

Valor dos produtos	R$ 100.000,
ICMS	R$ 18.000,
IPI	R$ 20.000,
Valor total da nota fiscal	R$ 120.000,

Sabendo-se que os valores de IPI e ICMS são recuperáveis pela empresa, pode-se afirmar que ela deve contabilizar:

(A) R$ 120.000,00 como custo de matéria-prima.

(B) R$ 100.000,00 como custo de matéria-prima.

(C) R$ 102.000,00 como custo de matéria-prima.

(D) R$ 118.000,00 como custo de matéria-prima.

(E) R$ 82.000,00 como custo de matéria-prima.

GABARITO

Teste	1	2	3	4	5
Resposta	A	C	C	B	E

CAPÍTULO 6

ISS

Assista ao vídeo "Não erre o local de incidência do ISS".

uqr.to/chdc

Este capítulo aborda o Imposto Sobre Serviços de Qualquer Natureza (ISSQN), habitualmente referido apenas como ISS. O capítulo apresenta o ISS como um tributo de competência dos Municípios e do Distrito Federal, que tem como fato gerador a prestação de serviços constantes da lista anexa à LC 116/2003, independente da denominação dada ao serviço prestado. O capítulo prossegue apresentando os casos de não incidência do ISS e com uma discussão sobre quais prestações de serviços estão ao alcance do ISS e quais estão ao alcance do ICMS. O capítulo esclarece que, regra geral, a base de cálculo do ISS é o preço do serviço, mas que em alguns casos é permitida a dedução do valor dos materiais fornecidos pelo prestador do serviço, que alguns Municípios estabelecem "ISS Fixo" para a cobrança a Sociedades de Profissionais e Profissionais Autônomos e que a alíquota do ISS deve se manter igual ou superior à alíquota mínima e igual ou inferior à máxima. Também são abordadas as questões do ISS retido sobre a receita do prestador de serviços e da exigência de alguns Municípios para que as empresas se registrem no cadastro de prestadores de serviço de fora do Município. O capítulo conclui com o esquema de contabilização do ISS.

Objetivos de aprendizagem

Após estudar este capítulo, você deverá ser capaz de:

1. reconhecer o ISS como um tributo de competência dos Municípios e do Distrito Federal;
2. identificar o fato gerador do ISS;

3. identificar os casos de não incidência do ISS;
4. distinguir os serviços sob a incidência do ISS dos serviços ao alcance do ICMS;
5. apurar a base de cálculo do ISS;
6. identificar as alíquotas aplicáveis para apuração do valor do ISS devido;
7. identificar o local para o qual o valor do ISS deve ser recolhido;
8. apontar em quais casos é aplicável a retenção do ISS pelo tomador dos serviços;
9. compreender a necessidade de o prestador de serviços cadastrar-se em Município diverso daquele de sua sede; e
10. proceder à contabilização do ISS.

6.1 ASPECTOS INTRODUTÓRIOS SOBRE ISS

Objetivo de Aprendizagem 1

O Imposto Sobre Serviços de Qualquer Natureza (ISS) é um tributo de competência dos Municípios e do Distrito Federal, conforme previsto no art. 156 da Constituição Federal (CF) de 1988. O ISS era tratado pelos arts. 71 a 73 do Código Tributário Nacional (CTN), que foram revogados pelo Decreto-Lei 406, de 31 de dezembro de 1968. Atualmente, é a Lei Complementar (LC) 116, de 31 de julho de 2003, com as alterações trazidas pela LC 157, de 29 de dezembro de 2016, que cuida dessa matéria.

A cobrança do ISS, além de prevista no art. 156 da CF/1988, e de ser tratada pela LC 116/2003, deve ser devidamente regulamentada pelas respectivas leis municipais (códigos de rendas dos Municípios).

6.2 FATO GERADOR

Objetivo de Aprendizagem 2

O ISS tem como fato gerador a prestação de serviços constantes da lista anexa à LC 116/2003 mesmo nos casos em que tais serviços não se constituam como atividade preponderante do prestador. O ISS também incide sobre o serviço proveniente do exterior ou cuja prestação se tenha iniciado no exterior. Destaque-se que a incidência do imposto não depende da denominação dada ao serviço prestado.

O ISS também incide sobre os serviços prestados mediante a utilização de bens e serviços públicos explorados economicamente mediante autorização, permissão ou concessão, com o pagamento de tarifa, preço ou pedágio pelo usuário final do serviço.

6.3 NÃO INCIDÊNCIA DO ISS

O ISS não incide sobre:

Objetivo de Aprendizagem 3

i. as exportações de serviços para o exterior do País. Observe-se que não se enquadram nesse caso os serviços desenvolvidos no Brasil, cujo resultado aqui se verifique, ainda que o pagamento seja feito por residente no exterior;
ii. a prestação de serviços em relação de emprego, dos trabalhadores avulsos, dos diretores e membros de conselho consultivo ou de conselho fiscal de sociedades e fundações, bem como dos sócios-gerentes e dos gerentes-delegados;
iii. o valor intermediado no mercado de títulos e valores mobiliários, o valor dos depósitos bancários, o principal, juros e acréscimos moratórios relativos a operações de crédito realizadas por instituições financeiras.

6.4 ISS E ICMS

Os serviços enumerados na lista de serviços anexa à Lei Complementar 116/2003 não estão sujeitos ao ICMS, ainda que sua prestação envolva fornecimento de mercadorias. As exceções, devidamente ressalvadas na referida lista de serviços, são:

Objetivo de Aprendizagem 4

1.09 – Disponibilização, sem cessão definitiva, de conteúdos de áudio, vídeo, imagem e texto por meio da internet, respeitada a imunidade de livros, jornais e periódicos (exceto a distribuição de conteúdos pelas prestadoras de Serviço de Acesso Condicionado, de que trata a Lei nº 12.485, de 12 de setembro de 2011, sujeita ao ICMS). (Incluído pela Lei Complementar nº 157, de 2016)

7.02 – Execução, por administração, empreitada ou subempreitada, de obras de construção civil, hidráulica ou elétrica e de outras obras semelhantes, inclusive sondagem, perfuração de poços, escavação, drenagem e irrigação, terraplanagem, pavimentação, concretagem e a instalação e montagem de produtos, peças e equipamentos (exceto o fornecimento de mercadorias produzidas pelo prestador de serviços fora do local da prestação dos serviços, que fica sujeito ao ICMS).

7.05 – Reparação, conservação e reforma de edifícios, estradas, pontes, portos e congêneres (exceto o fornecimento de mercadorias produzidas pelo prestador dos serviços, fora do local da prestação dos serviços, que fica sujeito ao ICMS).

13.05 – Composição gráfica, inclusive confecção de impressos gráficos, fotocomposição, clicheria, zincografia, litografia e fotolitografia, exceto se destinados a posterior operação de comercialização ou industrialização, ainda que incorporados, de qualquer forma, a outra mercadoria que deva ser objeto de posterior circulação, tais como bulas, rótulos, etiquetas, caixas, cartuchos, embalagens e manuais técnicos e de instrução, quando ficarão sujeitos ao ICMS. (Redação dada pela Lei Complementar nº 157, de 2016)

14.01 – Lubrificação, limpeza, lustração, revisão, carga e recarga, conserto, restauração, blindagem, manutenção e conservação de máquinas, veículos, aparelhos, equipamentos, motores, elevadores ou de qualquer objeto (exceto peças e partes empregadas, que ficam sujeitas ao ICMS).

14.03 – Recondicionamento de motores (exceto peças e partes empregadas, que ficam sujeitas ao ICMS).

17.11 – Organização de festas e recepções; bufê (exceto o fornecimento de alimentação e bebidas, que fica sujeito ao ICMS).

Em determinadas situações, a distinção sobre a operação está sujeita ao ISS ou ao ICMS, é circunstancial e deve ser avaliada cuidadosamente. Para fins ilustrativos, veja os seguintes casos:

a) A empresa Alfa forneceu serviço de concretagem (item 7.02). A fornecedora levou os componentes do concreto em caminhão betoneira, realizou a mistura no trajeto e a aplicou na obra. Essa prestação está ao alcance do ISS.

b) A empresa Beta forneceu placas de cimento pré-fabricadas. Esse fornecimento está ao alcance do ICMS.

O transporte municipal está sujeito ao ISS, porém o transporte intermunicipal está sujeito ao ICMS.

> **Exemplo 40 – Transporte com incidência do ISS**
> Lopes Incorporadora Ltda. contratou a Transportadora Lima Ltda. para transportar um carregamento de pisos de uma obra localizada no bairro de Pinheiros, em São Paulo, para outra obra, localizada no bairro do Butantã, também em São Paulo. O valor do frete foi de R$ 1.000,00, sobre o qual incidiu ISS com alíquota de 5%. Nesse caso, o valor do ISS foi de R$ 50,00.

6.5 BASE DE CÁLCULO

De acordo com o art. 7º da LC 116/2003, regra geral, a base de cálculo do imposto é o preço do serviço.

> **Exemplo 41 – Base cálculo do ISS (regra geral)**
> Chaves Consultores Associados Ltda. (CCA) é uma empresa que presta serviços de consultoria em informática. A CCA foi contratada para determinado serviço, cujo preço foi R$ 80.000. Esse é o valor que servirá de base de cálculo para o ISS.

No caso dos serviços a seguir, o valor dos materiais fornecidos pelo prestador deverá ser excluído da base de cálculo do ISS:

a) execução, por administração, empreitada ou subempreitada, de obras de construção civil, hidráulica ou elétrica e de outras obras semelhantes, inclusive sondagem, perfuração de poços, escavação, drenagem e irrigação, terraplanagem, pavimentação, concretagem e a instalação e montagem de produtos, peças e equipamentos;
b) reparação, conservação e reforma de edifícios, estradas, pontes, portos e congêneres.

Os tribunais têm seguido a lógica de permitir a exclusão da base de cálculo do ISS de valores de materiais comprovadamente incorporados de forma definitiva na obra de construção civil.

> **Exemplo 42 – Base de cálculo do ISS na construção civil: dedução de materiais**
> Passos Lima Construções Ltda. foi contratada para executar obras de instalação hidráulica em determinado empreendimento residencial. O preço da empreitada global foi de R$ 130.000 e foram aplicados R$ 50.000 em tubos, conexões e materiais afins. Portanto, a base de cálculo do ISS foi:
>
> | | |
> |---|---|
> | Preço dos serviços | R$ 130.000, |
> | (–) Custo dos materiais incorporados à obra | – R$ 50.000, |
> | *Base de cálculo do ISS* | *R$ 80.000,* |

É comum alguns Municípios estabelecerem um valor predeterminado para a base de cálculo do ISS de Sociedades Profissionais e Profissionais Autônomos, atendendo ao Decreto-Lei 406/1968. Isso se tornou conhecido como "ISS fixo".

6.6 ALÍQUOTAS

Conforme o art. 8º da LC 116/2003, a alíquota máxima do ISS é de 5%.

Objetivo de Aprendizagem
6

Exemplo 43 – Aplicação da alíquota máxima do ISS

Sousa Auditores Associados Ltda. prestou serviços de auditoria contábil para determinada empresa. O preço contratado foi R$ 100.000 e o valor do ISS foi:

A – Preço dos serviços (base de cálculo)	R$ 100.000,
B – Alíquota do ISS	5%
C – *Valor do ISS (A × B)*	R$ 5.000,

Por outro lado, de acordo com o art. 8º-A da LC 116/2003, incluído pela LC 157/2016, a alíquota mínima do ISS é de 2%. Exceto para os serviços de construção civil (serviços 7.02 e 7.05) e de transporte coletivo municipal rodoviário, metroviário, ferroviário e aquaviário de passageiros (serviço 16.01). Destaque-se que os Municípios são livres para estabelecer alíquotas entre 2% e 5%.

Para as empresas optantes pelo Simples Nacional (ver Capítulo 16), a regra é aplicar a alíquota da faixa de enquadramento.

Exemplo 44 – Aplicação da alíquota mínima do ISS

O Hospital São Gabriel, com sede em São Paulo, prestou serviços médicos para determinado paciente. O preço dos serviços foi R$ 700 e o valor do ISS foi:

A – Preço dos serviços (base de cálculo)	R$ 700,
B – Alíquota do ISS	2%
C – *Valor do ISS (A × B)*	R$ 14,

6.7 LOCAL PARA O QUAL É DEVIDO

Objetivo de Aprendizagem 7

De acordo com a Lei Complementar 116/2003, considera-se estabelecimento prestador o local onde o contribuinte desenvolva a atividade de prestar serviços, de modo permanente ou temporário, e que configure unidade econômica ou profissional, sendo irrelevantes para caracterizá-lo as denominações de sede, filial, agência, posto de atendimento, sucursal, escritório de representação ou contato ou quaisquer outras que venham a ser utilizadas.

Para fins de ISS, a regra é que o serviço seja considerado prestado e o imposto devido no local do estabelecimento prestador ou, na falta do estabelecimento, no local do domicílio do prestador. Porém, excepcionalmente, o serviço é considerado prestado e o ISS devido no local:

i. do estabelecimento do tomador ou intermediário do serviço ou, na falta de estabelecimento, onde ele estiver domiciliado, nos casos de serviço proveniente do exterior do País ou cuja prestação se tenha iniciado no exterior do País;

ii. da instalação dos andaimes, palcos, coberturas e outras estruturas, no caso dos serviços de cessão de tais equipamentos;

iii. da execução da obra, no caso de execução, por administração, empreitada ou subempreitada, de obras de construção civil, hidráulica ou elétrica e de outras obras semelhantes, inclusive sondagem, perfuração de poços, escavação, drenagem e irrigação, terraplanagem, pavimentação, concretagem e a instalação e montagem de produtos, peças e equipamentos, bem como do acompanhamento e fiscalização da execução de obras de engenharia, arquitetura e urbanismo;

iv. da demolição;

v. das edificações em geral, estradas, pontes, portos e congêneres, no caso dos serviços de reparação, conservação e reforma de edifícios, estradas, pontes, portos e congêneres;

vi. da execução da varrição, coleta, remoção, incineração, tratamento, reciclagem, separação e destinação final de lixo, rejeitos e outros resíduos quaisquer;

vii. da execução da limpeza, manutenção e conservação de vias e logradouros públicos, imóveis, chaminés, piscinas, parques, jardins e congêneres;

viii. da execução da decoração e jardinagem, do corte e poda de árvores;

ix. do controle e tratamento do efluente de qualquer natureza e de agentes físicos, químicos e biológicos;

x. do florestamento, reflorestamento, semeadura, adubação e congêneres;

xi. da execução dos serviços de escoramento, contenção de encostas e congêneres;

xii. da limpeza e dragagem;

xiii. onde o bem estiver guardado ou estacionado, no caso dos serviços de guarda e estacionamento de veículos terrestres automotores, de aeronaves e de embarcações;

xiv. dos bens ou do domicílio das pessoas vigiados, segurados ou monitorados;

xv. do armazenamento, depósito, carga, descarga, arrumação e guarda do bem;

xvi. da execução dos serviços de diversão, lazer, entretenimento e congêneres;

xvii. do Município onde está sendo executado o transporte;

xviii. do estabelecimento do tomador da mão de obra ou, na falta de estabelecimento, onde ele estiver domiciliado, no caso dos serviços de fornecimento de mão de obra, mesmo em caráter temporário, inclusive de empregados ou trabalhadores, avulsos ou temporários, contratados pelo prestador de serviço;

xix. da feira, exposição, congresso ou congênere a que se referir o planejamento, organização e administração;

xx. do porto, aeroporto, ferroporto, terminal rodoviário, ferroviário ou metroviário, no caso dos serviços portuários, aeroportuários, ferroportuários, de terminais rodoviários, ferroviários e metroviários.

É importante ter cuidado na identificação do local para o qual o ISS é devido. A título de exemplo, veja-se o caso de um *show* musical em determinada casa de evento, em que:

a) o ISS incidente sobre o serviço de apresentação da banda é devido para o Município em que se localiza a casa de evento; e

b) o ISS incidente sobre o serviço de produção do *show* é devido para o Município em que a produtora tem sua sede.

No caso dos serviços de locação, sublocação, arrendamento, direito de passagem ou permissão de uso, compartilhado ou não, de ferrovia, rodovia, postes, cabos, dutos e condutos de qualquer natureza, considera-se ocorrido o fato gerador e devido o imposto em cada Município em cujo território haja extensão de ferrovia, rodovia, postes, cabos, dutos e condutos de qualquer natureza, objetos de locação, sublocação, arrendamento, direito de passagem ou permissão de uso, compartilhado ou não.

No caso dos serviços de exploração de rodovia mediante cobrança de preço ou pedágio dos usuários, envolvendo execução de serviços de conservação, manutenção, melhoramentos para adequação de capacidade e segurança de trânsito, operação, monitoração, assistência aos usuários e outros serviços definidos em contratos, atos de concessão ou de permissão ou em normas oficiais, considera-se ocorrido o fato gerador e devido o imposto em cada Município em cujo território haja extensão de rodovia explorada.

Considera-se ocorrido o fato gerador do imposto no local do estabelecimento prestador nos serviços executados em águas marítimas, excetuados os serviços portuários, ferroportuários, utilização de porto, movimentação de passageiros, reboque de embarcações, rebocador escoteiro, atracação, desatracação, serviços de praticagem, capatazia, armazenagem de qualquer natureza, serviços acessórios, movimentação de mercadorias, serviços de apoio marítimo, de movimentação ao largo, serviços de armadores, estiva, conferência, logística e congêneres.

6.8 DOCUMENTOS FISCAIS DO ISS

O ISS é um tributo municipal e, portanto, os documentos fiscais a serem emitidos pelos contribuintes desse imposto são disciplinados pela legislação de cada Município. A exigência de emissão de Nota Fiscal de Serviços (NFS) é básica e a maioria dos Municípios já adotou a Nota Fiscal de Serviços eletrônica (NFS-e).

6.9 RETENÇÃO NA FONTE PELO TOMADOR DO SERVIÇO

De acordo com o art. 6º da LC 116/2003, os Municípios e o Distrito Federal, mediante lei, poderão atribuir de modo expresso a responsabilidade pelo crédito tributário a terceira pessoa, vinculada ao fato gerador da respectiva obrigação, excluindo a responsabilidade do contribuinte ou atribuindo-a a

Objetivo de Aprendizagem 8

este em caráter supletivo do cumprimento total ou parcial da referida obrigação, inclusive no que se refere à multa e aos acréscimos legais.

Destaque-se que o substituto tributário, habitualmente o tomador do serviço, está obrigado ao recolhimento integral do imposto devido, multa e acréscimos legais, independentemente de ter sido efetuada sua retenção na fonte.

Adicionalmente, de acordo com o § 2º do art. 6º da LC 116/2003, são responsáveis pela retenção na fonte e recolhimento do ISS:

i. o tomador ou intermediário de serviço proveniente do exterior do País ou cuja prestação se tenha iniciado no exterior do País;

ii. a pessoa jurídica, ainda que imune ou isenta, tomadora ou intermediária dos seguintes serviços:

a) cessão de andaimes, palcos, coberturas e outras estruturas de uso temporário;

b) execução, por administração, empreitada ou subempreitada, de obras de construção civil, hidráulica ou elétrica e de outras obras semelhantes, inclusive sondagem, perfuração de poços, escavação, drenagem e irrigação, terraplanagem, pavimentação, concretagem e a instalação e montagem de produtos, peças e equipamentos;

c) demolição;

d) reparação, conservação e reforma de edifícios, estradas, pontes, portos e congêneres;

e) varrição, coleta, remoção, incineração, tratamento, reciclagem, separação e destinação final de lixo, rejeitos e outros resíduos quaisquer;

f) limpeza, manutenção e conservação de vias e logradouros públicos, imóveis, chaminés, piscinas, parques, jardins e congêneres;

g) controle e tratamento de efluentes de qualquer natureza e de agentes físicos, químicos e biológicos;

h) dedetização, desinfecção, desinsetização, imunização, higienização, desratização, pulverização e congêneres;

i) florestamento, reflorestamento, semeadura, adubação, reparação de solo, plantio, silagem, colheita, corte e descascamento de árvores, silvicultura, exploração florestal e dos serviços congêneres indissociáveis da formação, manutenção e colheita de florestas, para quaisquer fins e por quaisquer meios;

j) escoramento, contenção de encostas e serviços congêneres;

k) acompanhamento e fiscalização da execução de obras de engenharia, arquitetura e urbanismo;

l) vigilância, segurança ou monitoramento de bens, pessoas e semoventes;

m) fornecimento de mão de obra, mesmo em caráter temporário, inclusive de empregados ou trabalhadores, avulsos ou temporários, contratados pelo prestador de serviço;

n) planejamento, organização e administração de feiras, exposições, congressos e congêneres.

Exemplo 45 – Retenção do ISS pela fonte pagadora

A Pereira de Sousa Gestão Patrimonial Ltda. prestou serviços de fornecimento de mão de obra para a Cia Mendes Ltda. O preço dos serviços foi de R$ 30.000 e o valor do ISS retido pela Cia Mendes Ltda. foi:

A – Preço dos serviços (base de cálculo)	R$ 30.000,
B – Alíquota do ISS	5%
C – Valor do ISS retido (A × B)	R$ 1.500,
D – Valor líquido pago pelo tomador dos serviços (A – C)	R$ 28.500,

O tomador dos serviços deverá recolher o valor de R$ 1.500, o ISS retido, ao fisco Municipal.

6.10 EXIGÊNCIA PARA CADASTRO DE PRESTADOR DE SERVIÇO COM SEDE EM OUTRO MUNICÍPIO

Objetivo de Aprendizagem 9

Alguns Municípios, particularmente as capitais, estabeleceram a obrigação de que as pessoas jurídicas com domicílios em outro Município realizem cadastramento no município do tomador do serviço.

Assim, um prestador de serviço domiciliado em Salvador, Bahia, deve proceder ao seu cadastro no Município de São Paulo para poder prestar serviço a tomador domiciliado naquele domicílio, sob pena de ter o valor do ISS necessariamente retido pelo tomador.

Entre os diversos Municípios que exigem o cadastramento de prestadores de serviço de fora do Município (CEPOM ou CPOM), podem-se mencionar: Brasília, Curitiba, Porto Alegre, Rio de Janeiro e São Paulo.

Sobre essa exigência, veja-se a decisão do Superior Tribunal de Justiça no AgRg no REsp 1.140.354/SP:

> Processual civil – Tributário – Inexistência de violação do art. 535 do CPC – ISS – Município competente – Local da prestação do serviço – Obrigação acessória – Cadastramento de prestadores – Princípio da territorialidade – Não violação.
>
> 1. Inexistência de violação do artigo 535 do CPC. Não se discute nos autos a ocorrência ou não da prestação do serviço e se sobre este incide o Imposto Sobre Serviços de Qualquer Natureza – ISS, mas sim qual município

competente para a sua cobrança, matéria esta exaustivamente debatida pelo Tribunal de origem.

2. É pacífica a jurisprudência do STJ quanto ao município competente para realizar a cobrança do ISS, sendo este o do local da prestação dos serviços, onde se deu efetivamente a ocorrência do fato gerador do imposto.

3. Não há violação do princípio da territorialidade quando o município competente para cobrança de ISS exige obrigação acessória de cadastramento das empresas contribuintes quando estas possuem sede em outro município, mas prestam serviços no município arrecadador.

Agravo regimental improvido (STJ – AgRg no REsp 1.140.354/SP (2009/0174282-1), Data da publicação: 11.06.2010).

> **Exemplo 46 – Retenção de ISS por falta de cadastro no CPOM**
> A Sousa Consultoria Ltda., com sede em Salvador, prestou serviço de consultoria contábil para a Construtora e Incorporadora Morada Feliz Ltda., com sede no Município de São Paulo. O preço dos serviços foi de R$ 60.000 e o ISS é devido para o Município de Salvador. Porém, como a Sousa não possui cadastro no Município de São Paulo, a Morada Feliz terá que reter o ISS e recolher o valor retido para o Município de São Paulo.
> Nesse caso, a Sousa sofrerá uma retenção que não poderá compensar com o valor do ISS devido para o Município de Salvador.

6.11 CONTABILIZAÇÃO DO ISS

O valor do ISS deve ser reconhecido contabilmente, pelas empresas prestadoras de serviço, como uma despesa. Para tanto, a empresa deve debitar uma conta retificadora de receita e creditar uma conta de passivo.

Objetivo de Aprendizagem 10

> **Exemplo 47 – Registro contábil de despesa com ISS**
> O Hospital São Gabriel, com sede em São Paulo, prestou serviços médicos para determinado paciente. O preço dos serviços foi R$ 700 e o valor do ISS foi R$ 14. Diante desses fatos, o Hospital registrou em sua contabilidade:
>
> Debite: (–) ISS sobre vendas – Retificadora de receita
> Credite: ISS a recolher – Passivo circulante   R$ 14,

O prestador de serviço tem o direito de abater o valor retido sobre o seu faturamento do valor do ISS que deverá recolher. Dessa forma, o prestador de serviços deve contabilizar o valor do ISS retido em uma conta do ativo circulante.

148 CONTABILIDADE TRIBUTÁRIA

Exemplo 48 – Contabilização do ISS retido

A Pereira de Sousa Gestão Patrimonial Ltda. prestou serviços de fornecimento de mão de obra para a Cia Mendes Ltda. O preço dos serviços foi de R$ 30.000 e o valor do ISS retido pela Cia Mendes Ltda. foi:

A – Preço dos serviços (base de cálculo)	R$ 30.000,
B – Alíquota do ISS	5%
C – *Valor do ISS retido (A × B)*	*R$ 1.500,*
D – Valor líquido pago pelo tomador dos serviços (A – C)	R$ 28.500,

I – Contabilização pela ótica do prestador dos serviços

I.a – Pelo reconhecimento da receita de vendas e do ISS a recuperar

Debite: Contas a Receber de Clientes – Ativo circulante	R$ 28.500,	
Debite: ISS a recuperar – Ativo circulante	R$ 1.500,	
Credite: Vendas de serviços – no país – Receitas		R$ 30.000,

I.b – Pelo reconhecimento do ISS a recolher

Debite: (–) ISS sobre vendas	
Credite: ISS a recolher – Passivo circulante	R$ 1.500,

I.c – Pela compensação entre ISS retido na fonte e ISS a recolher

Debite: ISS a recolher – Passivo circulante	
Credite: ISS retido na fonte	R$ 1.500,

II – Contabilização pela ótica do tomador dos serviços

II.a – Pelo reconhecimento dos serviços tomados e do ISS retido a recolher

Debite: Despesas com mão de obra terceirizada – Despesas	R$ 30.000,	
Credite: Fornecedores de serviços – Passivo circulante		R$ 28.500,
Credite: ISS retido a recolher – Passivo circulante		R$ 1.500,

II.b – Pelo recolhimento do ISS

Debite: ISS retido a recolher – Passivo circulante	
Credite: Caixa ou Bancos – Ativo circulante	R$ 1.500,

TESTES

Os testes a seguir constam das provas de concursos públicos indicadas no enunciado. Cada questão também apresenta o número original da questão na respectiva prova do concurso.

1. 53. O Imposto Sobre Serviços de Qualquer Natureza (ISSQN), de competência dos Municípios e do Distrito Federal, tem como fato gerador a prestação de serviços, ainda que estes não se constituam como atividade preponderante do prestador.

De acordo com a Lei Complementar nº 116/03 e com o Código Tributário do Município de Cuiabá, assinale a opção que contém uma hipótese de incidência do ISSQN (Auditor Fiscal Tributário da Receita Municipal – Tipo 1, Cuiabá – MT, FGV, 2016)

(A) Serviço proveniente ou cuja prestação se tenha iniciado no exterior do País.

(B) Exportação de serviços para o exterior do País.

(C) Prestação de serviços em relação de emprego dos trabalhadores avulsos e dos diretores de sociedades e fundações.

(D) Juros e acréscimos moratórios relativos a operações de crédito realizadas por instituições financeiras.

(E) Prestação de serviços de comunicação.

2. 62. A pessoa jurídica X contrata a pessoa jurídica Y, com estabelecimento no Município A, vizinho a Cuiabá, para a prestação de serviço de acompanhamento e fiscalização da execução de obras de engenharia, arquitetura e urbanismo em imóvel de sua propriedade, localizado no Município de Cuiabá.

A esse respeito, sobre a incidência do Imposto Sobre Serviços de Qualquer Natureza – ISSQN, assinale a afirmativa correta. (Auditor Fiscal Tributário da Receita Municipal – Tipo 1, Cuiabá – MT, FGV, 2016)

(A) A pessoa jurídica Y é o contribuinte do imposto, ficando a pessoa jurídica X responsável tributária pelo pagamento do imposto que será devido ao Município de Cuiabá.

(B) A pessoa jurídica Y é o contribuinte do imposto, ficando a pessoa jurídica X responsável tributária pelo pagamento do imposto que será devido ao Município A.

(C) A pessoa jurídica Y é o contribuinte do imposto que será devido ao Município A. Não há, na hipótese, a figura do responsável tributário.

(D) A pessoa jurídica X é o contribuinte do imposto, ficando a pessoa jurídica Y responsável tributária pelo pagamento do imposto que será devido ao Município de Cuiabá.

(E) A pessoa jurídica X é o contribuinte do imposto, ficando a pessoa jurídica Y responsável tributária pelo pagamento do imposto que será devido ao Município A.

150 CONTABILIDADE TRIBUTÁRIA

3. 67. João, José e Antônio são médicos cardiologistas, únicos sócios de clínica médica X, sociedade civil estabelecida no Município de Cuiabá que tem, como objeto social, a prestação de serviços médicos, com responsabilidade pessoal dos sócios.

Visando à economia fiscal, a sociedade optou por um regime especial de tributação do Imposto Sobre Serviços de Qualquer Natureza – ISSQN para sociedades uniprofissionais.

Sobre esse regime especial, assinale a afirmativa correta. (Auditor Fiscal Tributário da Receita Municipal – Tipo 1, Cuiabá – MT, FGV, 2016)

(A) O ISSQN será calculado por estimativa, com base em informações do sujeito passivo e em outros elementos informativos, como o número de empregos gerados.

(B) É garantido à sociedade o direito de manter o regime especial de tributação, caso ela admita novos sócios que estejam relacionados à atividade-fim da clínica médica, como fisioterapeutas e enfermeiras.

(C) A base de cálculo do ISSQN será o preço da consulta médica, sobre o qual se aplicará a alíquota de 2% (dois por cento).

(D) O ISSQN devido será exigido mensalmente, por meio de valores fixos, calculados de acordo com o número de profissionais habilitados.

(E) A base de cálculo do ISSQN, calculada sobre receita bruta correspondente ao preço do serviço, terá redução de 40% (quarenta por cento).

4. 11. O filho de "A" permaneceu internado em hospital particular, localizado no município de São Paulo, pelo período de uma semana. Por ocasião do fechamento da conta hospitalar, depois de o paciente ter recebido alta, foram lhe entregues duas Notas Fiscais (NF), sendo uma relativa à prestação dos serviços hospitalares, com incidência do ISS, e a outra referente ao fornecimento dos medicamentos utilizados na prestação de serviços hospitalares, com incidência do ICMS.

Quanto à emissão desses documentos fiscais, é correto afirmar que, relativamente à prestação de serviços hospitalares, está (Auditor Fiscal Tributário Municipal, São Paulo, SP, FCC, 2007).

(A) correta a emissão de NF com incidência do ISS, mas está incorreta a emissão de NF, com incidência do ICMS, relativamente aos medicamentos fornecidos, pois esse fornecimento, em razão da prestação de serviços hospitalares, também está sujeito à incidência do ISS.

(B) correta a emissão de NF com incidência do ISS, bem como está correta a emissão de NF, com incidência do ICMS, relativamente aos medicamentos fornecidos, pois esse fornecimento, ainda que promovido em razão da prestação de serviços hospitalares, é sujeito à incidência do ICMS.

(C) incorreta a emissão de NF com incidência do ISS, pois quando existe fornecimento de mercadorias juntamente com prestação de serviço, previsto na lista de serviços anexa à Lei Complementar federal 116/03, de 31 de julho de 2003 (art. 126 do Anexo Único a que se refere o art. 1º do Decreto nº 47.006, de 16 de fevereiro de 2006 – "Consolidação da Legislação do Município de São Paulo"), tanto a mercadoria como o serviço se sujeitam ao ICMS. Está correta a emissão de NF, com incidência do ICMS, relativamente aos medicamentos fornecidos, pois esse fornecimento é sempre sujeito à incidência do ICMS.

(D) incorreta a emissão de NF com incidência do ISS, pois esse serviço não consta da lista de serviços anexa à Lei Complementar federal 116/03, de 31 de julho de 2003 (art. 126 do Anexo Único a que se refere o art. 1º do Decreto nº 47.006, de 16 de fevereiro de 2006 – "Consolidação da Legislação do Município de São Paulo"), razão pela qual resulta correta a emissão de NF, com incidência do ICMS, relativamente aos medicamentos fornecidos, uma vez que, à míngua de menção expressa de um determinado serviço na referida lista, esse fornecimento fica sujeito à incidência do ICMS.

(E) incorreta a emissão da NF, bem como em relação aos medicamentos fornecidos, pois a prestação de serviços hospitalares, incluídos os medicamentos utilizados nesta prestação, é imune à tributação municipal e estadual.

5. **12. Sujeita-se à incidência do ISS a (Auditor Fiscal Tributário Municipal, São Paulo, SP, FCC, 2007)**

(A) prestação de serviço de hospedagem, em hotéis, e a alimentação fornecida em razão dessa hospedagem, ainda quando não incluída no preço da diária.

(B) execução, por administração, de obras de construção civil e o fornecimento de mercadorias produzidas pelo prestador de serviços fora do local de prestação dos serviços.

(C) prestação de serviço de bufê (*buffet*) e o fornecimento da alimentação e das bebidas necessárias à prestação desse serviço, quando esse fornecimento for cobrado concomitantemente com a prestação de serviço.

(D) prestação de qualquer tipo de serviço de alfaiataria e costura para empresa que vai comercializar as peças de vestuário objeto da prestação de serviços.

(E) prestação de serviço de funeral e o respectivo fornecimento de caixões, urnas ou esquifes.

GABARITO

Teste	1	2	3	4	5
Resposta	A	A	D	A	E

CAPÍTULO 7

PIS e COFINS: regime cumulativo

Assista ao vídeo "5 dicas sobre PIS e COFINS".

uqr.to/chdb

Este capítulo aborda a apuração da contribuição para o Programa de Integração Social/Programa de Integração do Servidor Público (PIS/PASEP) e da Contribuição para o Financiamento da Seguridade Social (COFINS) no regime cumulativo. O capítulo se inicia com a vinculação da sistemática de apuração das contribuições para PIS/PASEP e COFINS com a sistemática de apuração do IRPJ; prossegue com informações sobre alíquota do PIS/PASEP e COFINS, período de apuração, data de vencimento, compensação de retenção na fonte e base de cálculo desses tributos; e conclui apresentando a possibilidade de se apurar as contribuições para PIS/PASEP e COFINS tanto pelo regime de competência quanto pelo regime de caixa.

Objetivos de aprendizagem

Após estudar este capítulo, você deverá ser capaz de:

1. compreender o vínculo do regime de apuração das contribuições para PIS/PASEP e COFINS com a sistemática de apuração do IRPJ;
2. apontar as alíquotas de PIS/PASEP e COFINS;
3. identificar o período de apuração de PIS/PASEP e COFINS;
4. apontar a data de vencimento de PIS/PASEP e COFINS;
5. apurar a base de cálculo de PIS/PASEP e COFINS;

6. compensar valores de PIS/PASEP e COFINS retidos na fonte dos montantes de PIS/PASEP e COFINS a recolher;
7. utilizar o regime de competência ou o regime de caixa para apuração de PIS/PASEP e COFINS;
8. apurar o montante de PIS/PASEP e COFINS a ser recolhido por determinada empresa.

7.1 RELAÇÃO DE PIS E COFINS COM IRPJ

A pessoa jurídica que optar por recolher o IRPJ pelo lucro presumido necessariamente recolherá a contribuição para PIS/PASEP e COFINS pelo regime cumulativo. Nesse regime a pessoa jurídica não tem direito a créditos e o valor recolhido é considerado definitivo.

7.2 ALÍQUOTAS NO REGIME CUMULATIVO

Para as pessoas jurídicas em geral, as alíquotas do PIS e da COFINS, incidentes sobre o faturamento e apurado pelo regime cumulativo, são de 0,65% e 3%, respectivamente.

7.3 PERIODICIDADE DE APURAÇÃO E DATA DE RECOLHIMENTO

O PIS e a COFINS devem ser apurados mensalmente e recolhidos até o dia 25 do mês subsequente ao de apuração. Dessa forma, o montante de PIS e de COFINS referente a janeiro deve ser recolhido até 25 de fevereiro. Caso o dia do vencimento não seja útil, a contribuição deve ser recolhida no dia útil imediatamente anterior.

7.4 BASE DE CÁLCULO

No regime cumulativo, a base de cálculo do PIS e da COFINS é a receita bruta, excluídos as vendas canceladas e os descontos incondicionais concedidos.

Exemplo 49 – Apuração mensal de PIS e COFINS no regime cumulativo

Em janeiro/X1, a Comercial Ariane Ltda. registrou os seguintes valores referentes à venda de seus produtos:

Receita bruta de vendas	800.000,
(–) Vendas canceladas	(80.000,)
(–) Devoluções de vendas	(11.000,)
(–) ICMS	(144.000,)
Receita líquida de vendas	**565.000,**

Com base nesses dados, apurou os seguintes valores para PIS e COFINS:

Apuração da base de cálculo

Receita bruta de vendas	800.000,
(–) Vendas canceladas	(80.000,)
(–) Devoluções de vendas	(11.000,)
Base de cálculo de PIS e COFINS	709.000,
PIS (709.000 × 0,65%)	**4.608,50**
COFINS (709.000 × 3%)	**21.270,00**

Os valores mensais de PIS e COFINS devem ser contabilizados da seguinte forma:

(–) PIS – Faturamento – Resultado	PIS a recolher – Passivo circulante
(1) 4.608,50	4.608,50 (1)

COFINS – Faturamento – Resultado	COFINS – Faturamento – Passivo circulante
(2) 21.270,00	21.270,00 (2)

Não se incluem na apuração da base de cálculo:

a) as reversões de provisões e recuperações de créditos baixados como perda, que não representem ingresso de novas receitas;

b) o resultado positivo da avaliação de investimento pelo valor do patrimônio líquido;

c) os lucros e dividendos derivados de participações societárias, que tenham sido computados como receita bruta;

d) as receitas de que trata o inciso IV do *caput* do art. 187 da Lei 6.404/1976, decorrentes da venda de bens do ativo não circulante, classificado como investimento, imobilizado ou intangível; e

e) as receitas financeiras.

Exemplo 50 – Ajustes na base de cálculo de PIS e COFINS no regime cumulativo

Em junho/X1, a Comercial Lucineide Ltda. recuperou um crédito, no valor de R$ 40.000, que havia baixado como perda em março/X0. Naquele mesmo mês recebeu R$ 90.000 de lucros distribuídos pela Comercial Lobão Ltda.; vendeu um veículo que utilizava para transportar suas mercadorias por R$ 37.000 e auferiu R$ 23.000 de rendimentos de aplicações financeiras. Adicionalmente, a Comercial Lucineide registrou os seguintes valores referentes à venda de suas mercadorias:

Receita bruta de vendas	900.000,
(–) Devoluções e cancelamentos de Vendas	(140.000,)
(–) ICMS	(144.000,)
Receita líquida de vendas	**616.000,**

Com base nesses dados, apurou os seguintes valores para PIS e COFINS:

Apuração da base de cálculo

Receita bruta de vendas	900.000,
(–) Devoluções e cancelamentos de vendas	(140.000,)
Base de cálculo de PIS e COFINS	760.000,
PIS (760.000 × 0,65%)	4.940,00
COFINS (760.000 × 3%)	22.800,00

Os valores mensais de PIS e COFINS devem ser contabilizados da seguinte forma:

(–) PIS – Faturamento – Resultado	PIS a recolher – Passivo circulante
(1) 4.940,00	4.940,00 (1)

COFINS – Faturamento – Resultado	COFINS – Faturamento – Passivo circulante
(2) 22.800,00	22.800,00 (2)

7.5 AJUSTE A VALOR PRESENTE (AVP)

Objetivos de Aprendizagem 5 e 8

O ajuste a valor presente (AVP) não interfere na apuração da base de cálculo de PIS e COFINS. Nesse sentido, de acordo com a Lei 12.973/2014, a receita bruta compreende:

I. o produto da venda de bens nas operações de conta própria;
II. o preço da prestação de serviços em geral;
III. o resultado auferido nas operações de conta alheia; e
IV. as receitas da atividade ou objeto principal da pessoa jurídica não compreendidas nos itens I a III acima.

> **Exemplo 51 – Base de cálculo de PIS e COFINS e ajuste a valor presente (AVP)**
>
> Em maio/X1, a Comercial Leonardo Ltda. registrou os seguintes valores referentes à venda de suas mercadorias:
>
> | | |
> |---|---|
> | Receita bruta de vendas | 1.200.000, |
> | (–) Devoluções e cancelamentos de vendas | (200.000,) |
> | (–) ICMS | (180.000,) |
> | (–) Ajuste a valor presente | (100.000,) |
> | **Receita líquida de vendas** | **720.000,** |
>
> Com base nesses dados, apurou os seguintes valores para PIS e COFINS:
>
> **Apuração da base de cálculo**
>
> | | |
> |---|---|
> | Receita bruta de vendas | 1.200.000, |
> | (–) Devoluções e cancelamentos de vendas | (200.000,) |
> | Base de cálculo de PIS e COFINS | 1.000.000, |
> | **PIS** (1.000.000 × 0,65%) | **6.500,00** |
> | **COFINS** (1.000.000 × 3%) | **30.000,00** |
>
> Os valores mensais de PIS e COFINS devem ser contabilizados da seguinte forma:
>
> | (–) PIS – Faturamento – Resultado | PIS a recolher – Passivo circulante |
> |---|---|
> | (1) 6.500,00 | 6.500,00 (1) |
>
> | COFINS – Faturamento – Resultado | COFINS – Faturamento – Passivo circulante |
> |---|---|
> | (2) 30.000,00 | 30.000,00 (2) |

7.6 SOCIEDADE EM CONTA DE PARTICIPAÇÃO (SCP)

Sociedade em conta de participação (SCP) é um tipo societário que reúne um sócio ostensivo e um, ou mais, sócio oculto. O sócio ostensivo é quem aparece e se responsabiliza junto a terceiros pelos atos da SCP. A constituição da SCP não depende de qualquer formalidade e o acordo societário da SCP só tem efeito internamente, entre sócio ostensivo e sócio(s) oculto(s). Apesar disso, a SCP está obrigada a registro no Cadastro Geral das Pessoas Jurídicas (CNPJ), conforme Instrução Normativa RFB 1.634/2016.

Atualmente, a expressão "sócio oculto" tem sido substituída pela expressão "sócio participante". Isso porque o cadastro no CNPJ torna público o nome dos sócios, por consulta no endereço eletrônico mantido pela Receita Federal do Brasil (RFB) na internet.

Apesar de a SCP possuir inscrição no CNPJ, os tributos federais por ela devidos devem ser recolhidos com a utilização do CNPJ do sócio ostensivo.

7.7 PIS SOBRE FOLHA DE PAGAMENTOS

As seguintes entidades sem fins lucrativos, imunes, isentas ou dispensadas, devem recolher o PIS sobre a folha de pagamento de salários:

a) partidos políticos;
b) templos de qualquer culto;
c) instituições de educação e assistência social imunes ao Imposto de Renda;
d) instituições de caráter filantrópico, recreativo, cultural, científico e associações isentas do Imposto de Renda;
e) sindicatos, federações e confederações;
f) serviços sociais autônomos, criados ou autorizados por lei;
g) conselhos de fiscalização de profissões regulamentadas (CRC, CRM, CREA...);
h) fundações de direito privado e fundações públicas instituídas ou mantidas pelo poder público;
i) condomínios de proprietários de imóveis residenciais ou comerciais; e
j) Organização das Cooperativas Brasileiras (OCB) e Organizações Estaduais de Cooperativas (OCES).

7.7.1 Alíquota PIS folha de pagamentos

A alíquota do PIS sobre a folha de pagamentos é de 1%.

7.7.2 Base de cálculo PIS folha de pagamentos

A base de cálculo é o total dos rendimentos do trabalho assalariado de qualquer natureza, tais como salários, comissões, gratificações, prêmios, ajudas de custos, biênio, quinquênio, férias, décimo terceiro salários, entre outras verbas inerentes à folha mensal de pagamentos aos empregados das Entidades que contribuem para o PIS com base na folha de pagamentos.

7.8 COMPENSAÇÃO DE VALORES RETIDOS

Na apuração dos valores de PIS e COFINS a serem recolhidos devem-se abater as retenções na fonte sobre as receitas da pessoa jurídica.

Exemplo 52 – Compensação de valores retidos de PIS e COFINS retidos na fonte

Em maio/X1, a Lucas Serviços Ltda. registrou os seguintes valores:

Receita bruta de vendas de serviços	1.500.000,
(–) ISS	(75.000,)
Receita líquida de vendas de serviços	**1.425.000,**
PIS (1.500.000 × 0,65%)	9.750,
COFINS (1.500.000 × 3%)	45.000,

Pelo valor de PIS e COFINS a recolher, Lucas contabilizou:

(–) PIS – Faturamento – Resultado	PIS a recolher – Passivo circulante
(1) 9.750,00	9.750,00 (1)

COFINS – Faturamento – Resultado	COFINS a recolher – Passivo circulante
(2) 45.000,00	45.000,00 (2)

Nesse mesmo mês, maio/X1, Lucas recebeu R$ 800.000 referentes a serviços prestados, e sofreu as seguintes retenções:

PIS retido	5.200,
COFINS retido	24.000,

Pelo valor de PIS e COFINS retido, Lucas contabilizou:

PIS a recuperar	Contas a receber de clientes – Ativo circulante
(3) 5.200,00	5.200,00 (3)
	24.000,00 (4)

COFINS a recuperar
(4) 24.000,00

Os valores mensais de PIS e COFINS a ser recolhidos:

PIS a recuperar		PIS a recolher – Passivo circulante	
(3) 5.200,00	5.200,00 (5)	(5) 5.200,00	9.750,00 (1)
			4.550,00

COFINS a recuperar		COFINS a recolher – Passivo circulante	
(2) 24.000,00	24.000,00 (6)	(6) 24.000,00	45.000,00 (2)
			21.000,00

Portanto, a Lucas Serviços Ltda. deverá recolher R$ 4.550,00 de PIS e R$ 21.000,00 de COFINS em junho de X1, referente a maio de X1.

7.9 DETERMINAÇÃO PELO REGIME DE CAIXA OU PELO REGIME DE COMPETÊNCIA

Objetivos de Aprendizagem 7 e 8

A pessoa jurídica deve determinar a base de cálculo das contribuições para PIS/PASEP e COFINS segundo o regime de caixa ou regime de competência, obedecendo ao mesmo regime adotado para a determinação da base de cálculo do IRPJ. Dessa forma, se a pessoa jurídica optar por apurar o IRPJ pelo lucro presumido e sob o regime de caixa, deverá adotar o mesmo regime para apurar o PIS/PASEP e a COFINS.

Exemplo 53 – Apuração de PIS/PASEP e COFINS cumulativo pelos regimes de competência e de caixa

A Comercial Andreia Ltda. registrou os seguintes valores, referentes à venda de mercadorias, no mês de janeiro de X0:

	Janeiro
Receita (regime de competência)	800.000,
Recebimento das vendas	480.000,

Com base nesses dados, apurou os seguintes valores para a PIS/PASEP e COFINS cumulativo pelo regime de competência e pelo regime de caixa:

Regime de competência

Base de cálculo PIS/PASEP	800.000
Valor PIS/PASEP (800.000 × 0,65%)	5.200
Base de cálculo COFINS	800.000
Valor COFINS (800.000 × 3%)	24.000

Regime de caixa

Base de cálculo PIS/PASEP	480.000
Valor PIS/PASEP (480.000 × 0,65%)	3.120
Base de cálculo COFINS	480.000
Valor COFINS (480.000 × 3%)	14.400

7.10 CÓDIGOS DO DARF PARA PIS E COFINS NO REGIME CUMULATIVO

O código do DARF para recolhimento do PIS/PASEP no regime cumulativo é:

- ✓ 8109 – PIS – FATURAMENTO – REGIME CUMULATIVO
- ✓ 2172 – COFINS – FATURAMENTO – REGIME CUMULATIVO

PIS e COFINS: regime cumulativo   161

TESTES

Os testes a seguir constam das provas de concursos públicos indicadas no enunciado. Cada questão também apresenta o número original da questão na respectiva prova do concurso.

1. 88 – De acordo com a legislação pertinente, a alíquota da COFINS incidente sobre as receitas de obras empreitadas será de 3,0% sobre a receita operacional bruta. (Analista Judiciário – Contabilidade, CNJ, CESPE, 2013)

C) Certo
E) Errado

2. 111 – As receitas referentes a vendas canceladas da pessoa jurídica não integram a base de cálculo da contribuição para o PIS/PASEP. (Analista Judiciário – Contabilidade, TRT 10ª, CESPE, 2013)

C) Certo
E) Errado

3. 112 – A COFINS não incidirá sobre as receitas decorrentes das operações de exportação realizadas por uma pessoa jurídica cuja atuação se restrinja à industrialização e venda de produtos alimentícios orgânicos para países europeus. (Analista Judiciário – Contabilidade, TRT 10ª, CESPE, 2013)

C) Certo
E) Errado

4. 89 – Uma operação de compra de mercadoria, em determinada empresa comercial, por R$ 6.000,00, sendo 25% à vista, com tributação de ICMS de 18%, gera despesa de PIS no valor de R$ 39,00. (Analista Legislativo – Ciências Contábeis, Assembleia Legislativa/CE, CESPE, 2011)

C) Certo
E) Errado

5. 90 – Nas entidades sem fins lucrativos, não há incidência de PIS sobre a folha de salários. (Analista de Correios – Contador, Correios, CESPE, 2011)

C) Certo
E) Errado

162 CONTABILIDADE TRIBUTÁRIA

GABARITO

Teste	1	2	3	4	5
Resposta	C	C	C	E	E

CAPÍTULO **8**

PIS e COFINS: regime não cumulativo

Este capítulo aborda a apuração das contribuições para o PIS/PASEP e para o Financiamento da Seguridade Social (COFINS) sob o regime não cumulativo. O capítulo se inicia com a vinculação da sistemática de apuração das contribuições para PIS/PASEP e COFINS com a sistemática de apuração do IRPJ; prossegue com informações sobre alíquota do PIS/PASEP e COFINS, crédito presumido, período de apuração, data de vencimento, compensação de retenção na fonte e base de cálculo desses tributos; e conclui apresentando método de registro e controle contábil em contas de PIS/PASEP e COFINS a recuperar e a recolher.

Objetivos de aprendizagem

Após estudar este capítulo, você deverá ser capaz de:

1. compreender o vínculo do regime de apuração das contribuições para PIS/PASEP e COFINS com a sistemática de apuração do IRPJ;

2. compreender a não cumulatividade do PIS;

3. apurar a base de cálculo do PIS não cumulativo;

4. apontar a alíquota geral do PIS não cumulativo;

5. identificar os créditos que podem ser descontados na apuração do PIS;

6. compreender a incidência do PIS não cumulativo sobre rendimentos de aplicação financeira;

7. apontar a periodicidade de apuração e data de recolhimento do PIS;

8. identificar o código de recolhimento do PIS;
9. compreender a não cumulatividade da COFINS;
10. apurar a base de cálculo da COFINS;
11. apontar a alíquota geral da COFINS;
12. identificar os créditos que podem ser descontados na apuração da COFINS;
13. compreender a incidência da COFINS não cumulativa sobre rendimentos de aplicação financeira;
14. apontar a periodicidade de apuração e data de recolhimento da COFINS;
15. identificar o código de recolhimento da COFINS;
16. compreender o reconhecimento contábil de PIS/PASEP e COFINS no regime não cumulativo.

8.1 CONEXÃO COM O IRPJ

A pessoa jurídica que optar por recolher o IRPJ pelo lucro real recolherá as contribuições para PIS e COFINS pelo regime não cumulativo.

8.2 PIS

8.2.1 Não cumulatividade do PIS

A não cumulatividade do PIS foi instituída pela Medida Provisória 66, de 29 de agosto de 2002, posteriormente convertida na Lei 10.637, de 30 de dezembro de 2002.

A não cumulatividade é operacionalizada abatendo-se do valor da despesa com PIS os créditos calculados, conforme autorizado pelo art. 3º da Lei 10.637/2002. O processo consiste em:

i. apurar base de cálculo da contribuição para o PIS/PASEP (ver item 8.2.2);
ii. aplicar a alíquota de 1,65% sobre a base de cálculo apurada em "i", chegando ao valor da despesa de PIS/PASEP;
iii. apurar o montante do período para itens em relação a lei que permite o crédito de PIS/PASEP (ver item 8.2.4);
iv. aplicar a alíquota de 1,65% sobre o montante apurado em "iii", chegando ao valor do crédito a ser abatido da despesa de PIS/PASEP;
v. o valor a recolher é a diferença entre o montante apurado em "ii" e o apurado em "iv".

Exemplo 54 – Não cumulatividade do PIS

A Comercial Ribeiro Ltda. registrou os valores a seguir, referentes a gastos e vendas de mercadorias, no mês de agosto de X8:

Salários e encargos	2.800.000,
Aluguel de lojas junto a locador pessoa jurídica	1.000.000,
Compra de mercadorias	10.000.000,
Receita bruta de vendas para o mercado interno	41.900.000,
ICMS sobre as vendas para o mercado interno – 18%	7.200.000,
Devoluções de vendas para o mercado interno	1.900.000,
Vendas para o exterior	50.000.000,

Como passo "i", a Ribeiro apurou a base de cálculo da despesa de PIS/PASEP:

A – Receita bruta de vendas para o mercado interno	41.900.000,
B – (–) Devoluções de vendas para o mercado interno	–1.900.000,
C – Base de cálculo da despesa de PIS (A – B)	40.000.000,

Como passo "ii", a Ribeiro calculou o valor da despesa de PIS/PASEP:

D – Alíquota PIS	1,65%
E – Despesa de PIS/PASEP (C × D)	660.000,

Como passo "iii", a Ribeiro apurou o valor total dos itens que permitem crédito de PIS/PASEP:

Aluguel de lojas junto a locador pessoa jurídica	1.000.000,
Compra de mercadorias	10.000.000,
F – Soma	11.000.000,

Como passo "iv", a Ribeiro calculou o montante de crédito a ser abatida da despesa de PIS/PASEP:

G – Crédito a ser abatida da despesa de PIS/PASEP (D × F)	181.500,

Como passo "v", a Ribeiro apurou o valor de PIS/PASEP a recolher:

H – PIS/PASEP a recolher (E – G)	478.500,

8.2.2 Base de cálculo do PIS

Conforme o art. 1º da Lei 10.637/2002, a contribuição para o PIS/PASEP, com a incidência não cumulativa, incide sobre o total das receitas auferidas no mês pela pessoa jurídica, independentemente de sua denominação ou classificação contábil, sem que seja deduzido o ajuste a valor presente (AVP).

Objetivo de Aprendizagem 3

166 CONTABILIDADE TRIBUTÁRIA

Exemplo 55 – Base de cálculo do PIS

A Indústria Lopes Ltda. registrou os seguintes valores, referentes à venda de mercadorias, no mês de janeiro de XO:

	Valor
Faturamento bruto	33.000.000,
(–) IPI	–3.000.000,
Receita bruta de vendas	30.000.000,
(–) ICMS sobre vendas (18%)	–5.400.000,
(–) Ajuste a valor presente	–1.100.000,
Receita bruta ajustada	**23.500.000,**

Nesse caso, a base de cálculo do PIS é R$ 30.000.000, que equivale à receita bruta de vendas, já deduzido o IPI.

As receitas devem ser consideradas pelo regime de competência, não sendo possível a adoção do regime de caixa na modalidade não cumulativa.

Não integram a base de cálculo do PIS não cumulativo as receitas:

a) referentes a vendas canceladas e aos descontos incondicionais concedidos;

b) referentes a reversões de provisões e recuperações de créditos baixados como perda, que não representem ingresso de novas receitas;

c) referentes ao resultado positivo da avaliação de investimentos pelo valor do patrimônio líquido, equivalência patrimonial;

d) decorrentes de lucros e dividendos derivados de participações societárias, mesmo que em Sociedade em Conta de Participação (SCP);

e) decorrentes da venda de bens do ativo não circulante, classificado como investimento, imobilizado ou intangível;

f) provenientes de ganhos de avaliação de ativo e passivo com base no valor justo;

g) financeiras periódicas do ajuste a valor presente (AVP) de valores anteriormente reconhecidos como receita;

h) Imposto Sobre Produto Industrializado (IPI) destacado na nota fiscal de venda;

i) Imposto sobre Operações relativas à Circulação de Mercadorias e sobre Prestações de Serviços de Transporte Interestadual e Intermunicipal e de Comunicação (ICMS), substituição tributária (ST), retido do adquirente e destacado em nota fiscal;

j) subvenções para investimento, inclusive mediante isenção ou redução de impostos, concedidas como estímulo à implantação ou expansão de empreendimentos econômicos e de doações feitas pelo poder público;

k) construção, recuperação, reforma, ampliação ou melhoramento da infraestrutura, cuja contrapartida seja ativo intangível representativo de direito de exploração, no caso de contratos de concessão de serviços públicos;
l) prêmio na emissão de debêntures;
m) decorrentes de saídas isentas da contribuição ou sujeitas à alíquota zero; e
n) auferidas pela pessoa jurídica revendedora, na revenda de mercadorias em relação às quais a contribuição seja exigida da empresa vendedora, na condição de substituta tributária.

8.2.3 Alíquota do PIS

A alíquota geral é 1,65%, porém o art. 2º da Lei 10.637/2002 estabelece diversas exceções a essa alíquota.

Objetivo de Aprendizagem 4

8.2.4 Créditos que podem ser descontados

De acordo com o art. 3º da Lei 10.637/2002, do valor apurado após a aplicação da alíquota do PIS não cumulativo sobre sua base de cálculo, a pessoa jurídica poderá descontar créditos calculados mediante a aplicação da alíquota do PIS sobre o valor de:

Objetivo de Aprendizagem 5

i. bens adquiridos para revenda, exceto em relação às mercadorias e aos produtos referidos no inciso III do § 3º do art. 1º e nos §§ 1º e 1º-A do art. 2º da Lei 10.637/2002;

ii. bens e serviços utilizados como insumo na prestação de serviços e na produção ou fabricação de bens ou produtos destinados à venda, inclusive combustíveis e lubrificantes, exceto em relação ao pagamento de que trata o art. 2º da Lei 10.485/2002, devido, pelo fabricante ou importador, ao concessionário, pela intermediação ou entrega dos veículos classificados nas posições 87.03 e 87.04 da TIPI;

iii. aluguéis de prédios, máquinas e equipamentos, pagos a pessoa jurídica, utilizados nas atividades da empresa;

iv. contraprestações de operações de arrendamento mercantil de pessoa jurídica, exceto de optante pelo Sistema Integrado de Pagamento de Impostos e Contribuições das Microempresas e das Empresas de Pequeno Porte (Simples);

v. máquinas, equipamentos e outros bens incorporados ao ativo imobilizado, adquiridos ou fabricados para locação a terceiros ou para utilização na produção de bens destinados à venda ou na prestação de serviços;

168 CONTABILIDADE TRIBUTÁRIA

vi. edificações e benfeitorias em imóveis de terceiros, quando o custo, inclusive de mão de obra, tiver sido suportado pela locatária;

vii. bens recebidos em devolução, cuja receita de venda tenha integrado faturamento do mês ou de mês anterior, e tributada conforme o disposto na Lei 10.637/2002;

viii. energia elétrica e energia térmica, inclusive sob a forma de vapor, consumidas nos estabelecimentos da pessoa jurídica;

ix. vale-transporte, vale-refeição ou vale-alimentação, fardamento ou uniforme fornecidos aos empregados por pessoa jurídica que explore as atividades de prestação de serviços de limpeza, conservação e manutenção;

x. bens incorporados ao ativo intangível, adquiridos para utilização na produção de bens destinados a venda ou na prestação de serviços;

xi. encargos de depreciação e amortização de máquinas, equipamentos e outros bens incorporados ao ativo imobilizado, adquiridos ou fabricados para locação a terceiros ou para utilização na produção de bens destinados à venda ou na prestação de serviços; de edificações e benfeitorias em imóveis de terceiros, quando o custo, inclusive de mão de obra, tiver sido suportado pela locatária; e de bens incorporados ao ativo intangível, adquiridos para utilização na produção de bens destinados a venda ou na prestação de serviços.

O crédito não utilizado em determinado mês poderá ser aproveitado nos meses subsequentes.

Não dão direito a crédito os valores de mão de obra pagos a pessoa física; e de aquisição de bens ou serviços não sujeitos ao pagamento da contribuição, inclusive no caso de isenção, este último quando revendidos ou utilizados como insumo em produtos ou serviços sujeitos à alíquota 0 (zero), isentos ou não alcançados pela contribuição.

O direito ao crédito aplica-se, exclusivamente, em relação aos bens e serviços adquiridos de pessoa jurídica domiciliada no País; aos custos e despesas incorridos, pagos ou creditados a pessoa jurídica domiciliada no País; e aos bens e serviços adquiridos e aos custos e despesas incorridos a partir do mês em que se iniciou a aplicação da Lei 10.637/2002.

De acordo com o § 7º do art. 3º da Lei 10.637/2002, na hipótese de a pessoa jurídica sujeitar-se à incidência não cumulativa da contribuição para o PIS/PASEP, em relação apenas a parte de suas receitas, o crédito será apurado, exclusivamente, em relação aos custos, despesas e encargos vinculados a essas receitas.

Adicionalmente, o § 8º determina que, observadas as normas a serem editadas pela Secretaria da Receita Federal, no caso de custos, despesas e encargos vinculados às receitas referidas no § 7º e àquelas submetidas ao regime de incidência cumulativa dessa contribuição, o crédito será determinado, a critério da pessoa jurídica, pelo método de:

a) apropriação direta, inclusive em relação aos custos, por meio de sistema de contabilidade de custos integrada e coordenada com a escrituração; ou

b) rateio proporcional, aplicando-se aos custos, despesas e encargos comuns a relação percentual existente entre a receita bruta sujeita à incidência não cumulativa e a receita bruta total, auferidas em cada mês.

A pessoa jurídica deve aplicar consistentemente por todo o ano-calendário o método que escolher.

Ressalvado o disposto no § 2º do art. 3º e nos §§ 1º, 2º e 3º do art. 2º da Lei 10.637/2002, na aquisição de mercadoria produzida por pessoa jurídica estabelecida na Zona Franca de Manaus, consoante projeto aprovado pelo Conselho de Administração da Superintendência da Zona Franca de Manaus (SUFRAMA), o crédito será determinado mediante a aplicação da alíquota de 1% (um por cento) e, na situação de que trata a alínea *b* do inciso II do § 4º do art. 2º da Lei 10.637/2002, mediante a aplicação da alíquota de 1,65%.

Ressalvado o disposto no § 2º do art. 3º e nos §§ 1º, 2º e 3º do art. 2º da Lei 10.637/2002, na hipótese de aquisição de mercadoria revendida por pessoa jurídica comercial estabelecida nas Áreas de Livre Comércio de que tratam as Leis 7.965/1989, 8.210/1991, 8.256/1991, 8.857/1994 e o art. 11 da Lei 8.387/1991, o crédito será determinado mediante a aplicação da alíquota de 0,65%.

Na execução de contratos de concessão de serviços públicos, os créditos gerados pelos serviços de construção, recuperação, reforma, ampliação ou melhoramento de infraestrutura, quando a receita correspondente tiver contrapartida em ativo intangível, representativo de direito de exploração, ou em ativo financeiro, somente poderão ser aproveitados, no caso do ativo intangível, à medida que este for amortizado e, no caso do ativo financeiro, na proporção de seu recebimento, excetuado, para ambos os casos, o crédito previsto no inciso VI do *caput* do art. 3º da Lei 10.637/2002.

8.2.5 PIS sobre rendimento de aplicação financeira

A alíquota do PIS incidente sobre rendimento de aplicação financeira foi reduzida a **zero** a partir de **2 de agosto de 2004**, pelo Decreto 5.164/2004, no regime de incidência não cumulativa. Todavia, isso não se aplica às receitas financeiras decorrentes de Juros Sobre Capital Próprio (JSCP). As receitas financeiras decorrentes de operações de *hedge* só passaram a ter o benefício da alíquota zero a partir de 1º de abril de 2005, com a vigência do Decreto 5.442/2005. Todavia, permaneceu a alíquota superior para os rendimentos de JSCP.

Objetivo de Aprendizagem 6

A partir de **1º de julho de 2015**, a alíquota do PIS sobre os rendimentos de aplicações financeiras, inclusive de operações realizadas para fins de *hedge*, das pessoas jurídicas sujeitas ao regime não cumulativo passou a ser 0,65%.

A alíquota incidente sobre JSCP é de 1,65%.

8.2.6 Dedução do valor retido na fonte

De acordo com o art. 36 da Lei 10.833/2003, os valores de PIS retidos na fonte são considerados como antecipação do que for devido pelo contribuinte que sofreu a retenção. Portanto, o contribuinte poderá deduzir o valor que foi retido na fonte sobre suas receitas que integraram a base de cálculo da contribuição devida.

8.2.7 Periodicidade de apuração e data de recolhimento do PIS

A contribuição para o PIS/PASEP deve ser apurada mensalmente e recolhida até o dia 25 do mês subsequente ao de apuração. Caso o dia do vencimento não seja útil, a contribuição deve ser recolhida no dia útil imediatamente anterior.

8.2.8 Código do DARF para recolhimento do PIS/PASEP no regime não cumulativo

O código do DARF para recolhimento do PIS/PASEP no regime não cumulativo é:

✓ 6912 – PIS/PASEP – FATURAMENTO – REGIME NÃO CUMULATIVO

8.3 COFINS

8.3.1 Não cumulatividade da COFINS

A não cumulatividade da COFINS foi instituída pela Lei 10.833, de 29 de dezembro de 2003.

A não cumulatividade é operacionalizada abatendo-se do valor da COFINS os créditos calculados, conforme autorizado pelo art. 3º da Lei 10.933/2003. O procedimento a ser seguindo é similar ao descrito no item para PIS/PASEP (item 8.2.1), ajustando-se a alíquota para a da COFINS, que é 7,60%.

8.3.2 Base de cálculo da COFINS

Conforme o art. 1º da Lei 10.833/2003, a COFINS, com a incidência não cumulativa, incide sobre o total das receitas auferidas no mês pela pessoa jurídica, independentemente de sua denominação ou classificação contábil, sem que seja deduzido o ajuste a valor presente (AVP).

Objetivo de Aprendizagem 10

Exemplo 56 – Base de cálculo da COFINS

A Indústria Lopes Ltda. registrou os seguintes valores, referentes à venda de mercadorias, no mês de janeiro de X0:

	Valor
Faturamento bruto	98.000.000,
(–) IPI	–8.000.000,
Receita bruta de vendas	90.000.000,
(–) ICMS sobre vendas (18%)	–16.200.000,
(–) Ajuste a valor presente	–6.860.000,
Receita bruta ajustada	66.940.000,

Nesse caso, a base de cálculo da COFINS é R$ 90.000.000, que equivale à receita bruta de vendas, já deduzido o IPI.

As receitas devem ser consideradas pelo regime de competência, não sendo possível a adoção do regime de caixa na modalidade não cumulativa.

De acordo com o § 3º do art. 3º da Lei 10.833/2003, não integram a base de cálculo as receitas:

i. isentas ou não alcançadas pela incidência da contribuição ou sujeitas à alíquota 0 (zero);
ii. de que trata o inciso IV do *caput* do art. 187 da Lei 6.404/1976, decorrentes da venda de bens do ativo não circulante, classificado como investimento, imobilizado ou intangível;
iii. auferidas pela pessoa jurídica revendedora, na revenda de mercadorias em relação às quais a contribuição seja exigida da empresa vendedora, na condição de substituta tributária;
iv. referentes a vendas canceladas e aos descontos incondicionais concedidos. Bem como a reversões de provisões e recuperações de créditos baixados como perda que não representem ingresso de novas receitas, o resultado positivo da avaliação de investimentos pelo valor do patrimônio líquido e os lucros e dividendos derivados de participações societárias, que tenham sido computados como receita;

v. decorrentes de transferência onerosa a outros contribuintes do Imposto sobre Operações relativas à Circulação de Mercadorias e sobre Prestações de Serviços de Transporte Interestadual e Intermunicipal e de Comunicação (ICMS) e de créditos de ICMS originados de operações de exportação, conforme o disposto no inciso II do § 1º do art. 25 da Lei Complementar 87/1996;

vi. financeiras decorrentes do ajuste a valor presente de que trata o inciso VIII do *caput* do art. 183 da Lei 6.404/1976, referentes a receitas excluídas da base de cálculo da COFINS;

vii. relativas aos ganhos decorrentes de avaliação do ativo e passivo com base no valor justo;

viii. de subvenções para investimento, inclusive mediante isenção ou redução de impostos, concedidas como estímulo à implantação ou expansão de empreendimentos econômicos e de doações feitas pelo poder público;

ix. reconhecidas pela construção, recuperação, reforma, ampliação ou melhoramento da infraestrutura, cuja contrapartida seja ativo intangível representativo de direito de exploração, no caso de contratos de concessão de serviços públicos;

x. relativas ao valor do imposto que deixar de ser pago em virtude das isenções e reduções de que tratam as alíneas "a", "b", "c" e "e" do § 1º do art. 19 do Decreto-Lei 1.598/1977;

xi. relativas ao prêmio na emissão de debêntures.

8.3.3 Alíquota da COFINS

A alíquota geral é 7,60%. Porém, o art. 2º da Lei 10.833/2003 estabelece diversas exceções a essa alíquota.

8.3.4 Créditos que podem ser descontados

Os créditos que podem ser descontados na apuração da COFINS estão disciplinados no art. 3º da Lei 10.833/2003, a seguir transcrito:

> Art. 3º Do valor apurado na forma do art. 2º a pessoa jurídica poderá descontar créditos calculados em relação a:
>
> I – bens adquiridos para revenda, exceto em relação às mercadorias e aos produtos referidos: (Redação dada pela Lei nº 10.865, de 2004)

a) no inciso III do § 3º do art. 1º desta Lei; e (Redação dada pela Lei nº 11.727, de 2008)

b) nos §§ 1º e 1º-A do art. 2º desta Lei; (Redação dada pela Lei nº 11.787, de 2008)

II – bens e serviços, utilizados como insumo na prestação de serviços e na produção ou fabricação de bens ou produtos destinados à venda, inclusive combustíveis e lubrificantes, exceto em relação ao pagamento de que trata o art. 2º da Lei nº 10.485, de 3 de julho de 2002, devido pelo fabricante ou importador, ao concessionário, pela intermediação ou entrega dos veículos classificados nas posições 87.03 e 87.04 da Tipi; (Redação dada pela Lei nº 10.865, de 2004)

III – energia elétrica e energia térmica, inclusive sob a forma de vapor, consumidas nos estabelecimentos da pessoa jurídica; (Redação dada pela Lei nº 11.488, de 2007)

IV – aluguéis de prédios, máquinas e equipamentos, pagos a pessoa jurídica, utilizados nas atividades da empresa;

V – valor das contraprestações de operações de arrendamento mercantil de pessoa jurídica, exceto de optante pelo Sistema Integrado de Pagamento de Impostos e Contribuições das Microempresas e das Empresas de Pequeno Porte – SIMPLES; (Redação dada pela Lei nº 10.865, de 2004)

VI – máquinas, equipamentos e outros bens incorporados ao ativo imobilizado, adquiridos ou fabricados para locação a terceiros, ou para utilização na produção de bens destinados à venda ou na prestação de serviços; (Redação dada pela Lei nº 11.196, de 2005)

VII – edificações e benfeitorias em imóveis próprios ou de terceiros, utilizados nas atividades da empresa;

VIII – bens recebidos em devolução cuja receita de venda tenha integrado faturamento do mês ou de mês anterior, e tributada conforme o disposto nesta Lei;

IX – armazenagem de mercadoria e frete na operação de venda, nos casos dos incisos I e II, quando o ônus for suportado pelo vendedor;X – vale-transporte, vale-refeição ou vale-alimentação, fardamento ou uniforme fornecidos aos empregados por pessoa jurídica que explore as atividades de prestação de serviços de limpeza, conservação e manutenção; (Incluído pela Lei nº 11.898, de 2009)

XI – bens incorporados ao ativo intangível, adquiridos para utilização na produção de bens destinados a venda ou na prestação de serviços. (Incluído pela Lei nº 12.973, de 2014)

§ 1º Observado o disposto no § 15 deste artigo, o crédito será determinado mediante a aplicação da alíquota prevista no *caput* do art. 2º desta Lei sobre o valor: (Redação dada pela Lei nº 11.727, de 2008)

I – dos itens mencionados nos incisos I e II do *caput*, adquiridos no mês;

II – dos itens mencionados nos incisos III a V e IX do *caput*, incorridos no mês;

III – dos encargos de depreciação e amortização dos bens mencionados nos incisos VI, VII e XI do *caput*, incorridos no mês; (Redação dada pela Lei nº 12.973, de 2014)

IV – dos bens mencionados no inciso VIII do *caput*, devolvidos no mês.

§ 2º Não dará direito a crédito o valor: (Redação dada pela Lei nº 10.865, de 2004)

I – de mão de obra paga a pessoa física; e (Incluído pela Lei nº 10.865, de 2004)

II – da aquisição de bens ou serviços não sujeitos ao pagamento da contribuição, inclusive no caso de isenção, esse último quando revendidos ou utilizados como insumo em produtos ou serviços sujeitos à alíquota 0 (zero), isentos ou não alcançados pela contribuição. (Incluído pela Lei nº 10.865, de 2004)

§ 3º O direito ao crédito aplica-se, exclusivamente, em relação:

I – aos bens e serviços adquiridos de pessoa jurídica domiciliada no País;

II – aos custos e despesas incorridos, pagos ou creditados a pessoa jurídica domiciliada no País;

III – aos bens e serviços adquiridos e aos custos e despesas incorridos a partir do mês em que se iniciar a aplicação do disposto nesta Lei.

§ 4º O crédito não aproveitado em determinado mês poderá sê-lo nos meses subsequentes.

§ 5º (Revogado pela Lei nº 10.925, de 2004)

§ 6º (Revogado pela Lei nº 10.925, de 2004)

§ 7º Na hipótese de a pessoa jurídica sujeitar-se à incidência não cumulativa da COFINS, em relação apenas à parte de suas receitas, o crédito será apurado, exclusivamente, em relação aos custos, despesas e encargos vinculados a essas receitas.

§ 8º Observadas as normas a serem editadas pela Secretaria da Receita Federal, no caso de custos, despesas e encargos vinculados às receitas referidas no § 7º e àquelas submetidas ao regime de incidência cumulativa dessa contribuição, o crédito será determinado, a critério da pessoa jurídica, pelo método de:

I – apropriação direta, inclusive em relação aos custos, por meio de sistema de contabilidade de custos integrada e coordenada com a escrituração; ou

II – rateio proporcional, aplicando-se aos custos, despesas e encargos comuns a relação percentual existente entre a receita bruta sujeita à incidência não cumulativa e a receita bruta total, auferidas em cada mês.

§ 9º O método eleito pela pessoa jurídica para determinação do crédito, na forma do § 8º, será aplicado consistentemente por todo o ano-calendário e, igualmente, adotado na apuração do crédito relativo à contribuição para o PIS/PASEP não cumulativa, observadas as normas a serem editadas pela Secretaria da Receita Federal.

§ 10. O valor dos créditos apurados de acordo com este artigo não constitui receita bruta da pessoa jurídica, servindo somente para dedução do valor devido da contribuição.

§ 11. (Revogado pela Lei nº 10.925, de 2004)

§ 12. (Revogado pela Lei nº 10.925, de 2004)

§ 13. Deverá ser estornado o crédito da COFINS relativo a bens adquiridos para revenda ou utilizados como insumos na prestação de serviços e na produção ou fabricação de bens ou produtos destinados à venda, que tenham sido furtados ou roubados, inutilizados ou deteriorados, destruídos em sinistro ou, ainda, empregados em outros produtos que tenham tido a mesma destinação. (Incluído pela Lei nº 10.865, de 2004)

§ 14. Opcionalmente, o contribuinte poderá calcular o crédito de que trata o inciso III do § 1º deste artigo, relativo à aquisição de máquinas e equipamentos destinados ao ativo imobilizado, no prazo de 4 (quatro) anos, mediante a aplicação, a cada mês, das alíquotas referidas no *caput* do art. 2º desta Lei sobre o valor correspondente a 1/48 (um quarenta e oito avos) do valor de aquisição do bem, de acordo com regulamentação da Secretaria da Receita Federal. (Incluído pela Lei nº 10.865, de 2004)

§ 15. O crédito, na hipótese de aquisição, para revenda, de papel imune a impostos de que trata o art. 150, inciso VI, alínea *d* da Constituição Federal, quando destinado à impressão de periódicos, será determinado mediante a aplicação da alíquota prevista no § 2º do art. 2º desta Lei. (Incluído pela Lei nº 10.865, de 2004)

§ 16. Opcionalmente, o sujeito passivo poderá calcular o crédito de que trata o inciso III do § 1º deste artigo, relativo à aquisição de embalagens de vidro retornáveis classificadas no código 7010.90.21 da Tipi, destinadas ao ativo imobilizado, de acordo com regulamentação da Secretaria da Receita Federal do Brasil, no prazo de 12 (doze) meses, à razão de 1/12 (um doze avos). (Redação dada pela Lei nº 13.097, de 2015)

I – (revogado); (Redação dada pela Lei nº 13.097, de 2015)

II – (revogado). (Redação dada pela Lei nº 13.097, de 2015)

§ 17. Ressalvado o disposto no § 2º deste artigo e nos §§ 1º a 3º do art. 2º desta Lei, na aquisição de mercadoria produzida por pessoa jurídica estabelecida na Zona Franca de Manaus, consoante projeto aprovado pelo Conselho de Administração da Superintendência da Zona Franca de Manaus (SUFRAMA), o crédito será determinado mediante a aplicação da alíquota: (Redação dada pela Lei nº 12.507, de 2011)

I – de 5,60% (cinco inteiros e sessenta centésimos por cento), nas operações com os bens referidos no inciso VI do art. 28 da Lei nº 11.196, de 21 de novembro de 2005; (Incluído pela Lei nº 12.507, de 2011)

II – de 7,60% (sete inteiros e sessenta centésimos por cento), na situação de que trata a alínea "b" do inciso II do § 5º do art. 2º desta Lei; e (Incluído pela Lei nº 12.507, de 2011)

III – de 4,60% (quatro inteiros e sessenta centésimos por cento), nos demais casos. (Incluído pela Lei nº 12.507, de 2011)

§ 18. No caso de devolução de vendas efetuadas em períodos anteriores, o crédito calculado mediante a aplicação da alíquota incidente na venda será apropriado no mês do recebimento da devolução. (Redação dada pela Lei nº 11.727, de 2008)

§ 19. A empresa de serviço de transporte rodoviário de carga que subcontratar serviço de transporte de carga prestado por: (Incluído pela Lei nº 11.051, de 2004)

I – pessoa física, transportador autônomo, poderá descontar, da COFINS devida em cada período de apuração, crédito presumido calculado sobre o valor dos pagamentos efetuados por esses serviços; (Incluído pela Lei nº 11.051, de 2004)

II – pessoa jurídica transportadora, optante pelo SIMPLES, poderá descontar, da COFINS devida em cada período de apuração, crédito calculado sobre o valor dos pagamentos efetuados por esses serviços. (Incluído pela Lei nº 11.051, de 2004)

§ 20. Relativamente aos créditos referidos no § 19 deste artigo, seu montante será determinado mediante aplicação, sobre o valor dos mencionados pagamentos, de alíquota correspondente a 75% (setenta e cinco por cento) daquela constante do art. 2º desta Lei. (Incluído pela Lei nº 11.051, de 2004)

§ 21. Não integram o valor das máquinas, equipamentos e outros bens fabricados para incorporação ao ativo imobilizado na forma do inciso VI do *caput* deste artigo os custos de que tratam os incisos do § 2º deste artigo. (Incluído dada pela Lei nº 11.196, de 2005)

§ 22. (Vide Medida Provisória nº 413, de 2008)

§ 23. O disposto no § 17 deste artigo também se aplica na hipótese de aquisição de mercadoria produzida por pessoa jurídica estabelecida nas Áreas de Livre Comércio de que tratam as Leis nᵒˢ 7.965, de 22 de dezembro de 1989, 8.210, de 19 de julho de 1991, e 8.256, de 25 de novembro de 1991, o art. 11 da Lei nº 8.387, de 30 de dezembro de 1991, e a Lei nº 8.857, de 8 de março de 1994. (Incluído pela Lei nº 11.945, de 2009)

§ 24. Ressalvado o disposto no § 2º deste artigo e nos §§ 1º a 3º do art. 2º desta Lei, na hipótese de aquisição de mercadoria revendida por pessoa jurídica comercial estabelecida nas Áreas de Livre Comércio referidas no § 23 deste artigo, o crédito será determinado mediante a aplicação da alíquota de 3% (três por cento). (Incluído pela Lei nº 11.945, de 2009)

§ 25. No cálculo do crédito de que tratam os incisos do *caput*, poderão ser considerados os valores decorrentes do ajuste a valor presente de que trata o inciso III do *caput* do art. 184 da Lei nº 6.404, de 15 de dezembro de 1976. (Incluído pela Lei nº 12.973, de 2014)

§ 26. O disposto nos incisos VI e VII do *caput* não se aplica no caso de bem objeto de arrendamento mercantil, na pessoa jurídica arrendatária. (Incluído pela Lei nº 12.973, de 2014)

§ 27. Para fins do disposto nos incisos VI e VII do *caput*, fica vedado o desconto de quaisquer créditos calculados em relação a: (Incluído pela Lei nº 12.973, de 2014)

I – encargos associados a empréstimos registrados como custo na forma da alínea "b" do § 1º do art. 17 do Decreto-Lei nº 1.598, de 26 de dezembro de 1977; e (Incluído pela Lei nº 12.973, de 2014)

II – custos estimados de desmontagem e remoção do imobilizado e de restauração do local em que estiver situado. (Incluído pela Lei nº 12.973, de 2014)

§ 28. No cálculo dos créditos a que se referem os incisos VI e VII do *caput*, não serão computados os ganhos e perdas decorrentes de avaliação de ativo com base no valor justo. (Incluído pela Lei nº 12.973, de 2014)

§ 29. Na execução de contratos de concessão de serviços públicos, os créditos gerados pelos serviços de construção, recuperação, reforma, ampliação ou melhoramento de infraestrutura, quando a receita correspondente tiver contrapartida em ativo intangível, representativo de direito de exploração, ou em ativo financeiro, somente poderão ser aproveitados, no caso do ativo intangível, à medida que este for amortizado e, no caso do ativo financeiro, na proporção de seu recebimento, excetuado, para ambos os casos, o crédito previsto no inciso VI do *caput*. (Incluído pela Lei nº 12.973, de 2014)

§ 30. O disposto no inciso XI do *caput* não se aplica ao ativo intangível referido no § 29. (Incluído pela Lei nº 12.973, de 2014)

8.3.5 COFINS sobre rendimento de aplicação financeira

A alíquota da COFINS incidente sobre rendimento de aplicação financeira foi reduzida a **zero** a partir de **2 de agosto de 2004**, pelo Decreto 5.164/2004, no regime de incidência não cumulativa. Todavia, isso não se aplica às receitas financeiras decorrentes de Juros Sobre Capital Próprio (JSCP). As receitas financeiras decorrentes de operações de *hedge* só passaram a ter o benefício da alíquota zero a partir de 1º de abril de 2005, com a vigência do Decreto 5.442/2005. Todavia, permaneceu a alíquota superior para os rendimentos de JSCP.

Objetivo de Aprendizagem 13

A partir de **1º de julho de 2015**, a alíquota da COFINS sobre os rendimentos de aplicações financeiras, inclusive de operações realizadas para fins de *hedge*, das pessoas jurídicas sujeitas ao regime não cumulativo passou a ser 4%.

A alíquota incidente sobre JSCP é de 7,60%.

8.3.6 Dedução da COFINS retida na fonte

De acordo com o art. 36 da Lei 10.833/2003, os valores de COFINS retidos na fonte são considerados como antecipação do que for devido pelo contribuinte que sofreu a retenção. Portanto, o contribuinte poderá deduzir a COFINS que foi retida na fonte sobre suas receitas que integraram a base de cálculo da contribuição devida.

8.3.7 Periodicidade de apuração e data de recolhimento da COFINS

A contribuição para a COFINS deve ser apurada mensalmente e recolhida até o dia 25 do mês subsequente ao de apuração. Caso o dia do vencimento não seja útil, a contribuição deve ser recolhida no dia útil imediatamente anterior.

8.3.8 Código do DARF para recolhimento da COFINS no regime não cumulativo

O código do DARF para recolhimento da COFINS no regime não cumulativo é:

✓ 5856 – COFINS – NÃO CUMULATIVA

8.3.9 Contabilização de PIS/PASEP e COFINS não cumulativos

Os valores relativos a créditos permitidos pela lei para serem deduzidos das despesas de PIS/PASEP e de COFINS devem ser reconhecidos como um ativo tributário e deduzidos dos custos/despesas adequados. Dessa forma, o crédito sobre a compra de mercadorias deve ser abatido do custo do estoque; o crédito sobre aluguel de imóveis em que a pessoa jurídica exerce suas atividades produtivas deve ser abatido do custo com aluguel e o crédito sobre o valor da energia elétrica utilizada na produção deve ser abatido de seu respectivo custo, para citar alguns exemplos.

Exemplo 57 – Reconhecimento contábil de PIS/PASEP e COFINS não cumulativos

A Comercial Mendes Ltda. apurou os seguintes valores, referentes suas atividades, no mês de agosto de X8, quando iniciou suas atividades:

Compra de mercadorias a prazo (inclui ICMS com alíquota de 18%)	100.000.000,
Despesa com aluguel de lojas	2.000.000,
Despesa com energia elétrica da loja	500.000,
Receita bruta de vendas para o mercado interno	180.000.000,
ICMS sobre vendas (18%)	32.400.000

Toda a mercadoria adquirida foi revendida no próprio mês e a Comercial Mendes Ltda. procedeu ao reconhecimento contábil a seguir apresentado.

Pela compra de mercadoria:

Debite: Estoque de mercadorias	72.750.000,	
Debite: ICMS a recuperar	18.000.000,	
Debite: PIS/PASEP a recuperar	1.650.000,	
Debite: COFINS a recuperar	7.600.000,	
Credite: Fornecedores		100.000.000,

Pela despesa com aluguel da loja:

Debite: Despesa com aluguel	1.815.000,	
Debite: PIS/PASEP a recuperar	33.000,	
Debite: COFINS a recuperar	152.000,	
Credite: Contas a pagar		2.000.000,

Pela despesa com energia elétrica:

Debite: Despesa com eletricidade	453.750,	
Debite: PIS/PASEP a recuperar	8.250,	
Debite: COFINS a recuperar	38.000,	
Credite: Contas a pagar		500.000,

Pela receita de vendas:

Debite: Contas a receber de clientes	
Credite: Receita bruta de vendas	180.000.000,

Pelos valores dos tributos incidentes sobre vendas:

Debite: Despesa com ICMS	
Credite: ICMS a recolher	32.400.000,

Debite: PIS/PASEP a recolher	
Credite: PIS/PASEP a recuperar	2.970.000,
Debite: Despesa com COFINS	
Credite: COFINS a recolher	13.680.000,

Pela compensação dos créditos de ICMS, PIS/PASEP e COFINS:

Debite: ICMS recolher	
Credite: ICMS a recuperar	18.000.000,
Debite: PIS/PASEP a recolher	
Credite: PIS/PASEP a recuperar	1.691.250,
Debite: COFINS a recolher	
Credite: COFINS a recuperar	7.790.000,

O saldo das contas de resultado ficou como a seguir demonstrado.

Receita bruta de vendas	180.000.000,
(–) ICMS sobre vendas	–32.400.000,
(–) PIS/PASEP sobre vendas	–2.970.000,
(–) COFINS sobre vendas	–13.680.000,
Receita líquida de vendas	130.950.000,
(–) Custo das mercadorias vendidas.	–72.750.000,
Lucro Bruto	58.200.000,
(–) Despesa com aluguel e eletricidade	–2.268.750,
Lucro operacional	55.931.250,

O saldo do passivo tributário ficou conforme segue:

ICMS a recolher	14.400.000,
PIS/PASEP a recolher	1.278.250,
COFINS a recolher	5.890.000,

TESTES

Os testes 1 e 2 constam das provas de concursos públicos indicadas no enunciado. Cada questão também apresenta o número original da questão na respectiva prova do concurso; os demais testes são de elaboração própria, para este livro.

PIS e COFINS: regime não cumulativo 181

1. 45. Os seguintes dados, em R$, foram obtidos da escrituração comercial da Cia. Topázio, referentes ao mês de dezembro de 2011:

Receita bruta da venda de produtos industrializados	460.000,00
Insumos adquiridos para produção dos referidos bens	210.000,00
Aluguel do imóvel da fábrica pago à pessoa física	40.000,00
Energia térmica utilizada na produção	20.000,00
Fretes pagos pela companhia para entrega dos produtos aos clientes	30.000,00

A Cia. Topázio é contribuinte da COFINS no regime não cumulativo. O valor, em R$, da COFINS a ser recolhida ao Tesouro Nacional, relativa aos fatos geradores ocorridos no mês de dezembro, corresponde a (Analista Desenvolvimento Gestão Júnior – Ciências Contábeis, Metrô/SP, 2012)

(A) 16.720,00.

(B) 6.000,00.

(C) 12.160,00.

(D) 19.000,00.

(E) 15.200,00.

2. 87 – Na atividade comercial, o PIS e a COFINS têm como dedução da base de cálculo, entre outros, as mercadorias adquiridas para revenda e a folha de pagamento. (Analista Judiciário – Contabilidade, CNJ, CESPE, 2013)

C) Certo

E) Errado

3. Determinada empresa é optante pelo lucro presumido. Portanto, como regra geral, ela irá recolher PIS e COFINS na modalidade:

(A) cumulativa.

(B) não cumulativa.

(C) pelo regime de caixa.

(D) pelo regime de competência.

(E) sobre folha de pagamento.

182 CONTABILIDADE TRIBUTÁRIA

4. Determinada empresa é optante pelo lucro real. Portanto, como regra geral, ela irá recolher PIS e COFINS na modalidade:

(A) cumulativa.

(B) não cumulativa.

(C) pelo regime de caixa.

(D) pelo regime de competência.

(E) sobre folha de pagamento.

5. As entidades sem fins lucrativos, como regra geral, recolhem o PIS na modalidade:

(A) cumulativa.

(B) não cumulativa.

(C) pelo regime de caixa.

(D) pelo regime de competência.

(E) sobre folha de pagamento.

GABARITO

Teste	1	2	3	4	5
Resposta	E	E	A	B	E

Parte III

TRIBUTOS DIRETOS

Esta parte é dedicada aos tributos diretos, entendidos como aqueles que são recolhidos pela mesma pessoa que suporta o seu ônus. Nesse caso, o contribuinte de fato corresponde ao contribuinte de direito, pois não há compensação ou repasse do tributo ao preço da mercadoria, do produto ou do serviço vendido. Esta parte, que mantém a abordagem prática, apresentando a aplicação da norma tributária e seus reflexos sobre o patrimônio e a renda das pessoas jurídicas, está assim organizada:

- ✓ o Capítulo 9 discute a adoção inicial da Lei 12.973/2014, que regulamenta a convergência às normas internacionais de contabilidade (IFRS);
- ✓ os Capítulos 10 e 11 discutem, respectivamente, a apuração do IRPJ e da CSLL pelo lucro presumido;
- ✓ os Capítulos 12 e 13 apresentam, respectivamente, a apuração do IRPJ e da CSLL pelo lucro real.

CAPÍTULO **9**

Adoção inicial da Lei 12.973/2014

Este capítulo aborda a adoção inicial da Lei 12.973/2014, que regulamenta a convergência aos padrões internacionais de contabilidade (IFRS e CPC). O capítulo se inicia com uma discussão sobre a convergência às normas internacionais de contabilidade, o Regime Tributário de Transição (RTT), a neutralidade tributária e o FCONT. O capítulo prossegue apresentando a mecânica de controles em subcontas, determinadas pela Lei 12.973/2014 e conclui apresentando a necessidade controle na Parte B do e-LALUR e do e-LACS.

Objetivos de aprendizagem

Após estudar este capítulo, você deverá ser capaz de:

1. descrever o processo de convergência aos padrões internacionais de contabilidade, o Regime Tributário de Transição, a neutralidade tributária e o uso do FCONT;

2. discutir o fim do Regime Tributário de Transição e a regulamentação fiscal das IFRS;

3. compreender o uso de subcontas na adoção inicial da Lei 12.973/2014.

9.1 ADOÇÃO DAS IFRS, REGIME TRIBUTÁRIO DE TRANSIÇÃO E NEUTRALIDADE TRIBUTÁRIA

A Lei 11.638/2007 estabeleceu a convergência do Brasil aos padrões internacionais de contabilidade, o que foi interpretado como uma determinação para a adoção das IFRS (*International Financial Reporting Standards*). O processo de convergência iniciou-se a partir do exercício social de 2008. Em 2008 e 2009, a adoção foi facultativa e a partir de 2010 a adoção tornou-se obrigatória para as empresas listadas em bolsa de valores.

No início, a convergência às IFRS trouxe à comunidade empresarial a preocupação de que o novo padrão contábil resultasse em aumento da receita reconhecida ou em diminuição da despesa contabilizada, resultando em aumento do lucro contábil e de sua tributação. Diante dessa preocupação, o governo brasileiro optou por, temporariamente, garantir que qualquer aumento de receita ou de despesa decorrente das novas normas contábeis não teria efeitos fiscais. Isso ficou conhecido como neutralidade tributária.

Em termos práticos, a MP 449/2008, convertida na Lei 11.941/2009, determinou que continuariam aplicáveis, para fins fiscais, as regras contábeis em vigor em 31 de dezembro de 2007 até que nova lei viesse a regulamentar os efeitos do novo padrão contábil, estabelecendo o que ficou conhecido como Regime Tributário de Transição (RTT). Portanto, o aumento de receita decorrente da nova contabilidade não seria tributável e o aumento de despesas, também decorrente desse conjunto de normas, não seria dedutível.

9.2 RTT E FCONT

Desde a criação do Livro de Apuração do Lucro Real (LALUR), as diferenças temporárias entre normas contábeis e tributária passaram a ser controladas na Parte "B" do LALUR. Porém, para a implementação do RTT, a Lei 11.941/2008 criou o FCONT e determinou que as diferenças decorrentes da adoção das IFRS fossem por ele controladas. Assim, os profissionais de contabilidade passaram a conviver com os livros contábeis, o LALUR e o FCONT.

9.3 LEI 12.973/2014 E O FIM DO RTT

A MP 627/2013, convertida na Lei 12.973/2014, regulamentou, para fins tributários, a adoção das IFRS e determinou a extinção do RTT. A Lei 12.973/2014 permitiu que a empresa optasse por adotar os seus dispositivos antecipadamente, ainda em 2014, ou aguardasse até 2015 para se submeter às suas determinações. A escolha pela adoção antecipada podia ser efetuada por intermédio da marcação de determinado campo na DCTF.

9.4 REGISTROS EM SUBCONTAS NA ADOÇÃO INICIAL DA LEI 12.973/2014

Conforme o art. 291 da IN RFB 1.700/2017, a data da adoção inicial dos arts. 1º, 2º e 4º a 71 e incisos I a VI, VIII e X do *caput* do art. 117 da Lei 12.973, de 2014, é 1º de janeiro de 2014 para as pessoas jurídicas optantes pela adoção antecipada e 1º de janeiro de 2015 para as não optantes.

Para as operações ocorridas anteriormente à data da adoção inicial permanece a neutralidade tributária estabelecida pela Lei 11.941/2009, e a pessoa jurídica deverá proceder, nos períodos de apuração a partir dessa data, aos respectivos ajustes nas bases de cálculo do IRPJ e da CSLL, conforme disposto nos arts. 294 a 300 da IN RFB 1.700/2017.

Em virtude da neutralidade tributária, é provável que haja diferença entre os valores registrados na contabilidade societária, na qual os ativos e passivos estão mensurados de acordo com as disposições da Lei 6.404/1976, e os valores registrados no FCONT, em que os ativos e passivos estão mensurados de acordo com os métodos e critérios vigentes em 31 de dezembro de 2007.

> Na adoção inicial, as diferenças entre os valores registrados na Contabilidade Societária e no FCONT devem ser registradas em subcontas.

Na data da adoção inicial, a diferença positiva verificada entre o valor de ativo na contabilidade societária e no FCONT deve ser registrada contabilmente em subconta vinculada ao ativo, para ser adicionada à medida de sua realização, inclusive mediante depreciação, amortização, exaustão, alienação ou baixa.

Nos casos de ativos e/ou passivos representados por mais do que uma conta, tais como bens do imobilizado sujeitos à depreciação, o controle das diferenças deve ser feito com uma subconta para cada conta.

Nos casos de ativo e/ou passivo reconhecido na data da adoção inicial na contabilidade societária, mas não reconhecido no FCONT, a subconta poderá ser a própria conta representativa do ativo ou passivo que já evidencia a diferença. Por outro lado, no caso de ativo ou passivo não reconhecido na data da adoção inicial na contabilidade societária, mas reconhecido no FCONT, a diferença deverá ser controlada na Parte B do e-LALUR e do e-LACS.

9.4.1 AVJ: registro de diferença em subconta

Conforme o Pronunciamento Técnico CPC 46, a mensuração ao valor justo tem o objetivo de estimar o preço pelo qual ocorreria a venda de determinado ativo ou a transferência de certo passivo em uma transação não forçada entre participantes do mercado na data de mensuração sob condições correntes de mercado.

188 CONTABILIDADE TRIBUTÁRIA

A Lei 12.973/2014 determinou que os valores decorrentes de ajuste a valor justo (AVJ) sejam controlados em subcontas, como um requisito para a neutralidade tributária. Essas subcontas são analíticas e registram os lançamentos contábeis das diferenças em último nível. Dessa forma, a soma do saldo da subconta com o saldo da conta do ativo ou passivo a que a subconta está vinculada resultará no valor do ativo ou passivo mensurado em conformidade com as disposições da Lei 6.404/1976.

Exemplo 58 – Diferença a ser adicionada (extraído do Anexo IX da IN RFB 1.700/2017)

A Cia Vital Ltda., tributada pelo lucro real, optou pela adoção inicial da Lei 12.973/2014 a partir de 1º/01/2015. Em 02/02/2013, a Cia havia adquirido um terreno, classificado como propriedade para investimento e mensurado ao valor justo. O custo de aquisição foi R$ 100.000,00 e o valor justo do terreno em 31/12/2013, 2014, 2015 e 2016 era R$ 120.000,00.

O terreno foi alienado em 02/02/2017 por R$ 130.000,00. O valor do terreno realizado por alienação é dedutível. Segue contabilizações e demais controles, ano a ano.

2013

Pela aquisição:

Debite: Terrenos – Imobilizado – ANC

Credite: Disponibilidade – AC   100.000,00

Pela avaliação ao valor justo:

Debite: Terrenos – Imobilizado – ANC

Credite: Ganho por ajuste a valor justo – DRE   20.000,00

Demonstração do lucro real:

Lucro antes do IRPJ e da CSLL	20.000,00
(–) Ajuste do RTT	–20.000,00
Lucro após ajuste do RTT	0,00
Adições	–
(–) Exclusões	–
Lucro real antes da compensação de prejuízos fiscais	0,00

2015

Valor do terreno na contabilidade societária:	R$ 120.000
Valor do terreno no FCONT:	R$ 100.000
Diferença positiva na data da adoção inicial:	R$ 120.000 – R$ 100.000 = R$ 20.000

Evidenciação contábil da diferença em subconta vinculada ao terreno:

Debite: Terreno – Subconta da Lei 12.973/2014 – ANC

Credite: (–) Terreno – Subconta auxiliar – ANC   20.000,00

2017

Pelo valor da alienação do terreno:
Debite: Banco – AC
Credite: Receita na venda de terreno – DRE   130.000,00

Pela baixa do custo do terreno:
Debite: Custo do terreno vendido – DRE
Credite: Terreno – Imobilizado – ANC   120.000,00

Pela baixa dos saldos das subcontas:
Debite: (–) Terreno – Subconta auxiliar – ANC
Credite: Terreno – Subconta da Lei 12.973/2014 – ANC   20.000,00

Demonstração do lucro real:
Lucro antes do IRPJ e da CSLL   10.000,00
Adições   20.000,00
(–) Exclusões   –
Lucro real antes da compensação de prejuízos fiscais   30.000,00

9.4.2 AVP: registro de diferença em subconta

De acordo com o Pronunciamento Técnico CPC 12, ativos e passivos monetários com juros implícitos ou explícitos embutidos devem ser mensurados pelo seu valor presente quando do seu reconhecimento inicial. Nos períodos subsequentes, os valores decorrentes do ajuste a valor presente (AVP) devem ser reconhecidos como receita financeira.

Objetivo de Aprendizagem 3

Como requisito para a neutralidade tributária, na adoção inicial os valores decorrentes do AVP devem ser controlados em subcontas.

Exemplo 59 – Diferença a ser excluída (extraído do Anexo IX da IN RFB 1.700/2017)

A Cia Domingas Ltda., tributada pelo lucro real, optou pela adoção inicial da Lei 12.973/2014 a partir de 1º/01/2015. Em 02/01/2014, a Cia havia adquirido um equipamento para pagamento em 30/06/2015. O custo de aquisição foi R$ 120.000,00, cujo valor à vista é R$ 100.000,00. Os juros a apropriar são R$ 13.000,00 em 2014 e R$ 7.000,00 em 2015. A taxa de depreciação é de 10% ao ano e não há valor residual. O terreno foi alienado em 02/01/2017 por R$ 90.000,00. Os valores realizados por depreciação e alienação são dedutíveis. Seguem contabilizações e demais controles, ano a ano.

2014

Pela aquisição:
Debite: Equipamentos – Imobilizado – ANC   100.000,00
Debite: Juros a apropriar – Equipamentos – Imobilizado – ANC   20.000,00
Credite: Contas a pagar – PNC   120.000,00

190 CONTABILIDADE TRIBUTÁRIA

Reclassificação do longo para o curto prazo:
Debite: Contas a pagar – PNC
Credite: Contas a pagar – PC 120.000,00

Pela apropriação da despesa financeira:
Debite: Despesa financeira – DRE
Credite: Juros a apropriar – Equipamentos – Imobilizado – ANC 13.000,00

Pela depreciação:
Debite: Despesa depreciação – DRE
Credite: (–) Depreciação acumulada – Imobilizado – ANC 10.000,00

Demonstração do lucro real:

Prejuizo antes do IRPJ e da CSLL	–23.000,00
(+) Ajuste do RTT	11.000,00
Prejuizo após ajuste do RTT	–12.000,00
Adições	–
(–) Exclusões	–
Lucro real antes da compensação de prejuízos fiscais	–12.000,00

2015

Valor do equipamento na contabilidade societária:	R$ 90.000
Valor do equipamento no FCONT:	R$ 108.000
Diferença negativa na data da adoção inicial:	R$ 90.000 – R$ 108.000 = –R$ 18.000

Evidenciação contábil das diferenças em subcontas vinculadas ao equipamento:
Debite: Equipamentos – conta auxiliar – ANC
Credite: (–) Equipamentos – Subconta da Lei 12.973/2014 – PNC 18.000,00

Pela apropriação da despesa financeira:
Debite: Despesa financeira – DRE
Credite: Juros a apropriar – Equipamentos – Imobilizado – ANC 7.000,00

Pagamento do equipamento em 30/06/2015:
Debite: Contas a pagar – PC
Credite: Disponibilidades – AC 120.000,00

Pela depreciação em 31/12/2015:
Debite: Despesa depreciação – DRE
Credite: (–) Depreciação acumulada – Imobilizado – ANC 10.000,00

Pela baixa nas subcontas:

Debite: (–) Equipamentos – Subconta da Lei 12.973/2014 – PNC

Credite: Equipamentos – conta auxiliar – ANC 2.000,00

Demonstração do lucro real

Prejuízo antes do IRPJ e da CSLL	-17.000,00
Adições	7.000,00
(–) Exclusões	-2.000,00
Lucro real antes da compensação de prejuízos fiscais	-12.000,00

2016

Pela depreciação:

Debite: Despesa depreciação – DRE

Credite: (–) Depreciação acumulada – Imobilizado – ANC 10.000,00

Pela baixa nas subcontas:

Debite: (–) Equipamentos – Subconta da Lei 12.973/2014 – PNC

Credite: Equipamentos – conta auxiliar – ANC 2.000,00

Demonstração do lucro real:

Prejuízo antes do IRPJ e da CSLL	-10.000,00
Adições	–
(–) Exclusões	-2.000,00
Lucro real antes da compensação de prejuízos fiscais	-12.000,00

2017

Pela venda do equipamento:

Debite: Disponibilidades – AC

Credite: Receita com a venda de equipamentos – DRE 90.000,00

Pela baixa do custo do equipamento:

Debite: Custo do Equipamento Vendido – DRE 70.000,00

Debite: (–) Depreciação acumulada – Imobilizado – ANC ... 30.000,00

Credite: Equipamentos – Imobilizado – ANC 100.000,00

Pela baixa nas subcontas:

Debite: (–) Equipamentos – Subconta da Lei 12.973/2014 – PNC

Credite: Equipamentos – conta auxiliar – ANC 14.000,00

Demonstração do lucro real:

Lucro antes do IRPJ e da CSLL	20.000,00
Adições	–
(–) Exclusões	-14.000,00
Lucro real antes da compensação de prejuízos fiscais	6.000,00

9.4.3 Diferença de taxa de depreciação: registro de diferença em subconta

A diferença entre o valor da depreciação acumulada na Contabilidade Societária e no FCONT deve ser registrado em subconta. Porém, o exemplo 1, constante no Anexo VIII da IN RFB 1.700/2017, inspirado no Anexo IV da IN RFB 1.515/2014, atualmente revogada, apresenta mensuração e reconhecimento da depreciação societária e fiscal diferente do que seria esperado, conforme evidenciado no exemplo 60.

Objetivo de Aprendizagem 3

Exemplo 60 – Adaptado do exemplo 1 da IN RFB 1.700/2017

A Cia Lopes Ltda. optou pela adoção inicial da Lei 12.973/2014 a partir de 1º/01/2015. Naquela data, a empresa possuía pás mecânicas, cuja vida útil para fins fiscais é de 4 anos, conforme o Anexo III da IN RFB 1.700/2017. Para fins societários, a vida útil estimada desse bem é de 6 anos. Outros dados são:

Custo de aquisição: R$ 60.000,00   Data de aquisição: 02/01/2013

Os efeitos esperados e os efeitos decorrentes do proposto no exemplo 1 da IN RFB 1.700/2017 estão resumidos a seguir.

Esperado

Ano	Societário	Fiscal	Ajuste	FCONT	Lalur
2013	10.000,00	15.000,00	–5.000,00	Ajuste RTT	
2014	10.000,00	15.000,00	–5.000,00	Ajuste RTT	
2015	10.000,00	15.000,00	–5.000,00		Exclusão
2016	10.000,00	15.000,00	–5.000,00		Exclusão
2017	10.000,00	–	10.000,00		Adição
2018	10.000,00	–	10.000,00		Adição
Soma		–			

Exemplo 1 da IN RFB 1.700/2017

Ano	Societário	Fiscal	Ajuste	FCONT	Lalur
2013	10.000,00	15.000,00	–5.000,00	Ajuste RTT	
2014	10.000,00	15.000,00	–5.000,00	Ajuste RTT	
2015	10.000,00	12.500,00	–2.500,00		Exclusão
2016	10.000,00	12.500,00	–2.500,00		Exclusão
2017	10.000,00	2.500,00	7.500,00		Adição
2018	10.000,00	2.500,00	7.500,00		Adição
Soma		–			

Seguem contabilizações e demais controles, ano a ano, conforme procedimento proposto no Exemplo 1 do Anexo VIII da IN RFB 1.700/2017.

2013

Pela aquisição:

Debite: Imobilizado – ANC

Credite: Disponibilidade – AC   60.000,00

Pela depreciação:

Debite: Despesa de depreciação – DRE

Credite: (–) Depreciação acumulada – Equipamentos – ANC   10.000,00

Pela diferença entre o valor da depreciação societária e o da fiscal:

A empresa procederá a um ajuste de RTT, em valor equivalente à diferença entre a depreciação societária (60.000 / 6 = 10.000) e a depreciação admitida pela legislação fiscal (60.000 / 4 = 15.000).

Demonstração do lucro real:

Prejuízo antes do IRPJ e da CSLL	-10.000,00
(–) Ajuste do RTT	-5.000,00
Lucro após ajuste do RTT	-15.000,00
Adições	-
(–) Exclusões	-
Lucro real antes da compensação de prejuízos fiscais	-15.000,00

2014

Pela depreciação:

Debite: Despesa de depreciação – DRE

Credite: (–) Depreciação acumulada – Equipamentos – ANC   10.000,00

Pela diferença entre o valor da depreciação societária e o da fiscal:

A empresa procederá a um ajuste de RTT, em valor equivalente à diferença entre a depreciação societária (60.000 / 6 = 10.000) e a depreciação admitida pela legislação fiscal (60.000 / 4 = 15.000).

Demonstração do lucro real:

Prejuízo antes do IRPJ e da CSLL	-10.000,00
(–) Ajuste do RTT	- 5.000,00
Lucro após ajuste do RTT	-15.000,00
Adições	-
(–) Exclusões	-
Lucro real antes da compensação de prejuízos fiscais	-15.000,00

194 CONTABILIDADE TRIBUTÁRIA

2015

Saldos existentes em 1º/01/2015

A) Valor bruto do equipamento na contabilidade societária: R$ 60.000

B) Valor bruto do equipamento no FCONT: R$ 60.000

C = A – B) Diferença na data da adoção inicial: R$ 60.000 – R$ 60.000 = Zero

D) Valor da depreciação acumulada na contabilidade societária: –R$ 20.000

E) Valor da depreciação acumulada no FCONT: –R$ 30.000

F = D – E) Diferença na data da adoção inicial: –R$ 20.000 – (–R$ 30.000) = R$ 10.000

G) Valor líquido do equipamento na contabilidade societária: R$ 40.000,00

H) Valor líquido do equipamento no FCONT: R$ 30.000,00

I = G – H) Diferença positiva na data da adoção inicial: R$ 40.000 – R$ 30.000 = R$ 10.000

J = C + F) Diferença total = Zero + R$ 10.000,00 = R$ 10.000,00

Pelo valor a ser evidenciado em subconta, conforme Lei 12.973/2014:

Debite: Depreciação acumulada – Equipamentos – Subconta Lei 12.973 – ANC

Credite: (–) Depreciação acumulada – Equipamentos – ANC   10.000

Pelo valor da depreciação:

Debite: Despesa depreciação – DRE   10.000

Credite: (–) Depreciação acumulada – Equipamentos – ANC   7.500

Credite: Depreciação acumulada – Equipamento – Subconta Lei 12.973 – ANC   2.500

Observação:

Alternativamente, o lançamento acima poderia ser feito em duas etapas, conforme a seguir.

Debite: Despesa depreciação – DRE

Credite: (–) Depreciação acumulada – Equipamentos – ANC   10.000

Debite: (–) Depreciação acumulada – Equipamentos – ANC

Credite: Depreciação acumulada – Equipamento – Subconta Lei 12.973 – ANC   2.500

Demonstração do lucro real:

Prejuizo antes do IRPJ	–10.000,00
(+) Adições (§ 4º do art. 295 da IN RFB 1.700/2017)	2.500,00
(–) Exclusões (§ 4º do art. 124 da IN RFB 1.700/2017)	–5.000,00
(=) Lucro real antes da compensação de prejuízos fiscais	–12.500,00

Valor a ser adicionado em períodos posteriores, controlado na Parte B do e-LALUR: 0,00 + 5.000,00 = 5.000,00

2016

Pelo valor da depreciação:

Debite: Despesa depreciação – DRE	10.000	
Credite: (–) Depreciação acumulada – Equipamentos – ANC		7.500
Credite: Depreciação acumulada – Equipamento – Subconta Lei 12.973 – ANC		2.500

Demonstração do lucro real:

Prejuízo antes do IRPJ	–10.000,00
(+) Adições (§ 4º do art. 295 da IN RFB 1.700/2017)	2.500,00
(–) Exclusões (§ 4º do art. 124 da IN RFB 1.700/2017)	–5.000,00
(=) Lucro real antes da compensação de prejuízos fiscais	–12.500,00

Valor a ser adicionado em períodos posteriores, controlado na Parte B do LALUR: 5.000,00 + 5.000,00 = 10.000,00

2017

Pelo valor da depreciação:

Debite: Despesa depreciação – DRE	10.000	
Credite: (–) Depreciação acumulada – Equipamentos – ANC		7.500
Credite: Depreciação acumulada – Equipamento – Subconta Lei 12.973 – ANC		2.500

Demonstração do lucro real:

Prejuízo antes do IRPJ e CSLL	–10.000,00
(+) Adições (§ 4º do art. 295 da IN RFB 1.700/2017)	2.500,00
(+) Adições (§ 5º do art. 124 da IN RFB 1.700/2017)	5.000,00
(–) Exclusões	–
(=) Lucro real antes da compensação de prejuízos fiscais	–12.500,00

Valor a ser adicionado em períodos posteriores, controlado na Parte B do LALUR: 10.000,00 – 5.000,00 = 5.000,00

2018

Pelo valor da depreciação:

Debite: Despesa depreciação – DRE	10.000	
Credite: (–) Depreciação acumulada – Equipamentos – ANC		7.500
Credite: Depreciação acumulada – Equipamento – Subconta Lei 12.973 – ANC		2.500

Demonstração do lucro real:

Prejuízo antes do IRPJ	–10.000,00
(+) Adições (§ 4º do art. 295 da IN RFB 1.700/2017)	2.500,00
(+) Adições (§ 5º do art. 124 da IN RFB 1.700/2017)	5.000,00
(–) Exclusões	–
(=) Lucro real antes da compensação de prejuízos fiscais	–12.500,00

Valor a ser adicionado em períodos posteriores, controlado na Parte B do LALUR: 5.000,00 – 5.000,00 = 0,00

9.4.4 Ativo reconhecido na FCONT e não registrado na contabilidade societária

Objetivo de Aprendizagem 3

No caso de ativo ou passivo não reconhecido na data da adoção inicial na contabilidade societária, mas reconhecido no FCONT, a diferença deverá ser controlada na Parte B do e-LALUR e do e-LACS.

TESTES

Os testes a seguir são de elaboração própria, para este livro.

1. **Relativamente à convergência do Brasil aos padrões internacionais de contabilidade (IFRS), pode-se afirmar:**
(A) A partir de 2008 a adoção foi obrigatória.
(B) O processo de convergência não guarda qualquer relação com a tributação.
(C) A MP 449/2008 determinou a convergência às IFRS.
(D) A Lei 11.638/2007 estabeleceu o regime tributário de transição RTT.
(E) O RTT garantiu que aumento de receita ou redução de despesas decorrente da convergência às IFRS não teria efeito tributário.

2. **Com a criação do FCONT, pode-se afirmar que:**
(A) O FCONT substituiu o LALUR.
(B) O FCONT foi criado pela Lei 11.638/2007.
(C) O FCONT controla as diferenças decorrentes da adoção das IFRS.
(D) A adoção das IFRS é incompatível com o FCONT.
(E) O FCONT substituiu os livros diário e razão.

3. **Assinale a alternativa correta:**
(A) A Lei 12.973/2014 criou o RTT.
(B) A Lei 12.973/2014 determinou a convergência às IFRS.
(C) Na adoção inicial da Lei 12.973/2014, toda diferença registrada no FCONT deve ser baixada contra contas de resultado.
(D) A Lei 12.973/2014 extinguiu o RTT.
(E) A Lei 12.973/2014 dispensou qualquer controle em subcontas.

4. Em virtude da neutralidade tributária:

(A) É possível haver diferença entre valores da contabilidade societária e os valores registrados no FCONT.

(B) Os valores registrados na contabilidade societária são iguais aos registrados no FCONT.

(C) Os valores registrados na contabilidade societária são maiores do que os registrados no FCONT.

(D) Os valores registrados na contabilidade societária são menores do que os registrados no FCONT.

(E) O LALUR deixou de existir.

5. Os valores de ajuste a valor justo (AVJ) e ajuste a valor presente (AVP):

(A) Não devem ser registrados na contabilidade societária.

(B) Devem ser registrados em contas sintéticas.

(C) Devem ser registrados no último nível de subcontas analíticas.

(D) Não estão previstas nas IFRS.

(E) Não são tratados pela Lei 12.973/2014.

GABARITO

Teste	1	2	3	4	5
Resposta	E	C	D	A	C

CAPÍTULO 10

IRPJ: lucro presumido

Assista ao vídeo "Toda receita financeira é igual?".

uqr.to/chda

Este capítulo aborda a apuração do Imposto de Renda da Pessoa Jurídica (IRPJ) pela sistemática do lucro presumido. O capítulo se inicia com o conceito de IRPJ, informação de sua alíquota, informação sobre existência e alíquota do adicional do IRPJ e a enumeração de suas diferentes sistemáticas de apuração: lucro real, lucro presumido, lucro arbitrado e Simples Nacional. O capítulo apresenta o conceito de lucro presumido, como uma opção para a apuração do IRPJ e aponta quais empresas podem optar por essa sistemática. Também são apresentados o conceito de receita operacional bruta, os ajustes e os diferentes percentuais aplicáveis sobre a receita operacional bruta para determinação do lucro presumido e os valores a serem adicionados para apuração da base de cálculo do IRPJ. O capítulo aborda o uso do regime de caixa e do regime de competência para apuração deste imposto, periodicidade de apuração, prazos para recolhimento, códigos DARF e a divisão do montante devido em quotas trimestrais. O capítulo conclui com a informação sobre a possibilidade de dedução do Imposto de Renda Retido na Fonte (IRRF) do montante de IRPJ devido.

Objetivos de aprendizagem

Após estudar este capítulo, você deverá ser capaz de:

1. apontar as quatro diferentes sistemáticas de apuração do IRPJ;
2. compreender o conceito de lucro presumido;

3. identificar o vínculo entre a sistemática de apuração do IRPJ e a sistemática de apuração de CSLL, PIS e COFINS;
4. compreender o conceito de receita bruta;
5. apontar quais pessoas jurídicas podem, e quais não podem, optar pela sistemática do lucro presumido para apuração e recolhimento do IRPJ;
6. apontar quando ocorre a opção pela sistemática do lucro presumido;
7. identificar o período de apuração e a data de vencimento do IRPJ, apurado pela sistemática do lucro presumido;
8. identificar os percentuais aplicáveis sobre as receitas brutas de diferentes atividades para determinação do lucro presumido;
9. apurar o montante de adicional de IRPJ a ser recolhido;
10. identificar valores a serem adicionados para apuração da base de cálculo do IRPJ sob o lucro presumido;
11. compreender que o IRRF pode ser deduzido do montante de IRPJ a pagar;
12. utilizar o regime de competência ou o regime de caixa para apuração do IRPJ;
13. compreender que o montante do IRPJ pode ser parcelado em até três quotas mensais;
14. apurar o montante de IRPJ a ser recolhido por determinada empresa.

10.1 ASPECTOS INTRODUTÓRIOS SOBRE O IRPJ

Objetivo de Aprendizagem 1

No Brasil, existem quatro sistemáticas de apuração do IRPJ: lucro real, lucro presumido, lucro arbitrado e Simples Nacional.

O Imposto de Renda da Pessoa Jurídica (IRPJ) é um tributo federal incidente sobre o lucro das empresas, recolhido mediante Documento de Arrecadação Federal (DARF), com alíquota de 15%. O IRPJ será acrescido de um adicional equivalente a 10% sobre a parcela do lucro que exceder a R$ 240.000 no ano, R$ 60.000 no trimestre ou, para empresas em início de atividade, R$ 20.000 no mês.

O IRPJ pode ser apurado pelas sistemáticas do lucro presumido, lucro real, lucro arbitrado ou Simples Nacional. A opção, quando possível, por recolher o IRPJ sob uma dessas sistemáticas implica utilizar a mesma sistemática para o recolhimento da Contribuição Social sobre o Lucro Líquido (CSLL) e também impacta a sistemática de apuração das contribuições para o Programa de Integração Social (PIS) e para a Contribuição para o Financiamento da Seguridade Social (COFINS).

Dois conceitos importantes no âmbito do IRPJ são:

a) **ano-calendário:** refere-se ao período de 1º de janeiro a 31 de dezembro de cada ano. Representa o ano em que ocorreu o fato gerador do IRPJ; e

b) **período-base:** representa o período de incidência do IPRJ, no qual se apura a base de cálculo do imposto. Tal período, em relação à apuração definitiva do IRPJ, pode ser: a) trimestral, para lucro real, presumido ou arbitrado; b) anual, para lucro real com pagamento mensal em base estimada; e c) período específico, nos casos de início ou encerramento de atividades e de incorporação, fusão ou cisão de empresas.

Este capítulo trata especificamente da tributação com base no lucro presumido, disciplinada nos arts. 516 a 528 do RIR/1999 e arts. e 214 a 225 da IN RFB 1.700/2017.

10.2 CONCEITO DE LUCRO PRESUMIDO

O regime de tributação com base no lucro presumido é uma sistemática simplificada de apuração do Imposto de Renda da Pessoa Jurídica (IRPJ), que se inicia com a aplicação de um percentual previamente definido sobre a receita bruta da empresa. Ao valor resultante desse cálculo devem ser acrescidos valores referentes a ganhos de capital e demais receitas, conforme exposto no item 10.9.

Objetivos de Aprendizagem 2 e 3

Empresas que recolhem o IRPJ pelo lucro presumido devem utilizar a mesma sistemática para o recolhimento da Contribuição Social sobre o Lucro Líquido (CSLL). Adicionalmente, essas empresas devem recolher as contribuições para o PIS/PASEP e para a COFINS de forma cumulativa.

10.3 CONCEITO DE RECEITA BRUTA

Para fins de apuração do imposto de renda pelo lucro presumido, receita bruta compreende:

Objetivo de Aprendizagem 4

a) o produto da venda de bens nas operações de conta própria, tais como a venda de sapatos por uma indústria calçadista ou a venda de sofás por um loja de móveis;

b) o preço dos serviços prestados, tal como o valor cobrado por uma lavanderia;

c) o resultado auferido nas operações de conta alheia, tal como a comissão cobrada pela representação comercial.

Na receita bruta não se incluem as vendas canceladas, os descontos incondicionais concedidos e os impostos não cumulativos cobrados destacadamente do comprador ou contratante dos quais o vendedor dos bens ou o prestador dos serviços seja mero depositário, tais como o IPI e o ICMS substituição tributária (ICMS-ST).

Observe-se que na receita bruta incluem-se os tributos sobre ela incidentes e os valores decorrentes de seu ajuste a valor presente. Por outro lado, não se incluem na receita bruta os valores que, como decorrência de seu ajuste, tenham sido apropriados como receita financeira, quer seja no mesmo período de apuração do reconhecimento da receita bruta ou em outro período de apuração.

Exemplo 61 – Determinação do lucro presumido: receita bruta, deduções e AVP

A Indústrias Lima Ltda. registrou os seguintes valores em sua contabilidade no primeiro trimestre de X1:

Faturamento bruto	$ 1.000.000,
(–) IPI	($ 80.000,)
(–) ICMS-ST	($ 9.000,)
(–) Ajuste a valor presente	($ 120.120,)
= Receita bruta de vendas	$ 790.880,
(–) Devoluções	($ 200.000,)
(–) PIS, COFINS e ICMS	($ 155.880,)
= *Receita líquida de vendas*	*$ 435.000,*

No primeiro trimestre de X1, a Cia. reconheceu $ 10.000, de receita financeira decorrente de ajuste a valor presente de suas vendas a prazo.
Com base nestes valores, a empresa determinou o seu lucro presumido da seguinte forma:

Faturamento bruto	$ 1.000.000,
(–) IPI	($ 80.000,)
(–) ICMS-ST	($ 9.000,)
(–) Devoluções	($ 200.000,)
= Receita bruta	$ 711.000,
% lucro presumido	× 8%
= *Valor do lucro presumido*	*$ 56.880,*

10.4 EMPRESAS QUE PODEM OPTAR PELO LUCRO PRESUMIDO

Objetivo de Aprendizagem 5

Pode optar por apurar o IRPJ pelo lucro presumido a pessoa jurídica com receita bruta total, no ano-calendário anterior, de até R$ 78.000.000,00 (setenta e oito milhões de reais), ou de R$ 6.500.000,00 (seis milhões e quinhentos mil reais) multiplicados pelo número de meses de atividade no ano-calendário anterior, quando inferior a 12 (doze) meses.

É importante destacar que **não podem** optar por apurar o IRPJ pelo lucro presumido as pessoas jurídicas:

a) cujas atividades sejam de bancos comerciais, bancos de investimentos, bancos de desenvolvimento, caixas econômicas, sociedades de crédito, financiamento e investimento, sociedades de crédito imobiliário, sociedades corretoras de títulos, valores mobiliários e câmbio, distribuidoras de títulos e valores mobiliários, empresas de arrendamento mercantil, cooperativas de crédito, empresas de seguros privados e de capitalização e entidades de previdência privada aberta;
b) que tiverem lucros, rendimentos ou ganhos de capital oriundos do exterior;
c) que, autorizadas pela legislação tributária, usufruam de benefícios fiscais relativos à isenção ou redução do imposto;
d) que, no decorrer do ano-calendário, tenham efetuado pagamento mensal pelo regime de estimativa;
e) que explorem as atividades de prestação cumulativa e contínua de serviços de assessoria creditícia, mercadológica, gestão de crédito, seleção e riscos, administração de contas a pagar e a receber, compras de direitos creditórios resultante de vendas mercantis a prazo ou de prestação de serviços (*factoring*).

10.5 MOMENTO DA OPÇÃO PELA SISTEMÁTICA DO LUCRO PRESUMIDO

A opção pela apuração do IRPJ com base no lucro presumido é manifestada com o pagamento da primeira, ou única, quota do IRPJ relativa ao primeiro período de apuração de cada ano-calendário.

Objetivo de Aprendizagem 6

10.6 PERIODICIDADE DE APURAÇÃO E DATA DE RECOLHIMENTO

No regime do lucro presumido, o IRPJ é apurado por períodos trimestrais, encerrados nos dias 31 de março, 30 de junho, 30 de setembro e 31 de dezembro de cada ano. De acordo com o art. 5º da Lei 9.430/1996, os tributos devem ser recolhidos até o último dia útil do mês subsequente ao do encerramento de cada trimestre, conforme Tabela 10.1. Caso nesse dia não haja expediente bancário, o pagamento deverá ser antecipado para o dia útil imediatamente anterior.

Objetivo de Aprendizagem 7

TABELA 10.1

Trimestres de apuração e data de recolhimento do IRPJ

Meses de apuração da receita	Trimestre	Data de recolhimento
Janeiro, fevereiro e março	1º trimestre	Até 30 de abril do mesmo ano
Abril, maio e junho	2º trimestre	Até 31 de julho do mesmo ano
Julho, agosto e setembro	3º trimestre	Até 31 de outubro do mesmo ano
Outubro, novembro e dezembro	4º trimestre	Até 31 de janeiro do ano seguinte

10.7 PERCENTUAIS APLICÁVEIS PARA A DETERMINAÇÃO DO LUCRO PRESUMIDO

Objetivos de Aprendizagem 8 e 14

O cálculo do valor do lucro presumido inicia-se pela aplicação de um percentual previamente definido sobre a receita bruta auferida no período deduzida das devoluções, vendas canceladas e dos descontos incondicionais concedidos.

Exemplo 62 – Determinação do lucro presumido: receita bruta menos deduções

A Comercial Lopes Ltda. registrou os seguintes valores em sua contabilidade no primeiro trimestre de X1:

(A) Receita bruta de vendas	$ 1.000.000,
(B) (–) Vendas canceladas	($ 80.000,)
(C) (–) Devoluções de vendas	($ 200.000,)
(D) (–) ICMS-ST	($ 20.000,)
(E = A – B – C – D) *Receita bruta ajustada*	*$ 700.000,*
(F) % lucro presumido	× 8%
(G = E × F) *Valor do lucro presumido*	*$ 56.000,*
(H) Alíquota IRPJ	× 15%
(I = G × H) Valor do IRPJ	$ 8.400,

No primeiro trimestre de X1 não houve adicional de IRPJ, pois o lucro presumido do trimestre foi inferior a R$ 60.000.

A Tabela 10.2 apresenta os percentuais de presunção do lucro, em função da atividade exercida pela pessoa jurídica.

TABELA 10.2

Percentuais de presunção do lucro em função da atividade da PJ

Atividade	% de presunção do lucro
Comércio em geral (atacadistas e varejistas)	8%
Revenda, para consumo, de combustível derivado de petróleo, álcool etílico carburante e gás natural	1,6%
Indústria em geral	8%
Serviços em geral	32%
Serviço de transporte de carga	8%
Serviços de transporte, exceto de carga	16%
Intermediação de negócios	32%
Administração, locação ou cessão de bens, imóveis, móveis e direitos de qualquer natureza	32%
Serviços hospitalares	8%

No caso de atividades diversificadas, será aplicado o percentual correspondente a cada atividade, conforme demonstrado no Exemplo 63.

Exemplo 63 – Determinação do lucro presumido: empresa com atividade diversificada

A Sol Construtora e Incorporadora Ltda. atua nos segmentos de incorporação imobiliária e de aluguel de imóveis próprios. No primeiro trimestre de X1 registrou os seguintes valores de receita para estas duas atividades:

Receita bruta	Jan./X1	Fev./X1	Mar./X1	1º Trim.	% lucro	Lucro presumido
Venda de imóveis	$ 500.000,	$ 450.000,	$ 490.000,	$ 1.440.000,	8%	$ 115.200,
Aluguel de imóveis	$ 180.000,	$ 170.000,	$ 150.000,	$ 500.000,	32%	$ 160.000,
Soma	$ 680.000,	$ 620.000,	$ 640.000,	$ 1.940.000,		$ 275.200,

---

10.7.1 Percentual reduzido para pequenos prestadores de serviços

As pessoas jurídicas exclusivamente prestadoras de serviços em geral, cuja receita bruta anual seja de até R$ 120.000,00 (cento e vinte mil reais), poderão determinar o lucro presumido mediante a aplicação do percentual de 16% (dezesseis por cento) sobre a receita bruta auferida no período de apuração, conforme art. 33, § 7º, da IN RFB 1.700/2017. É importante destacar que isto **não se aplica** às pessoas jurídicas que prestam serviços hospitalares e de transporte, bem como às sociedades prestadoras de serviços de profissões legalmente regulamentadas, tais como advogados, médicos e representantes comerciais.

10.8 ADICIONAL DE IMPOSTO DE RENDA

Objetivos de Aprendizagem 9 e 14

A parcela do lucro que exceder o valor resultante da multiplicação de R$ 20.000,00 (vinte mil reais) pelo número de meses do respectivo período de apuração sujeita-se à incidência de adicional de imposto sobre a renda à alíquota de 10% (dez por cento).

Exemplo 64 – Adicional do imposto de renda

Andreia Comércio de Brinquedos Ltda. registrou receita tributável de venda de imóveis no valor de $ 2.000.000 no primeiro trimestre de X1 e apurou os seguintes valores de IRPJ:

A – Receita	$ 2.000.000,
B – % lucro presumido	8%
C – Lucro presumido (A × B)	$ 160.000,
D – Alíquota IRPJ	15%
E – Valor IRPJ (C × D)	$ 24.000,
F – % adicional IRPJ	10%
G – Valor adicional IRPJ [(C – $ 60.000) × F]	$ 10.000
H – Valor de IRPJ a recolher (E + G)	**$ 34.000,**

Em 31/03/X1, Andreia reconheceu o seguinte passivo tributário:

(–) Despesa com IRPJ – Resultado	IRPJ a recolher – PC
(1) 34.000,00	34.000,00 (1)

10.9 VALORES A SEREM ACRESCENTADOS PARA APURAÇÃO DA BASE DE CÁLCULO

10.9.1 Ganho de capital

Objetivo de Aprendizagem 10

O ganho de capital deve ser acrescentado ao resultado da aplicação do percentual de presunção do lucro sobre a receita bruta para determinação da base de cálculo do IRPJ e respectivo adicional.

Exemplo 65 – Acréscimo do ganho de capital para a determinação do lucro presumido

Com base nos registros de sua contabilidade, a Indústrias Lima Ltda. apurou os seguintes valores para o primeiro trimestre de X1, quando reconheceu $ 5.000 por ganho de capital na venda de bem do ativo imobilizado. Com base nestes valores, a empresa determinou o seu lucro presumido da seguinte forma:

Receita bruta operacional	$ 711.000
% lucro presumido	× 8%
=Valor do lucro presumido	$ 56.880,
+ Ganho de capital	$ 5.000,
Base de cálculo do IRPJ	$ 61.880,

Conforme § 14 do art. 215 da IN RFB 1.700/2017, o ganho de capital nas alienações de ativos não circulantes investimentos, imobilizados e intangíveis corresponderá à diferença positiva entre o valor da alienação e o respectivo valor contábil.

Nos casos em que o bem não sofreu o ajuste ao valor presente (AVP), por não estar ao alcance do CPC 12, o valor do ganho de capital é apurado conforme o Exemplo 66:

Exemplo 66 – Ganho de capital com alienação de bem que não sofreu AVP

Em 01/01/X2, a Indústrias Ribeiro Ltda. alienou, por R$ 140.000, um bem que havia adquirido em 01/01/X1 por R$ 150.000. A taxa de depreciação anual do bem era de 10%. Em X1, a empresa não havia determinado nenhum valor recuperável pela venda do bem. Assim, o ganho de capital foi apurado da seguinte forma:

1 – apuração do valor contábil do bem

Preço de aquisição	$ 150.000,
(–) Depreciação acumulada ($ 150.000 × 10%)	($ 15.000,)
Valor contábil	$ 135.000,

2 – apuração do ganho de capital

Preço de venda	$ 140.000,
(–) Valor contábil na data da venda	($ 135.000,)
Ganho de capital	$ 5.000,

Nos casos em que o bem tenha passado por processo de ajuste ao valor presente (AVP), conforme determina o CPC 12, o valor do ganho de capital é apurado na forma do Exemplo 67:

208 CONTABILIDADE TRIBUTÁRIA

Exemplo 67 – Ganho de capital com alienação de bem com AVP

Em 01/01/X2, a Indústrias Ribeiro Ltda. alienou, por R$ 140.000, um bem que havia adquirido em 01/01/X1 por R$ 150.000 para pagamento após 20 meses, sendo 2,5% a taxa de desconto aplicável. A taxa de depreciação anual do bem era de 10%. Em X1, a Ribeiro não havia determinado nenhum valor recuperável pela venda do bem. Seguem os cálculos e contabilizações da empresa:

Em 01/01/X1, pelo valor da aquisição:

Debite: Imobilizado – ANC

Credite: Contas a pagar – PNC .... $ 150.000,

Em 01/01/X1, pelo ajuste a valor presente:

Debite: Juros a apropriar – PNC

Credite: AVP imobilizado – ANC .... $ 58.459,36

Em 31/12/X1, pelos juros incorridos:

Debite: Despesa de juros – DRE

Credite: Juros a apropriar – PNC .... $ 31.571,34

Em 31/12/X1, pela depreciação do bem:

Debite: Despesa com depreciação – DRE .... $ 9.154,06

Debite: Depreciação AVP – ANC .... $ 5.845,94

Credite: Depreciação acumulada – ANC .... $ 15.000,00

Em 01/01/X2, pelo valor da venda do bem:

Debite: Bancos – AC

Credite: Receita de venda de bem do imobilizado – DRE .... $ 140.000,00

Em 01/01/X2, pela baixa do bem:

Debite: Custo do imobilizado vendido – DRE .... $ 82.386,58

Debite: Depreciação acumulada – ANC .... $ 15.000,00

Debite: Imobilizado AVP – ANC .... $ 58.459,36

Credite: Imobilizado – ANC .... $ 150.000,00

Credite: Depreciação AVP – ANC .... $ 5.845,94

1 – apuração do valor contábil do bem

A – Valor contábil sem AVP em 01/01/X2	$ 82.386,58
B – Valor contábil inicial sem quaisquer realizações	$ 95.540,64
C – Quociente (A / B)	0,90
D – AVP	58.459,36
E – AVP a ser considerado no custo do bem (C × D)	52.613,42
F – Valor contábil, conforme IN RFB 1.700/2017 (A + E)	$ 135.000,00

2 – apuração do ganho de capital	
Preço de venda	$ 140.000,
(–) Valor contábil na data da venda	($ 135.000,)
Ganho de capital	*$ 5.000,*

10.9.2 Rendimentos de aplicação financeira

Os rendimentos e ganhos líquidos decorrentes de quaisquer operações financeiras devem ser adicionados ao lucro presumido para efeito de determinação do imposto de renda devido, conforme o art. 51 da Lei 9.430/1996. O Imposto de Renda Retido na Fonte (IRRF) sobre tais rendimentos deve ser deduzido do IRPJ devido no encerramento de cada período de apuração ou na data da extinção, no caso de pessoa jurídica tributada presumido, conforme o art. 773 do RIR/1999.

Objetivos de Aprendizagem
10 e 14

Deve-se considerar o regime de caixa em relação ao rendimento de aplicação financeira a ser adicionada ao lucro presumido, conforme inciso II do § 3º do art. 770 do RIR/1999. Dessa forma, os rendimentos de aplicações financeiras devem ser adicionados ao lucro presumido por ocasião do resgate, alienação ou cessão da aplicação ou do título.

Exemplo 68 – Acréscimo de rendimento financeiro ao lucro presumido

No primeiro trimestre de X1, a Comercial Alice Ltda. auferiu R$ 3.000.000 de receita de venda de mercadoria. Em 15/01/X1, Alice resgatou um CDB, cujo rendimento foi R$ 50.000. Com base nestes dados, a empresa apurou o seguinte valor para o IRPJ do trimestre.

A – Receita de venda de mercadoria	$ 3.000.000,
B – % lucro presumido	8%
C – Lucro presumido (A × B)	$ 240.000,
D – Rendimento de aplicação financeira	$ 50.000,
E – Base de cálculo do IRPJ (C + D)	*$ 290.000,*
F – IRPJ (290.000 × 15%)	$ 43.500,
G – Adicional ([290.000 – 60.000] × 10%)	$ 23.000,
H – IRPJ + Adicional	*$ 66.500,*

10.9.3 Juros sobre capital próprio (JSCP)

Juros sobre capital próprio (JSCP) é uma remuneração paga pela empresa para os seus quotistas, acionistas ou titulares, calculada sobre as contas do patrimônio líquido. Esse valor é pago de forma individualizada a cada investidor, sócio, e está limitado à variação *pro rata* dia, da taxa de juros de longo prazo (TJLP), conforme art. 9º da Lei 9.249/1995.

Os JSCP são tratados como despesa no resultado da empresa. Todavia, o efetivo pagamento ou crédito dos juros fica condicionado à existência de lucros, computados antes da dedução dos juros, ou de lucros acumulados e reservas de lucros, em montante igual ou superior ao valor de duas vezes os juros a serem pagos ou creditados.

Os juros sobre capital próprio (JSCP) auferidos pela pessoa jurídica devem ser adicionados ao lucro presumido para determinação da base de cálculo do IRPJ, conforme o art. 215, III, da IN RFB 1.700/2017. Os JSCP recebidos sofrem retenção de imposto de renda na fonte, que pode ser deduzido do IRPJ apurado no trimestre.

Exemplo 69 – Acréscimo de juros sobre capital próprio (JSCP) ao lucro presumido

No primeiro trimestre de X1, a Comercial Mendes Ltda. auferiu R$ 5.000.000 de receita de venda de mercadoria. A empresa possui cotas da Indústrias Lima Ltda. e, em 20/02/X1, recebeu R$ 7.200 referente a JSCP, já liquidos de IRRF no montante de $ 800. Com base nesses dados, a empresa apurou o seguinte valor para o IRPJ do trimestre:

A – Receita de venda de mercadoria	$ 5.000.000,
B – % lucro presumido	8%
C – Lucro presumido (A × B)	$ 400.000,
D – JSCP recebido	$ 8.000,
E – Base de cálculo do IRPJ (C + D)	$ 408.000,
F – IRPJ (408.000 × 15%)	$ 61.200,
G – Adicional [(408.000 – 60.000) × 10%]	$ 34.800,
H – IRPJ + Adicional	$ 96.000,
I – (–) IRRF sobre JSCP	($ 800,)
J – IRPJ a recolher	$ 95.200,

10.9.4 Rendimentos provenientes de operação de mútuo

Objetivos de Aprendizagem 10 a 14

Os rendimentos provenientes de operação de mútuo são equiparados aos rendimentos de aplicação financeira e devem ser adicionados ao lucro presumido, conforme arts. 225 e 521 do RIR/1999.

Exemplo 70 – Acréscimo de rendimento proveniente de mútuo

No primeiro trimestre de X1, a Indústria Bárbara Ltda. auferiu R$ 3.000.000 de receita de venda de mercadoria. Em 15/01/X1, Bárbara recebeu R$ 10.000, referente a um empréstimo mútuo que concedeu a uma empresa coligada. Com base nestes dados, a empresa apurou o seguinte valor para o IRPJ do trimestre.

A – Receita de venda de mercadoria	$ 3.000.000,
B – % lucro presumido	8%
C – Lucro presumido (A × B)	$ 240.000,
D – Rendimento de mútuo	$ 10.000,
E – Base de cálculo do IRPJ (C + D)	*$ 250.000,*
F – IRPJ (250.000 × 15%)	$ 37.500,
G – Adicional [(250.000 – 60.000) × 10%]	$ 19.000,
H – IRPJ + Adicional	*$ 56.500,*

10.9.5 Receita com locações de bens imóveis

No caso em que a locação de imóveis esteja prevista no contrato social como parte do objeto social da empresa, sendo, portanto, uma de suas atividades operacionais, deve-se aplicar 32% sobre receitas com locação de imóveis para a apuração da base de cálculo do IRPJ apurado pelo lucro presumido.

Objetivos de Aprendizagem
10 a 14

Exemplo 71 – Rendimento de locação de imóveis como receita da operação

No primeiro trimestre de X1, a Comercial AAA Ltda. auferiu R$ 6.000.000 de receita de venda de mercadoria. Em 15/01/X1, AAA recebeu R$ 400.000, referente a aluguel de um conjunto de salas comerciais de sua propriedade. A atividade de locação de imóveis está prevista no contrato social da AAA como parte de suas atividades operacionais. Com base nestes dados, a empresa apurou o seguinte valor para o IRPJ do trimestre.

Receita	Valor	% aplicável	Lucro presumido
A – Venda de mercadoria	6.000.000	8%	480.000
B – Locação de imóveis	400.000	32%	128.000
C – Soma (A + B)			608.000
D – Alíquota IRPJ			15%
E – Valor IRPJ (C × D)			91.200
F – Adicional IRPJ [(C – 60.000) × 10%]			54.800
H – IRPJ + Adicional (E + F)			146.000

No entanto, se a atividade de locação do imóvel não fizer parte do objeto social da empresa, a totalidade das receitas com locação de imóveis deve ser incluída na apuração da base de cálculo do IRPJ apurado pelo lucro presumido.

Exemplo 72 – Rendimento de locação de imóveis como receita extraordinária

No primeiro trimestre de X1, a Indústria Dily Ltda. auferiu R$ 6.000.000 de receita de venda de mercadoria. Em 15/01/X1, Dily recebeu R$ 400.000 referente a aluguel de um conjunto de salas comerciais de sua propriedade. A atividade de locação de imóveis não está prevista no contrato social de Dily como parte de suas atividades operacionais. Com base nestes dados, a empresa apurou o seguinte valor para o IRPJ do trimestre.

Receita	Valor	% aplicável	Lucro presumido
A – Venda de mercadoria	6.000.000	8%	480.000
B – Locação de imóveis	400.000	100%	400.000
C – Soma (A + B)			880.000
D – Alíquota IRPJ			15%
E – Valor IRPJ (C × D)			132.000
F – Adicional IRPJ [(C – 60.000) × 10%]			82.000
H – IRPJ + Adicional (E + F)			214.000

10.10 IRPJ E RECEITA FINANCEIRA DECORRENTE AVP

As receitas financeiras decorrentes de ajuste a valor presente não devem ser incluídas na apuração da base de cálculo do IRPJ pelo lucro presumido, conforme disposto no § 5º do art. 215 da IN RFB 1.700/2017. Observe que esses valores já foram incluídos na apuração da receita bruta, conforme exposto no item 10.3.

Exemplo 73 – Receita financeira decorrente de AVP

A Comercial Lopes Ltda. registrou os seguintes valores em sua contabilidade no primeiro trimestre de X1, sendo que o AVP se refere à venda de mercadorias a prazo e será reconhecido como receita financeira nos 40 meses seguintes ao término deste trimestre:

Receita bruta de vendas de mercadorias	$ 1.000.000,
(–) Devoluções	($ 200.000,)
(–) PIS e COFINS	($ 29.200,)
(–) ICMS	($ 144.000,)
(–) Ajuste ao valor presente	($ 120.000,)
=*Receita líquida de vendas*	*$ 506.800,*

Considerando que as vendas foram todas a prazo, para receber no longo prazo, a empresa registrou em sua contabilidade:

Debite: Contas a receber de clientes – Ativo não circulante
Credite: Receita bruta de vendas – Resultado $ 1.000.000,

Debite: (–) Devolução de vendas – Resultado
Credite: Contas a receber de clientes – Ativo não circulante $ 200.000,

Debite: (–) PIS e COFINS
Credite: PIS e COFINS a recolher – Passivo circulante $ 29.200,

Debite: (–) ICMS
Credite: ICMS a recolher – Passivo circulante $ 144.000,

Debite: (–) Ajuste ao valor presente – Resultado
Credite: (–) Juros a apropriar (AVP) – Ativo não circulante $ 120.000,

Com base nestes valores, a empresa determinou o seu lucro presumido da seguinte forma:

Receita bruta de vendas de mercadorias	$ 1.000.000,
(–) Devoluções	($ 200.000,)
= Receita bruta ajustada	$ 800.000
% lucro presumido	× 8%
= *Valor do lucro presumido*	*$ 64.000,*

No segundo trimestre de X1, a empresa reconheceu $ 15.000 (200.000 / 40 × 3) como receita financeira decorrente de ajuste a valor presente de suas vendas a prazo do primeiro trimestre. A empresa contabilizou:

Debite: (–) Juros a apropriar (AVP) – Ativo não circulante
Credite: Receita financeira – Resultado $ 15.000,

Esta receita financeira não será computada na apuração do lucro presumido do segundo trimestre de X1.

10.11 COMPENSAÇÃO DE IMPOSTO DE RENDA RETIDO NA FONTE (IRRF)

A pessoa jurídica pode compensar o Imposto de Renda Retido na Fonte (IRRF) sobre os seus rendimentos diretamente, deduzindo do valor do IRPJ apurado no trimestre em que sofreu a retenção. Caso o valor do IRRF seja superior ao valor do IRPJ apurado, resultando em imposto de renda negativo, o saldo de IRRF remanescente pode ser compensado nos trimestres subsequentes.

Objetivo de Aprendizagem 11

Exemplo 74 – Compensação de IRRF

No primeiro trimestre de X1, a empresa Sônia Serviços Ltda. auferiu R$ 2.000.000 de receita de venda de serviços, resgatou uma aplicação financeira, cujo rendimento foi R$ 25.000, teve R$ 20.000 de ganho líquido na alienação de um ativo. Sobre a receita de serviços a empresa sofreu retenção de imposto de renda na fonte, no valor R$ 30.000. O valor do IRRF sobre as aplicações financeiras foi de R$ 6.750. Com base nestes dados, a empresa apurou o seguinte valor para o IRPJ para o trimestre.

A – Receita de venda de mercadoria	$ 2.000.000,
B – % lucro presumido	× 32%
C – Lucro presumido (A × B)	$ 640.000,
D – Rendimento de aplicação financeira	$ 25.000,
E – Ganho de capital	$ 20.000,
F – Base de cálculo do IRPJ (C + D + E)	*$ 685.000,*
G – IRPJ (685.000 × 15%)	$ 102.750,
H – Adicional [(685.000 – 60.000) × 10%]	$ 62.500,
I – IRPJ + Adicional (G + H)	*$ 165.250,*
J – (–) IRRF (30.000 + 6.750)	($ 36.750,)
K – IRPJ a recolher (I – J)	*$ 128.500,*

Para a compensação do saldo negativo de imposto de renda em períodos subsequentes, a pessoa jurídica deverá informar a compensação na DCTF e apresentar Declaração de Compensação (DComp).

10.12 DETERMINAÇÃO PELO REGIME DE CAIXA OU PELO DE COMPETÊNCIA

Objetivos de Aprendizagem 12 e 14

A empresa optante pela apuração do IRPJ com base no lucro presumido pode escolher determinar o lucro presumido pelo regime de caixa ou pelo regime de competência, conforme art. 223 da Instrução Normativa RFB 1.700/2017.

Exemplo 75 – Apuração do lucro presumido pelo regime de caixa

A Comercial Andreia Ltda. registrou os seguintes valores referentes à venda de mercadorias:

	Janeiro	Fevereiro	Março	Trimestre
Receita (regime de competência)	800.000,	650.000,	750.000,	2.200.000,
Recebimentos das vendas	480.000,	390.000,	450.000,	1.320.000,

Com base nestes dados, apurou os seguintes valores para o IRPJ com base no lucro presumido pelo regime de competência e pelo regime de caixa:

Regime de competência	
Lucro presumido	2.200.000 × 8% = 176.000
IRPJ	*176.000 × 15% = 26.400*
Excedente no trimestre	176.000 − 60.000 = 116.000
Adicional IRPJ	*116.000 × 10% = 11.600*
IRPJ + Adicional	**38.000**
Regime de caixa	
Lucro presumido	1.320.000 × 8% = 105.600
IRPJ	*105.600 × 15% = 15.840*
Excedente no trimestre	105.600 − 60.000 = 45.600
Adicional IRPJ	*45.600 × 10% = 4.560*
IRPJ + Adicional	**20.400**

A legislação tributária dispensa a pessoa jurídica que opta pelo recolhimento do IRPJ com base no lucro presumido determinado pelo regime de caixa de manter escrituração contábil completa. É importante destacar que essa dispensa é apenas da legislação fiscal e não se estende à legislação societária. Nesse sentido, o Conselho Federal de Contabilidade já se manifestou afirmando a obrigatoriedade de todas as pessoas jurídicas manterem escrituração contábil completa de todos os eventos e transações que provocam variação em seu patrimônio.

A pessoa jurídica que recolher o IRPJ com base no lucro presumido apurado pelo regime de caixa e houver adotado manter apenas a escrituração do livro caixa, deverá emitir a nota fiscal quando da entrega do bem ou direito ou da conclusão do serviço e indicar no livro caixa, em registro individual, a nota fiscal a que corresponder cada recebimento.

A pessoa jurídica que mantiver escrituração contábil, na forma da legislação comercial, deverá controlar os recebimentos de suas receitas em conta específica, na qual, em cada lançamento, será indicada a nota fiscal a que corresponder o recebimento.

Os valores recebidos adiantadamente, por conta de venda de bens ou direitos ou da prestação de serviços, serão computados como receita do mês em que se der o faturamento, a entrega do bem ou do direito ou a conclusão dos serviços, o que primeiro ocorrer. Os valores recebidos, a qualquer título, do adquirente do bem ou direito ou do contratante dos serviços serão considerados como recebimento do preço ou de parte do preço, até completar o montante do preço acordado com o adquirente.

10.13 PAGAMENTO EM ATÉ TRÊS QUOTAS MENSAIS

O IRPJ devido em cada trimestre pode, à opção da pessoa jurídica, ser pago em até três quotas mensais, iguais e sucessivas, vencíveis no último dia útil dos três meses subsequentes ao de encerramento do período de apuração a que corresponder, conforme § 1º do art. 5º da Lei 9.430/1996.

Objetivo de Aprendizagem 13

Observe-se que nenhuma quota poderá ter valor inferior a R$ 1.000,00 (mil reais), e o imposto de valor inferior a R$ 2.000,00 (dois mil reais) será pago em quota única, até o último dia útil do mês subsequente ao do encerramento do período de apuração.

A primeira quota, com vencimento no mês subsequente ao do trimestre de apuração, não sofre incidência de encargos, desde que paga no vencimento. As demais quotas são acrescidas de juros equivalentes à taxa referencial do Sistema Especial de Liquidação e Custódia (Selic), para títulos federais, acumulada mensalmente, calculados a partir do primeiro dia do segundo mês subsequente ao do encerramento do período de apuração até o último dia do mês anterior ao do pagamento e de 1% (um por cento) no mês do pagamento.

Entretanto, em casos de incorporação, fusão ou cisão e de extinção da pessoa jurídica pelo encerramento da liquidação, o imposto devido deverá ser pago até o último dia útil do mês subsequente ao do evento, não havendo a possibilidade de opção pelo pagamento em quotas.

10.14 DISTRIBUIÇÃO DE LUCROS COM ISENÇÃO DE IRRF

É possível a PJ optante pelo pagamento do IRPJ pelo lucro presumido distribuir lucro para os seus sócios, proprietário, ou acionistas, sem retenção do Imposto de Renda Retido na Fonte (IRRF). No entanto, o lucro passível de distribuição com isenção do IRRF, pela empresa tributada pelo lucro presumido, está limitado ao montante equivalente ao valor da base de cálculo do imposto, diminuída de todos os impostos e contribuições a que estiver sujeita a pessoa jurídica.

Exemplo 76 – Apuração de lucros ou dividendos distribuídos sem incidência de IR

Em março de 2017, Davi Comércio de Sapatos Ltda. deliberou distribuir parte do lucro de 2016 e apurou os seguintes valores:

A – Receita bruta de vendas	50.000.000,
B – % de lucro	8%
C – Base de cálculo (A × B)	4.000.000,
D – PIS	(325.000,)
E – COFINS	(1.500.000,)
F – IRPJ	(600.000,)
G – Adicional IRPJ	(376.000,)
H – CSLL	(360.000,)
I – Lucro passível de distribuição com isenção de IR e CSLL (C – D – E – F – G – H)	839.000,

A parcela de lucros ou dividendo distribuído acima do valor permitido pela legislação tributária em excesso:

a) **no caso de beneficiário pessoa física residente no País**: sofrerá incidência do IRRF calculado de acordo com a Tabela Progressiva Mensal e integrará a base de cálculo do Imposto sobre a Renda na Declaração de Ajuste Anual do ano-calendário do recebimento;

b) **no caso de pessoas jurídicas domiciliadas no País**: deverá ser computada na base de cálculo do IRPJ e da CSLL;

c) **no caso de beneficiário residente ou domiciliado no exterior**: estará sujeita à incidência do IRRF calculado à alíquota de 15% (quinze por cento);

d) **no caso de beneficiário residente ou domiciliado em país ou dependência com tributação favorecida a que se refere o art. 24 da Lei 9.430, de 27 de dezembro de 1996**: estará sujeita à incidência do IRRF calculado à alíquota de 25% (vinte e cinco por cento).

Poderá ser distribuído dividendos acima do valor permitido pela legislação tributária, caso a empresa demonstre, mediante escrituração contábil feita com observância da lei comercial, que o lucro efetivo é maior que o determinado segundo as normas para apuração da base de cálculo do imposto pela qual houver optado, ou seja, o lucro presumido ou arbitrado.

Exemplo 77 – Apuração de lucros ou dividendos em empresa com escrituração completa

Caso a empresa Davi Comércio de Sapatos Ltda., do Exemplo 76, tenha mantido, em 2016, escrituração contábil completa e de acordo com a legislação comercial, ela poderá distribuir todo o lucro evidenciado nesta escrituração. Assim, supondo que a escrituração da empresa evidenciou lucro no montante de R$ 2.300.000, ela poderia efetuar distribuição de lucros superior a R$ 839.000, até o montante de R$ 2.300.000.

10.15 CÓDIGO DO DARF PARA RECOLHIMENTO DO IRPJ PELO LUCRO PRESUMIDO

O código do DARF para recolhimento do IRPJ pelo lucro presumido é 2089 – IRPJ – LUCRO PRESUMIDO.

10.16 DECLARAÇÕES

Entre outras declarações específicas, a pessoa jurídica tributada pelo lucro presumido deverá apresentar:

a) mensalmente: a DCTF; e

b) anualmente: a ECF e a DIRF.

CONTABILIDADE TRIBUTÁRIA

TESTES

Os testes a seguir constam das provas de concursos públicos indicadas no enunciado. Cada questão também apresenta o número original da questão na respectiva prova; os demais testes são de elaboração própria, para este livro.

1. 44. Uma empresa optante do regime de Lucro Presumido auferiu receitas de R$ 100 mil reais no período. Pagou de IR, CSL e PIS os valores conforme a tabela abaixo. Considerando uma alíquota de 32% para a apuração do lucro presumido, e considerando que incorreu em despesas operacionais no valor de R$ 50 mil, informe qual o maior valor que esta empresa pode distribuir de seus lucros, sem que os mesmos sofram tributação. (Analista Administrativo – Analista de Contabilidade, PRODAM/AM, FUNCAB, 2014)

Tributo	Valor Pago
IR	R$ 2.500,00
CSL	R$ 1.000,00
PIS + COFINS	R$ 3.500,00

(A) R$ 32 mil

(B) R$ 25 mil

(C) R$ 16 mil

(D) R$ 13,760 mil

(E) R$ 43 mil

2. Acerca dos tributos incidentes sobre a renda das empresas, julgue os itens seguintes. (Perito Criminal – Área 1, Polícia Federal, CESPE, 2013)

    70. A apuração de receita bruta em regime que seja diferente do regime de competência contábil configura infração à legislação tributária.

C) Certo

E) Errado

3. Determinada empresa comercial varejista, tributada pelo lucro presumido, auferiu receitas no montante de R$ 9.000.000,00 no primeiro trimestre de 20X1. Dessa forma, a empresa apurou, corretamente, o seguinte valor de IRPJ e adicional de IRPJ:

(A) R$ 108.000,00 de IRPJ e R$ 66.000,00 de adicional de IRPJ.

(B) R$ 108.000,00 de IRPJ e R$ 72.000,00 de adicional de IRPJ.

(C) R$ 1.350.000,00 de IRPJ e R$ 100.000,00 de adicional de IRPJ.

(D) R$ 72.000,00 de IRPJ e R$ 108.000,00 de adicional de IRPJ.

(E) R$ 66.000,00 de IRPJ e R$ 108.000,00 de adicional de IRPJ.

4. Determinada empresa comercial varejista, tributada pelo lucro presumido, auferiu receitas no montante de R$ 600.000,00 no primeiro trimestre de 20X5. Adicionalmente, a empresa reconheceu, pelo regime de competência, o montante de R$ 12.000,00 de rendimento de aplicação financeira. Neste trimestre o montante de resgate de aplicações financeiras foi R$ 400.000,00, que inclui R$ 130.000,00 de rendimentos resgatados. A empresa também reconheceu R$ 60.000,00 de AVP, retificando a receita operacional bruta, e R$ 15.000,00 de receita financeira de AVP de período anterior. Dessa forma, a empresa apurou, corretamente, o seguinte valor de IRPJ e adicional de IRPJ:

(A) R$ 8.280,00 de IRPJ e não há adicional de IRPJ.

(B) R$ 9.000,00 de IRPJ e não há adicional de IRPJ.

(C) R$ 26.700,00 de IRPJ e R$ 11.800,00 de adicional de IRPJ.

(D) R$ 7.200,00 de IRPJ e não há adicional de IRPJ.

(E) R$ 48.000,00 de IRPJ e R$ 118.000,00 de adicional de IRPJ.

5. No lucro presumido:

(A) A apuração do IRPJ é mensal.

(B) A apuração do IRPJ é bimestral.

(C) A apuração do IRPJ é trimestral.

(D) A apuração do IRPJ é semestral.

(E) A apuração do IRPJ é anual.

GABARITO

Teste	1	2	3	4	5
Resposta	B	E	A	C	C

CAPÍTULO **11**

CSLL: resultado presumido

Este capítulo aborda a apuração da Contribuição Social sobre o Lucro Líquido (CSLL) apurada com base no resultado presumido. O capítulo inicia apresentando a vinculação da sistemática de apuração da CSLL com a de apuração do IRPJ; prossegue com uma discussão sobre a alíquota da CSLL, indicando o período de apuração da CSLL e a data de vencimento e forma de apuração da base de cálculo da CSLL; e conclui discutindo o pagamento da CSLL em cotas mensais.

Objetivos de aprendizagem

Após estudar este capítulo, você deverá ser capaz de:

1. compreender a vinculação da sistemática de apuração da CSLL à de apuração do IRPJ;
2. apontar a alíquota da CSLL;
3. identificar o período de apuração da CSLL;
4. apontar a data de vencimento da CSLL;
5. identificar o momento de opção pelo lucro presumido e pelo resultado presumido;
6. apurar a base de cálculo da CSLL;
7. compensar valores de CSLL retida na fonte do montante da CSLL a recolher;
8. utilizar o regime de competência ou o regime de caixa para apuração da CSLL;
9. parcelar o pagamento da CSLL em até três quotas mensais;
10. indicar o código do DARF para recolhimento da CSLL pelo resultado presumido.

11.1 ASPECTOS INTRODUTÓRIOS

A Contribuição Social sobre o Lucro Líquido (CSLL) é um tributo de competência da União, que foi instituído pela Lei 7.689/1988. A pessoa jurídica que optar por recolher o IRPJ pelo lucro presumido deverá recolher a CSLL com base no resultado presumido, obrigatoriamente. Em outras palavras, a opção pelo lucro presumido vincula o recolhimento da CSLL. Além disso, na apuração da CSLL a pessoa jurídica deverá respeitar o mesmo regime, de caixa ou de competência, que houver utilizado para apuração do IRPJ.

11.2 ALÍQUOTAS DA CSLL

Para as pessoas jurídicas em geral, a alíquota da CSLL é de 9%. Entretanto, no caso das pessoas jurídicas consideradas instituições financeiras, de seguros privados e de capitalização, a alíquota é de 15%. Até 30/04/1999, a alíquota da CSLL era de 8%, sendo que, de 1º/05/1999 até 31/01/2000, a alíquota da CSLL era de 12%.

11.3 PERIODICIDADE DE APURAÇÃO E DATA DE RECOLHIMENTO

Na apuração com base no resultado presumido, a CSLL é apurada por períodos trimestrais, encerrados nos dias 31 de março, 30 de junho, 30 de setembro e 31 de dezembro de cada ano. De acordo com o art. 5º da Lei 9.430/1996, a CSLL deve ser recolhida até o último dia útil do mês subsequente ao do encerramento de cada trimestre, conforme a Tabela 11.1. Caso nesse dia não haja expediente bancário, o pagamento deverá ser antecipado para o dia útil imediatamente anterior.

TABELA 11.1

Trimestres de apuração e data de recolhimento da CSLL

Meses de apuração da receita	Trimestre	Data de recolhimento
Janeiro, fevereiro e março	1º trimestre	Até 30 de abril do mesmo ano
Abril, maio e junho	2º trimestre	Até 31 de julho do mesmo ano
Julho, agosto e setembro	3º trimestre	Até 31 de outubro do mesmo ano
Outubro, novembro e dezembro	4º trimestre	Até 31 de janeiro do ano seguinte

11.4 MOMENTO DA OPÇÃO PELO REGIME DO LUCRO PRESUMIDO

A opção pela apuração da CSLL com base no lucro presumido é manifestada com o pagamento da primeira, ou única, quota do IRPJ relativa ao primeiro período de apuração de cada ano-calendário.

Objetivo de Aprendizagem 5

11.5 BASE DE CÁLCULO DA CSLL

A base de cálculo da CSLL para a pessoa jurídica optante pelo lucro presumido corresponde aos seguintes percentuais aplicados sobre a receita bruta auferida no período deduzida das devoluções, vendas canceladas e dos descontos incondicionais concedidos:

Objetivo de Aprendizagem 6

- ✓ 12% para as atividades de comércio, indústria, prestação de serviços hospitalares e de transporte; e
- ✓ 32% para as atividades:
    - o de prestação de serviços em geral, exceto de serviços hospitalares e de transporte;
    - o intermediação de negócios, administração, locação ou cessão de bens imóveis, móveis e direitos de qualquer natureza;
    - o prestação cumulativa e contínua de serviços de assessoria creditícia, mercadológica, gestão de crédito, seleção de riscos, administração de contas a pagar e a receber, e compra de direitos creditórios resultantes de vendas mercantis a prazo ou de prestação de serviços (*factoring*).

No caso de atividades diversificadas, será aplicado o percentual correspondente a cada atividade, conforme demonstrado no Exemplo 78.

Exemplo 78 – Base de cálculo da CSLL: empresa com atividade diversificada

A Sol Construtora e Incorporadora Ltda. atua nos segmentos de incorporação imobiliária e de aluguel de imóveis próprios. No primeiro trimestre de X1, registrou os seguintes valores de receita para essas duas atividades:

Receita bruta	Jan./X1	Fev./X1	Mar./X1	1º Trim.	% lucro	Base de cálculo CSLL
Venda de imóveis	$ 500.000,	$ 450.000,	$ 490.000,	$ 1.440.000,	12%	$ 172.800,
Aluguel de imóveis	$ 180.000,	$ 170.000,	$ 150.000,	$ 500.000,	32%	$ 160.000,
Soma	$ 680.000,	$ 620.000,	$ 640.000,	$ 1.940.000,		$ 332.800,
Alíquota CSLL						9%
Valor da CSLL						$ 29.952,

No caso de contratos de concessão de serviços públicos, deve-se aplicar o percentual de 32% sobre a receita das atividades de construção, recuperação, reforma, ampliação ou melhoramento de infraestrutura, independentemente do emprego parcial ou total de materiais, para obtenção do resultado presumido, conforme art. 227, § 4º, inciso III, alínea "e", da IN RFB 1.700/2017.

11.6 CONCEITO DE RECEITA BRUTA

Receita bruta compreende:

a) o produto da venda de bens nas operações de conta própria, tais como a venda de sapatos por uma indústria calçadista ou a venda de sofás por uma loja de móveis;

b) o preço dos serviços prestados, tal como o valor cobrado por uma lavanderia;

c) o resultado auferido nas operações de conta alheia, tal como a comissão cobrada pela representação comercial.

Na receita bruta não se incluem as vendas canceladas, os descontos incondicionais concedidos e os impostos não cumulativos cobrados destacadamente do comprador ou contratante dos quais o vendedor dos bens ou o prestador dos serviços seja mero depositário, tais como o IPI e o ICMS substituição tributária (ICMS-ST).

Observe-se que na receita bruta incluem-se os tributos sobre ela incidentes e os valores decorrentes de seu ajuste a valor presente. Por outro lado, não se incluem na receita bruta os valores que, como decorrência de seu ajuste, tenham sido apropriados como receita financeira, quer seja no mesmo período de apuração do reconhecimento da receita bruta ou em outro período de apuração.

11.7 ACRÉSCIMOS À BASE DE CÁLCULO DA CSLL

Para o cálculo da CSLL, ao resultado da aplicação dos percentuais de 12% ou 32% sobre a receita bruta auferida no período deduzida das devoluções, das vendas canceladas e dos descontos incondicionais concedidos devem ser adicionados os ganhos de capital, os rendimentos e ganhos líquidos auferidos em aplicações financeiras, as demais receitas e os resultados positivos auferidos no mesmo período de apuração, inclusive:

a) os ganhos de capital nas alienações de bens do ativo permanente e de ouro não caracterizado como ativo financeiro. Tais valores correspondem à diferença positiva verificada entre o valor da alienação e o respectivo valor contábil;

b) os ganhos de capital auferidos na alienação de participações societárias permanentes em sociedades coligadas e controladas, e de participações societárias que permaneceram no ativo da pessoa jurídica até o término do ano-calendário seguinte ao de sua aquisição. Tais valores devem ser apurados anualmente e acrescidos ao resultado presumido do último trimestre do ano-calendário, para efeito de se determinar a CSLL devida;

c) os ganhos de capital auferidos na devolução de capital em bens ou direitos;

d) os rendimentos auferidos nas operações de mútuo realizadas entre pessoas jurídicas ou entre pessoa jurídica e pessoa física;

e) a receita de locação de imóvel, quando não for este o objeto social da pessoa jurídica, deduzida dos encargos necessários à sua percepção;

f) os juros equivalentes à taxa referencial do Selic para títulos federais, acumulada mensalmente, relativos a tributos e contribuições a serem restituídos ou compensados;

g) os valores recuperados correspondentes a custos e despesas, inclusive com perdas no recebimento de créditos, salvo se a pessoa jurídica comprovar não os ter deduzido em período anterior no qual tenha se submetido ao regime de incidência da CSLL com base no resultado ajustado, ou que se refiram a período no qual tenha se submetido ao regime de incidência da CSLL com base no resultado presumido, arbitrado ou Simples Nacional;

h) a diferença entre o valor em dinheiro ou o valor dos bens e direitos recebidos de instituição isenta, a título de devolução de patrimônio, e o valor em dinheiro ou o valor dos bens e direitos entregue para a formação do referido patrimônio;

i) os rendimentos e ganhos líquidos auferidos em aplicações financeiras de renda fixa e de renda variável;

j) as variações monetárias ativas dos direitos de crédito e das obrigações do contribuinte, em função da taxa de câmbio ou de índices ou coeficientes aplicáveis por disposição legal ou contratual. Tais variações serão consideradas, para efeito de determinação do resultado presumido ou arbitrado da CSLL, quando da liquidação da correspondente operação. À opção da pessoa jurídica, as variações cambiais podem ser consideradas, na determinação da base de cálculo da CSLL, pelo regime de competência, o qual deve ser aplicado a todo o ano-calendário.

O valor do vale-pedágio obrigatório, que o embarcador paga ao transportador, não deve ser considerado como receita operacional/rendimento tributável porque não integra o frete.

11.8 CSLL E RECEITA FINANCEIRA DECORRENTE AVP

As receitas financeiras decorrentes de ajuste a valor presente não devem ser incluídas na apuração base de cálculo do CSLL pelo lucro presumido, conforme a IN RFB 1.1700/2017.

Exemplo 79 – Receita financeira decorrente de AVP

A Comercial Lopes Ltda. registrou os seguintes valores em sua contabilidade no primeiro trimestre de X1, sendo que o AVP se refere à venda de mercadorias a prazo e será reconhecido como receita financeiro nos 40 meses seguintes ao término desse trimestre:

Receita bruta de vendas de mercadorias	$ 1.000.000,
(–) Devoluções	($ 200.000,)
(–) PIS e COFINS	($ 29.200,)
(–) ICMS	($ 144.000,)
(–) Ajuste ao valor presente	($ 120.000,)
= *Receita líquida de vendas*	*$ 506.800,*

No segundo trimestre de X1, a empresa reconheceu $ 15.000 (200.000 / 40 × 3) como receita financeira decorrente de ajuste a valor presente de suas vendas a prazo do primeiro trimestre:

Debite: (–) Juros a apropriar (AVP) – Ativo não circulante

Credite: Receita financeira – Resultado $ 15.000,

Essa receita financeira **não** será computada na apuração base de cálculo da CSLL do segundo trimestre de X1.

11.9 COMPENSAÇÃO DA CSLL RETIDA NA FONTE

Objetivo de Aprendizagem 7

A pessoa jurídica pode compensar a CSLL retida na fonte sobre os seus rendimentos deduzindo-a do valor da CSLL apurada no trimestre em que sofreu a retenção. Caso o valor da CSLL retida seja superior ao valor da CSLL apurada, resultando em CSLL negativa, esse saldo excedente pode ser compensado nos trimestres subsequentes.

Para a compensação do saldo negativo da CSLL em períodos subsequentes, a pessoa jurídica deverá informar a compensação na DCTF e apresentar Declaração de Compensação (Dcomp).

Exemplo 80 – Compensação de CSLL

No primeiro trimestre de X1 a empresa Sônia Serviços Ltda. auferiu R$ 2.000.000 de receita de venda de serviços, resgatou uma aplicação financeira, cujo rendimento foi de R$ 30.000, e teve R$ 20.000 de ganho líquido na alienação de um ativo. Sobre a receita de serviços a empresa sofreu retenção na fonte de CSLL, no valor R$ 20.000. Com base nesses dados, a empresa apurou o seguinte valor para a CSLL para o trimestre.

A – Receita de venda de serviços	$ 2.000.000,
B – % base cálculo da CSLL	× 32%
C – Base de cálculo da CSLL (A × B)	$ 640.000,
D – Rendimento de aplicação financeira	$ 30.000,
E – Ganho líquido na alienação do ativo	$ 20.000,
F – Base de cálculo da CSLL (C + D + E)	*$ 690.000,*
G – CSL (690.000 × 9%)	$ 62.100,
H – (–) CSLL retida na fonte	($ 20.000,)
I – CSLL a recolher (G – H)	*$ 42.100,*

11.10 DETERMINAÇÃO PELO REGIME DE CAIXA OU PELO REGIME DE COMPETÊNCIA

A pessoa jurídica deve determinar a base de cálculo da CSLL segundo o regime de caixa ou de competência, obedecendo ao mesmo regime adotado para a determinação da base de cálculo do IRPJ. Dessa forma, se a pessoa jurídica optar por apurar o IRPJ pelo lucro presumido e sob o regime de caixa, deverá adotar o mesmo regime para apurar a CSLL.

Objetivo de Aprendizagem 8

Exemplo 81 – Apuração do resultado ajustado pelo regime de caixa

A Comercial Andreia Ltda. registrou os seguintes valores, referentes à venda de mercadorias:

	Janeiro	Fevereiro	Março	Trimestre
Receita (regime de competência)	800.000,	650.000,	750.000,	2.200.000,
Recebimentos das vendas	480.000,	390.000,	450.000,	1.320.000,

Com base nesses dados, apurou os seguintes valores para a CSLL com base no lucro presumido pelo regime de competência e pelo regime de caixa:

Regime de competência
Base de cálculo da CSLL   2.200.000 × 12% = 264.000
CSLL   264.000 × 9% = 23.760

Regime de caixa
Base de cálculo da CSLL   1.320.000 × 12% = 158.400
CSLL   158.400 × 9% = 14.256

A legislação tributária dispensa a pessoa jurídica que opta pelo recolhimento da CSLL com base no lucro presumido determinado pelo regime de caixa de manter escrituração contábil completa. É importante destacar que essa dispensa é apenas da legislação fiscal e não se estende à legislação societária. Nesse sentido, o Conselho Federal de Contabilidade já se manifestou afirmando a obrigatoriedade de todas as pessoas jurídicas manterem escrituração contábil completa de todos os eventos e transações que provocam variação em seu patrimônio.

A pessoa jurídica que recolher o IRPJ e a CSLL com base no lucro presumido apurado pelo regime de caixa e optar por manter apenas a escrituração do livro caixa, deverá emitir a nota fiscal quando da entrega do bem ou direito ou da conclusão do serviço e indicar no livro caixa, em registro individual, a nota fiscal a que corresponder cada recebimento.

A pessoa jurídica que mantiver escrituração contábil, na forma da legislação comercial, deverá controlar os recebimentos de suas receitas em conta específica, na qual, em cada lançamento, será indicada a nota fiscal a que corresponder o recebimento.

Os valores recebidos adiantadamente, por conta da venda de bens ou direitos ou da prestação de serviços, serão computados como receita do mês em que se der o faturamento, a entrega do bem ou do direito ou a conclusão dos serviços, o que primeiro ocorrer. Os valores recebidos, a qualquer título, do adquirente do bem ou direito ou do contratante dos serviços serão considerados como recebimento do preço ou de parte do preço, até completar o montante do preço acordado com o adquirente.

11.11 PAGAMENTO EM QUOTAS MENSAIS

Objetivo de Aprendizagem 9

A CSLL devida em cada trimestre pode, por opção da pessoa jurídica, ser paga em até três quotas mensais, iguais e sucessivas, vencíveis no último dia útil dos três meses subsequentes ao de encerramento do período de apuração a que corresponder, conforme o § 1º do art. 5º da Lei 9.430/1996.

Observe-se que nenhuma quota poderá ter valor inferior a R$ 1.000,00 (mil reais) e a contribuição de valor inferior a R$ 2.000,00 (dois mil reais) será paga em quota única, até o último dia útil do mês subsequente ao do encerramento do período de apuração.

A primeira quota, com vencimento no mês subsequente ao do trimestre de apuração, não sofre incidência de encargos, desde que paga no vencimento. As demais quotas são acrescidas de juros equivalentes à taxa referencial do Sistema Especial de Liquidação e Custódia (Selic), para títulos federais, acumulada mensalmente, calculados a partir do primeiro dia do segundo mês subsequente ao do encerramento do período de apuração até o último dia do mês anterior ao do pagamento e de 1% (um por cento) no mês do pagamento.

Entretanto, em casos de incorporação, fusão ou cisão e de extinção da pessoa jurídica pelo encerramento da liquidação, o imposto devido deverá ser pago até o último dia útil do mês subsequente ao do evento, não havendo a possibilidade de opção pelo pagamento em quotas.

11.12 CÓDIGO DO DARF PARA RECOLHIMENTO DA CSLL PELO LUCRO PRESUMIDO

Objetivo de Aprendizagem 10

O código do DARF para recolhimento da CSLL pelo lucro presumido é 2372 – CSLL – LUCRO PRESUMIDO.

TESTES

Os testes a seguir são de elaboração própria, para este livro.

1. Determinada empresa comercial varejista, tributada pelo lucro presumido, auferiu receitas no montante de R$ 8.000.000,00 no primeiro trimestre de 20X1. Dessa forma, a empresa apurou, corretamente, o seguinte valor de CSLL:

(A) R$ 57.600,00.

(B) R$ 86.400,00.

(C) R$ 115.600,00.

(D) R$ 720.000,00.

(D) R$ 72.000,00.

2. Determinada empresa comercial varejista, tributada pelo lucro presumido, auferiu receitas no montante de R$ 600.000,00 no primeiro trimestre de 20X5. Adicionalmente, a empresa reconheceu, pelo regime de competência, o montante de R$ 12.000,00 de rendimento de aplicação financeira. Neste trimestre, o montante de resgate de aplicações financeiras foi R$ 400.000,00, que inclui R$ 130.000,00 de rendimentos resgatados. A empresa também reconheceu R$ 60.000,00 de AVP, retificando a receita operacional bruta, e R$ 15.000,00 de receita financeira de AVP de período anterior. Dessa forma, a empresa apurou, corretamente, o seguinte valor de CSLL:

(A) R$ 6.480,00.

(B) R$ 4.320,00.

(C) R$ 18.180,00.

(D) R$ 17.532,00.

(E) R$ 16.480,00.

3. No lucro presumido:

(A) A apuração da CSLL é mensal.

(B) A apuração da CSLL é bimestral.

(C) A apuração da CSLL é trimestral.

(D) A apuração da CSLL é semestral.

(E) A apuração da CSLL é anual.

230 CONTABILIDADE TRIBUTÁRIA

4. No lucro presumido a apuração da CSLL:

(A) Só pode ser pelo regime de competência.

(B) Só pode ser pelo regime de caixa.

(C) Nunca pode ser pelo regime de caixa.

(D) Pode ser pelo regime de competência ou de caixa, à opção da empresa.

(E) Será pelo regime de competência ou caixa, conforme opção da pessoa jurídica para o recolhimento do IRPJ.

5. Sobre a receita bruta de empresas prestadoras de serviços em geral, deve-se aplicar o seguinte percentual para apuração do resultado presumido:

(A) 8%.

(B) 16%.

(C) 24%.

(D) 32%.

(E) 12%.

GABARITO

Teste	1	2	3	4	5
Resposta	B	C	C	E	D

CAPÍTULO **12**

IRPJ: lucro real

Este capítulo discute a apuração do Imposto de Renda da Pessoa Jurídica (IRPJ) pelo lucro real. O capítulo inicia conceituando lucro real como o lucro contábil ajustado pelas adições determinadas pela legislação tributária e pelas exclusões por ela permitidas. O capítulo prossegue indicando quais pessoas jurídicas estão obrigadas ao lucro real e informando sobre a possibilidade da opção pelo lucro real para as pessoas jurídicas que não são obrigadas a essa sistemática; abordando a apuração da base de cálculo estimada e a possibilidade de suspensão ou redução dos pagamentos mensais do IRPJ; bem como apresenta temas como a apuração anual ou trimestral, dedutibilidade de despesas, escrituração do Livro de Apuração do Lucro Real Eletrônico (e-LALUR), ajuste a valor presente (AVP). O capítulo encerra com uma discussão sobre a dedutibilidade de perdas no recebimento de créditos.

Objetivos de aprendizagem

Após estudar este capítulo, você deverá ser capaz de:

1. compreender o conceito de lucro real;
2. apontar a alíquota do IRPJ;
3. calcular o adicional do IRPJ;
4. caracterizar as pessoas jurídicas obrigadas ao lucro real e a possibilidade de opção por essa sistemática de apuração do IRPJ pelas demais pessoas jurídicas;
5. discutir a apuração trimestral e anual do IRPJ;

6. identificar o código do DARF para recolhimento do IRPJ pelo lucro real trimestral;
7. compreender o pagamento do IRPJ mediante base de cálculo estimada;
8. determinar a base de cálculo estimada;
9. utilizar a faculdade de levantar balancete para a suspensão ou redução do recolhimento do imposto;
10. apontar o código do DARF para recolhimento do IRPJ sobre base de cálculo estimada;
11. compreender a apuração anual do IRPJ; e
12. entender a escrituração do Livro de Apuração do Lucro Real Eletrônico (e-LALUR).

12.1 CONCEITO DE LUCRO REAL

Lucro real é o lucro contábil, antes do imposto de renda e da contribuição social, apurado com observância das leis comerciais e ajustado pelas adições prescritas e pelas exclusões ou compensações autorizadas pela legislação do imposto sobre a renda.

LUCRO ANTES DO IRPJ E DA CSLL
+ ADIÇÕES DETERMINADAS PELA LEGISLAÇÃO FISCAL
(–) EXCLUSÕES PERMITIDAS PELA LEGISLAÇÃO FISCAL
= LUCRO REAL

12.2 ALÍQUOTA

A alíquota do IRPJ é de 15%.

12.3 ADICIONAL DO IRPJ

Além do IRPJ, a pessoa jurídica deve recolher o adicional do IRPJ, equivalente a 10% sobre o lucro real que exceder R$ 240.000 no ano, R$ 60.000 no trimestre ou R$ 20.000 no mês, para os casos de empresa no início de atividade ou opção pelo recolhimento mensal, mediante base de cálculo estimada.

12.4 PESSOAS JURÍDICAS OBRIGADAS À APURAÇÃO PELO LUCRO REAL

De acordo com o art. 59 da IN RFB 1.700/2017, estão obrigadas ao regime de tributação com base no lucro real as Pessoas Jurídicas:

Objetivo de Aprendizagem 4

I. cuja receita total, no ano-calendário anterior, tenha excedido o limite de R$ 78.000.000,00 (setenta e oito milhões de reais) ou de R$ 6.500.000,00 (seis milhões e quinhentos mil reais) multiplicado pelo número de meses do período, quando inferior a 12 (doze) meses;

II. cujas atividades sejam de bancos comerciais, bancos de investimentos, bancos de desenvolvimento, agências de fomento, caixas econômicas, sociedades de crédito, financiamento e investimento, sociedades de crédito imobiliário, sociedades corretoras de títulos, valores mobiliários e câmbio, distribuidoras de títulos e valores mobiliários, empresas de arrendamento mercantil, cooperativas de crédito, empresas de seguros privados e de capitalização e entidades de previdência privada aberta;

III. que tiverem lucros, rendimentos ou ganhos de capital oriundos do exterior, exceto se tal receita for decorrente de exportação de mercadorias e da prestação direta de serviços no exterior. Entretanto, não se considera direta a prestação de serviços realizada no exterior por intermédio de filiais, sucursais, agências, representações, coligadas, controladas e outras unidades descentralizadas da pessoa jurídica que lhes sejam assemelhadas;

IV. que, autorizadas pela legislação tributária, usufruam de benefícios fiscais relativos à isenção ou redução do imposto;

V. que, no decorrer do ano-calendário, tenham efetuado pagamento mensal pelo regime de estimativa, na forma prevista nos arts. 33 e 34 da IN RFB 1.700/2017;

VI. que explorem as atividades de prestação cumulativa e contínua de serviços de assessoria creditícia, mercadológica, gestão de crédito, seleção e riscos, administração de contas a pagar e a receber, compras de direitos creditórios resultantes de vendas mercantis a prazo ou de prestação de serviços (*factoring*);

VII. que explorem as atividades de securitização de créditos imobiliários, financeiros e do agronegócio;

VIII. que explorem a atividade de compras de direitos creditórios, ainda que se destinem à formação de lastro de valores mobiliários (securitização).

> **Exemplo 82 – Empresas obrigadas ao lucro real**
>
> Em 2017, o Banco Lopes S.A. teve receita bruta de R$ 70.000.000. Contudo, por exercer atividade de banco comercial, está obrigado ao recolhimento do IRPJ pelo lucro real.
>
> A Comercial Moda Fina Ltda., apesar de exercer a atividade de venda de confecções, em 2018 está obrigada ao recolhimento do IRPJ pelo lucro real, pois sua receita bruta, em 2017, foi de R$ 90.000.000.
>
> Ribeiro & Lima Fomento Mercantil Ltda. teve receita bruta de R$ 24.000.000 em 2017. Entretanto, por exercer atividade de *factoring*, está obrigado ao recolhimento do IRPJ pelo lucro real.

As pessoas jurídicas não obrigadas ao lucro real podem optar espontaneamente por este regime de apuração do IRPJ.

A opção pelo lucro real é realizada com o pagamento da primeira cota ou cota única do imposto. Esta opção se dará:

- ✓ no mês de fevereiro, no caso opção pelo lucro real anual e pagamento mensal sobre base de cálculo estimada;
- ✓ no mês de abril, no caso de opção pelo lucro real trimestral;
- ✓ em outro mês, nos casos em que a empresa utilizar balancete e suspender o pagamento de imposto nos primeiros meses do ano ou quando a empresa em início de atividade.

> **Exemplo 83 – Opção pelo lucro real por empresa não obrigada**
>
> Em 2017, a receita bruta do Restaurante Sabores da Lia Ltda. foi R$ 66.000.000. Mesmo não estando obrigado ao lucro real, os estudos de planejamento tributário indicaram que esta era a opção que propiciaria economia tributária para aquele restaurante. Assim, no dia 28/02/2018, o Restaurante Sabores da Lia Ltda. recolheu o IRPJ utilizando DARF com o código de receita 5993 – IRPJ – ENTIDADE NÃO FINANCEIRA – ESTIMATIVA MENSAL – PJ OPTANTE PELO LUCRO REAL.

12.5 PERÍODO DE APURAÇÃO TRIMESTRAL OU ANUAL

Objetivo de Aprendizagem 5

As pessoas jurídicas que apurarem o imposto pelo lucro real podem optar pela apuração trimestral ou anual do imposto. No caso de apuração anual, a pessoa jurídica deverá fazer o pagamento mensal por estimativa.

A opção pelo regime trimestral ou anual é irretratável para todo o ano-calendário, sendo efetuada com o pagamento do imposto correspondente ao mês de janeiro do ano-calendário, ainda que intempestivo, ou com o levantamento do respectivo balanço ou balancete de suspensão. No caso de início de atividades, a opção será manifestada com o pagamento do imposto correspondente ao primeiro mês de atividade da pessoa jurídica, conforme arts. 220, 221 e 222 do RIR/1999.

12.6 APURAÇÃO TRIMESTRAL

No caso de apuração trimestral, a pessoa jurídica determinará a base de cálculo do imposto sobre a renda ao longo de períodos encerrados nos dias 31 de março, 30 de junho, 30 de setembro e 31 de dezembro de cada ano-calendário. Para a apuração do IRPJ, a pessoa jurídica deverá levantar demonstrações contábeis em cada trimestre, observando as normas estabelecidas pela legislação comercial, e ajustar o lucro contábil pelas adições, exclusões e compensações determinadas ou autorizadas pela legislação fiscal.

12.6.1 Compensação de prejuízo fiscal na apuração trimestral

Uma desvantagem do lucro real trimestral é que a compensação de eventual pre-juízo em dado trimestre está limitada a 30% do lucro apurado em cada trimestre pos-terior. Por outro lado, as empresas optantes pelo lucro real anual podem compensar 100% do prejuízo em qualquer trimestre com o lucro de outro trimestre, desde que dentro de mesmo período-base.

Exemplo 84 – Compensação de prejuízo fiscal

A Indústria de Doces Ltda., que recolhe o IRPJ pelo lucro real trimestral, apurou os seguintes valores para X1:

Trimestre	Resultado	Valor	IRPJ	Adicional	IRPJ + Adicional
Primeiro	Lucro	600.000,	90.000,	54.000,	144.000,
Segundo	Prejuízo	(400.000,)	-x-	-x-	-x-
Terceiro	Lucro	300.000,	31.500,	15.000,	46.500,
Quarto	Lucro	500.000,	52.500,	29.000,	81.500,
	Soma	1.000.000,	174.000,	98.000,	272.000,

A apuração do IRPJ do terceiro trimestre leva em conta a possibilidade para compensar o prejuízo fiscal do segundo trimestre, limitado a 30% do lucro. Assim, a apuração do IRPJ e do adicional do IRPJ no terceiro trimestre foi:
IRPJ = [300.000 – (300.000 × 30%)] × 15% = 31.500
Adicional de IRPJ = [300.000 – (300.000 × 30%) – 60.000] × 10% = 15.000
Outra opção seria a apuração pelo lucro real anual, com pagamento mensal sobre base de cálculo estimada e levan-tamento de balancetes para redução de pagamento dos tributos (sobre balancete de suspensão, ver o item 12.7.5). Nesse caso, os valores seriam:

Trimestre	Resultado	Valor	IRPJ	Adicional	IRPJ + Adicional
Primeiro	Lucro	600.000,	90.000,	54.000,	144.000,
Segundo	Prejuízo	(400.000,)	-x-	-x-	-x-
Terceiro	Lucro	300.000,	-x-	-x-	-x-
Quarto	Lucro	500.000,	60.000,	22.000,	82.000,
	Soma	1.000.000,	150.000,	76.000,	226.000,

Observe que o lucro acumulado até o segundo trimestre é 200.000 = 600.000 – 400.000. O valor devido de IRPJ mais adicional de IRPJ seria: 38.000 = 200.000 × 15% + 80.000 × 10%.
No ano, o lucro acumulado é R$ 1.000.000. O valor de IRPJ mais adicional de IRPJ seria: 1.000.000 × 15% + 760.000 × 10% = 226.000.
Neste caso, a apuração pelo lucro real anual seria a mais econômica.

12.6.2 Recolhimento do IRPJ na apuração trimestral

O imposto apurado ao final de cada trimestre será pago em quota única, até o último dia útil do mês subsequente ao do encerramento do período de apuração.

No caso de apuração trimestral, a pessoa jurídica determinará a base de cálculo do imposto sobre a renda ao longo de períodos encerrados nos dias 31 de março, 30 de junho, 30 de setembro e 31 de dezembro de cada ano-calendário. O imposto apurado ao final de cada trimestre será pago em quota única, até o último dia útil do mês subsequente ao do encerramento do período de apuração.

À opção da pessoa jurídica, o imposto devido poderá ser pago em até três quotas mensais, iguais e sucessivas, vencíveis no último dia útil dos três meses subsequentes ao do encerramento do período de apuração a que corresponder. Entretanto, nenhuma quota poderá ter valor inferior a R$ 1.000,00 (mil reais) e o imposto de valor inferior a R$ 2.000,00 (dois mil reais) será pago em quota única, até o último dia útil do mês subsequente ao do encerramento do período de apuração.

As quotas do imposto serão acrescidas de juros equivalentes à taxa referencial da Selic, para títulos federais, acumulada mensalmente, calculados a partir do primeiro dia do segundo mês subsequente ao do encerramento do período de apuração até o último dia do mês anterior ao do pagamento e de 1% (um por cento) no mês do pagamento. A primeira quota ou quota única, quando paga até o vencimento, não sofrerá acréscimos.

12.6.3 Códigos do DARF do IRPJ no lucro real trimestral

Objetivo de Aprendizagem 6

Para as pessoas jurídicas <u>obrigadas ao lucro real</u>, os códigos de recolhimentos do imposto apurado pelo regime do lucro real trimestral são:

✓ 1599 – IRPJ – ENTIDADE FINANCEIRA – APURAÇÃO TRIMESTRAL

✓ 0220 – IRPJ – ENTIDADE NÃO FINANCEIRA – APURAÇÃO TRIMESTRAL

Para as pessoas jurídicas optantes pelo lucro real, o código de recolhimento do imposto apurado pelo regime do lucro real trimestral é:

✓ 3373 – IRPJ – ENTIDADE NÃO FINANCEIRA – APURAÇÃO TRIMESTRAL

12.7 PAGAMENTO POR ESTIMATIVA

No caso de apuração anual do imposto de renda, a pessoa jurídica pagará o imposto mensalmente sobre base de cálculo estimada. Nesse caso: o imposto apurado em janeiro, sobre base de cálculo estimada, será pago em fevereiro; o imposto apurado em fevereiro será pago em março; e assim sucessivamente. O imposto apurado sobre base de cálculo estimada em dezembro deve ser pago até o último dia útil de janeiro do ano subsequente.

As pessoas jurídicas que optarem pelo pagamento do imposto por estimativa devem apurar o lucro real em 31 de dezembro de cada ano. Dessa forma, a pessoa jurídica que apura o imposto de renda pelo lucro real anual deve efetuar dois procedimentos na data base 31 de dezembro:

a) apurar o imposto a recolher sobre a base de cálculo estimada;
b) apurar o saldo do imposto, considerando o resultado que a pessoa jurídica apurou no ano e o montante dos impostos pagos mensalmente sobre a base estimada.

Considerando-se os procedimentos *supra*, o saldo do imposto apurado em 31 de dezembro, pelas pessoas jurídicas, se positivo, será pago em quota única, até o último dia útil do mês de março do ano subsequente, acrescido de juros calculados à taxa referencial da Selic, para títulos federais, acumulada mensalmente, calculados a partir de 1.º de fevereiro até o último dia do mês anterior ao do pagamento e de 1% (um por cento) no mês do pagamento.

O pagamento do IRPJ sobre base de cálculo estimada mensalmente está disciplinado no art. 2º da Lei 9.430/1996; no art. 15 da Lei 9.249/1995; nos arts. 222 a 224 do Decreto 3.000/1999; e nos arts. 32 a 53 da IN RFB 1.700/2017.

12.7.1 Determinação da base de cálculo estimada

A base de cálculo estimada será determinada, mensalmente, mediante a aplicação dos percentuais da Tabela 12.1 sobre a receita bruta.

238 CONTABILIDADE TRIBUTÁRIA

TABELA 12.1

Percentuais para apuração do lucro estimado em função da atividade da PJ

Atividade	% de presunção do lucro
Comércio em geral (Atacadistas e varejistas)	8%
Revenda, para consumo, de combustível derivado de petróleo, álcool etílico carburante e gás natural	1,6%
Indústria em geral	8%
Serviços em geral	32%
Serviço de transporte de carga	8%
Serviços de transporte, exceto de carga	16%
Intermediação de negócios	32%
Administração, locação ou cessão de bens, imóveis, móveis e direitos de qualquer natureza	32%
Serviços hospitalares	8%

O conceito de receita bruta é aquele apresentado no item 10.3. Portanto, os valores decorrentes do ajuste a valor presente incluem-se nas receitas, independentemente da forma como essas receitas tenham sido contabilizadas.

Exemplo 85 – Determinação da base de cálculo estimada

A Lopes Comércio de Alimentos S.A. registrou os seguintes valores em sua contabilidade em janeiro de X1:

Receita bruta	R$ 20.000.000,
(–) Tributos sobre vendas	(R$ 5.450.000,)
(–) Ajuste a valor presente	(R$ 800.000,)
(–) Devoluções	(R$ 200.000,)
= *Receita líquida de vendas*	*R$ 13.550.000,*

No primeiro trimestre de X1, a Cia. reconheceu R$ 10.000, de receita financeira decorrente de ajuste a valor presente de suas vendas a prazo.

A empresa determinou a base de cálculo estimada e apurou o IRPJ a recolher da seguinte forma:

Receita bruta	R$ 20.000.000,
(–) Devoluções	(R$ 200.000,)
= Receita bruta ajustada	R$ 19.800.000,
% lucro estimado	× 8%
= Valor do lucro estimado	R$ 1.584.000,

12.7.2 Valores que devem ser acrescidos à base de cálculo estimada

Os ganhos de capital, as demais receitas e os resultados positivos decorrentes de receitas não compreendidas na atividade da pessoa jurídica devem ser acrescidos à base de cálculo, no mês em que forem auferidos. Isso inclui, mas não se restringe a:

a) receita de locação de imóvel, quando não for este o objeto social da pessoa jurídica, deduzida dos encargos necessários à sua percepção;

b) juros relativos a impostos e contribuições a serem restituídos ou compensados;

c) variações monetárias ativas;

d) ganhos de capital auferidos na alienação de participações societárias permanentes em sociedades coligadas e controladas, e de participações societárias que permaneceram no ativo da pessoa jurídica até o término do ano-calendário seguinte ao de suas aquisições;

e) ganhos auferidos em operações de cobertura (*hedge*) realizadas em bolsas de valores, de mercadorias e de futuros ou no mercado de balcão organizado.

Exemplo 86 – Receitas financeiras e não operacionais

A Ariane Comércio de Eletrônicos S.A., cujo objeto social restringe-se à comercialização de equipamentos eletrônicos, registrou os seguintes valores em janeiro de X1:

Receita bruta de venda de mercadorias	R$ 30.000.000,
(–) Tributos sobre vendas	(R$ 8.175.000,)
(–) Devoluções	(R$ 150.000,)
= Receita líquida de vendas	R$ 21.675.000,

No mês de janeiro de X1, a Cia. registrou receita de aluguel de lojas de sua propriedade, num total de R$ 700.000. A Cia. também auferiu R$ 18.000 de juros decorrentes de IRPJ que a empresa pagou a maior em X0 e R$ 280.000 de variação monetária ativa, decorrente de variação cambial de venda para o exterior.
A Cia. apurou a seguinte base de cálculo estimada:

A – Receita bruta de venda de mercadorias	R$ 30.000.000,
B – (–) Devoluções	(R$ 150.000,)
C – Receita bruta ajustada (A – B)	R$ 29.850.000,
D – % para base estimada	8%
E – Base estimada (C – D)	R$ 2.388.000,
F – Receita de aluguel	R$ 700.000,
G – Juros	R$ 18.000,
H – Variação monetária ativa	R$ 280.000,
I – Base estimada mais acréscimos (soma de E a H)	R$ 3.386.000,

O ganho de capital na alienação de investimentos em participação societária corresponde à diferença positiva entre o valor da alienação e o respectivo valor contábil.

Para apuração do **ganho de capital na alienação de coligadas e controladas**, que são avaliadas pelo método da equivalência patrimonial (MEP), valor contábil é a soma de:

a) valor de patrimônio líquido pelo qual o investimento estiver registrado;

b) mais ou menos-valia, que corresponde à diferença entre o valor justo dos ativos líquidos da investida, na proporção da porcentagem da participação adquirida, e o valor de "a"; e

c) ágio por rentabilidade futura, *goodwill*, correspondente à diferença entre o custo de aquisição do investimento e o somatório dos valores de "a" e "b".

Exemplo 87 – Ganho de capital em participação societária: coligadas ou controladas

Andreia Comércio de Tratores Ltda. registrou os seguintes valores em maio de X2:

Receita bruta de venda	R$ 40.000.000,
(–) Tributos sobre vendas	(R$ 10.900.000,)
(–) Devoluções	(R$ 840.000,)
= Receita líquida de vendas	R$ 28.260.000,

Nesse mesmo mês a empresa vendeu, por R$ 13.000.000, sua participação em uma controlada, cujo valor contábil em 31/12/X1 era R$ 12.000.000 e que havia sido adquirida por R$ 9.000.000. Esta participação correspondia a 80% do patrimônio líquido da investida, cujo valor, conforme balanço de 31/12/X1, era R$ 14.000.000. Na época da aquisição a investidora pagou R$ 800.000 de ágio, sendo R$ 700.000 por mais-valia de um determinado terreno, que ainda consta no patrimônio da investida, e $ 100.000 por expectativa de rentabilidade futura, *goodwill*, que não sofreu baixa por *impairment*.

A empresa apurou o valor do contábil do investimento alienado da seguinte forma:

A – Participação no patrimônio líquido da investida (R$ 14.000.000 × 80%)	R$ 11.200.000,
B – Mais-valia de ativos líquidos	R$ 700.000,
C – *Goodwill*	R$ 100.000,
Valor contábil do investimento	R$ 12.000.000,

Portanto, o ganho de capital foi de R$ 1.000.000 (R$ 13.000.000 – R$ 12.000.000), que a empresa adicionou à base estimada

A – Receita bruta de venda de mercadorias	R$ 40.000.000,
B – (–) Devoluções	(R$ 840.000,)
C – Receita bruta ajustada (A – B)	R$ 39.160.000,
D – % para base estimada	8%
E – Base estimada (C × D)	R$ 3.132.800,
F – Ganho de capital	R$ 1.000.000,
G – Base estimada mais acréscimos (E + F)	R$ 4.132.800,

Para a apuração do **ganho de capital na alienação de participações societárias avaliadas ao custo**, o valor contábil corresponde ao seu valor de aquisição, conforme demonstrado no Exemplo 88.

Exemplo 88 – Ganho de capital em participações societárias avaliadas ao custo

Patrô Comércio de Bijuterias Ltda. registrou os seguintes valores em setembro de X2:

Receita bruta de venda	R$ 10.000.000,
(–) Tributos sobre vendas	(R$ 2.725.000,)
= Receita líquida de vendas	R$ 7.275.000,

Neste mês, a empresa vendeu uma participação societária avaliada ao custo, pela qual havia pago R$ 900.000. O preço de venda foi R$ 1.200.000.
A empresa apurou o valor do contábil do investimento alienado da seguinte forma:

A – Preço de venda	R$ 1.200.000,
B – Preço de compra	(R$ 900.000,)
C – Ganho de capital (A – B)	R$ 300.000,

Assim, a empresa apurou a seguinte base estimada:

A – Receita bruta de venda de mercadorias	R$ 10.000.000,
B – % para base estimada	8%
C – Base estimada (A × B)	R$ 800.000,
D – Ganho de capital	R$ 300.000,
E – Base estimada mais acréscimos (C + D)	R$ 1.100.000,

O **ganho de capital na venda de bens do ativo imobilizado ou intangível** deve ser adicionado no cálculo da base estimada. O cômputo desse ganho de capital deve considerar o montante de depreciação, amortização ou exaustão acumulada, conforme demonstrado no Exemplo 89.

Exemplo 89 – Ganho de capital na alienação de bens do ativo imobilizado

A Cia. Sousa adquiriu, em 02/01/X1, um caminhão, cujo custo de aquisição foi R$ 100.000. A empresa estimava a vida útil do caminhão em 5 (cinco) anos e que não haveria valor recuperável pela venda. No dia 31/12/X3, a Cia. vendeu o caminhão por R$ 55.000.

Custo de aquisição	R$ 100.000,
(–) Depreciação acumulada	(R$ 60.000,)
= Valor contábil	R$ 40.000,

Neste caso, o valor do ganho de capital a ser adicionado na base estimada é R$ 15.000.

Preço de venda	R$ 55.000,
(–) Valor contábil	(R$ 40.000,)
= Ganho de capital	R$ 15.000,

O tratamento do ganho de capital nas alienações de bens do ativo não circulante imobilizados, investimentos e intangíveis e de ouro não considerado ativo financeiro está disciplinado nos §§ 3º a 7º do art. 39 da IN RFB 1.700/2017, conforme a seguir transcrito:

§ 3º O ganho de capital nas alienações de bens do ativo não circulante imobilizados, investimentos e intangíveis, ainda que reclassificados para o ativo circulante com a intenção de venda, e de ouro não considerado ativo financeiro, corresponderá à diferença positiva verificada entre o valor da alienação e o respectivo valor contábil.

§ 4º Para fins do disposto no § 3º poderão ser considerados no valor contábil, e na proporção deste, os respectivos valores decorrentes dos efeitos do ajuste a valor presente de que trata o inciso III do *caput* do art. 184 da Lei nº 6.404, de 1976.

§ 5º Para obter a parcela a ser considerada no valor contábil do ativo conforme previsto no § 4º, a pessoa jurídica terá que calcular inicialmente o quociente entre: o valor contábil do ativo na data da alienação, e o valor do mesmo ativo sem considerar eventuais realizações anteriores, inclusive mediante depreciação, amortização ou exaustão, e a perda estimada por redução ao valor recuperável.

§ 6º A parcela a ser considerada no valor contábil do ativo conforme previsto no § 4º corresponderá ao produto dos valores decorrentes do ajuste a valor presente pelo quociente de que trata o § 5º.

§ 7º Para fins da neutralidade tributária a que se refere o art. 292 deverá ser considerada no valor contábil de que trata o § 3º eventual diferença entre o valor do ativo na contabilidade societária e o valor do ativo mensurado de acordo com os métodos e critérios contábeis vigentes em 31 de dezembro de 2007, verificada na data da adoção inicial de que trata o art. 291.

Para os bens e direitos não classificados no ativo não circulante imobilizado, investimentos ou intangível, valor contábil é o custo de aquisição.

Nos casos em que a pessoa jurídica não puder comprovar os custos relativos ao ganho de capital apurado, a receita integral deverá ser adicionada à base de cálculo do IRPJ devido mensalmente.

De acordo com a IN RFB 1.700/2017, o ganho de capital auferido na venda de bens do ativo não circulante imobilizado, investimentos e intangíveis para recebimento do preço, no todo ou em parte, após o término do ano-calendário seguinte ao da contratação deverá integrar a base de cálculo do imposto sobre a renda mensal, podendo ser computado na proporção da parcela do preço recebida em cada mês.

12.7.3 Valores que não integram a base de cálculo estimada

Os rendimentos e ganhos líquidos produzidos por **aplicação financeira** de renda fixa, tais como os investimentos em Certificado de Depósito Bancário (CDB), e de renda variável, tais como os investimentos em ações, reconhecidos pelo regime de competência, não integram a base de cálculo estimada para o imposto sobre a renda mensal.

Exemplo 90 – Rendimentos decorrentes de aplicações de renda fixa e de renda variável

Em maio/X1, a Diego Atacadista S.A. registrou os seguintes valores:

Receita bruta de vendas	50.000.000,
(–) Tributos sobre vendas	(13.825.000,)
Receita líquida de vendas	**36.175.000,**
(–) CMV	(25.675.000,)
Lucro bruto	**10.500.000,**
(–) Despesas operacionais	(3.500.000,)
Lucro antes do resultado financeiro	**7.000.000,**
Receita financeira com CDB	1.800.000,
Lucro antes do IRPJ e da CSLL	**8.800.000,**

Considerando que a receita da aplicação financeira foi reconhecida pelo regime de competência, pois não houve resgate do CDB, Diego S.A. apurou a base de cálculo estimada na forma a seguir:

A – Receita bruta de vendas	50.000.000,
B – % para base estimada	8%
C – Base de cálculo estimada (A × B)	4.000.000,

O valor da receita da aplicação financeira, reconhecida pelo regime de competência, não deve ser acrescido à base de cálculo estimada.

Também não integram a base de cálculo estimada para o IRPJ mensal:

i. as receitas financeiras decorrentes do ajuste a valor justo (AVP);

ii. as receitas provenientes de atividade incentivada, na proporção do benefício de isenção ou redução do imposto a que a pessoa jurídica, submetida ao regime de tributação com base no lucro real, fizer jus;

iii. as recuperações de créditos que não representem ingressos de novas receitas;

iv. a reversão de saldo de provisões anteriormente constituídas;

v. os lucros e dividendos decorrentes de participações societárias avaliadas pelo custo de aquisição em empresas domiciliadas no Brasil;

vi. a contrapartida do ajuste por aumento do valor de investimentos avaliados pelo método da equivalência patrimonial (MEP);

vii. os juros sobre o capital próprio (JSCP) auferidos;
viii. ganho proveniente de compra vantajosa, na aquisição de participação societária, que integrará a base de cálculo do imposto no mês em que houver a alienação ou baixa do investimento;
ix. as receitas de subvenções para investimento concedidas como estímulo à implantação ou expansão de empreendimentos econômicos e as doações feitas pelo poder público e as receitas relativas a prêmios na emissão de debêntures reconhecido no resultado com observância das normas contábeis, desde que os registros nas respectivas reservas de lucros sejam efetuados até 31 de dezembro do ano em curso, salvo nos casos de apuração de prejuízo previstos no § 3º do art. 198 e no § 3º do art. 199 da IN RFB 1.700/2017.

Os rendimentos e ganhos líquidos produzidos por aplicação financeira de renda fixa e de renda variável serão considerados na determinação da base de cálculo do imposto sobre a renda mensal quando não houverem sido submetidos à incidência na fonte ou ao recolhimento mensal previstos nas regras específicas de tributação a que estão sujeitos.

12.7.4 Contrato de longo prazo e base de cálculo estimada

Para os contratos com prazo de execução superior a um ano, a receita bruta será computada como uma parte do preço total da empreitada, ou dos bens ou serviços a serem fornecidos. Esse valor é apurado com base no percentual do contrato ou da produção executada em cada mês:

a) segundo a percentagem que a execução física, avaliada em laudo técnico de medição subscrito por um ou mais profissionais, com ou sem vínculo empregatício com a empresa, habilitados na área especifica de conhecimento, representar sobre a execução contratada;
b) segundo a percentagem que o custo incorrido no período-base representar sobre o custo total orçado ou estimado, reajustado.

12.7.5 Balancete de suspensão e balancete de redução

A pessoa jurídica poderá suspender o pagamento mensal do imposto de renda sobre base de cálculo estimada, desde que demonstre que o valor do imposto devido, calculado com base no lucro real do período em curso, é igual ou inferior à soma do imposto sobre a renda pago, correspondente aos meses do mesmo ano-calendário, anteriores àquele a que se refere o balanço ou balancete levantado.

Para fins de levantamento de balanço, ou balancete, destinado à suspensão do recolhimento do imposto de renda, deve-se considerar o período do exercício em curso. Assim, deve-se considerar o período compreendido entre o dia 1º de janeiro ou o dia de início de atividade e o último dia do mês a que se referir o balanço ou balancete.

Considera-se imposto devido no período em curso o resultado da aplicação da alíquota do imposto sobre o lucro real, acrescido do adicional, e diminuído, quando for o caso, dos incentivos fiscais de dedução e de isenção ou redução.

Para fins de suspensão do pagamento, considera-se imposto pago a soma dos valores correspondentes ao imposto sobre a renda:

a) pago mensalmente;

b) retido na fonte sobre receitas ou rendimentos computados na determinação do lucro real do período em curso, inclusive o relativo aos juros sobre o capital próprio;

c) pago sobre os ganhos líquidos.

Exemplo 91 – Balancete de suspensão

Em janeiro de X1, a Cia. Ariane obteve R$ 4.000.000 de receita de venda de mercadoria, apurando e recolhendo R$ 78.000 de imposto de renda mais adicional. Em fevereiro de X1, a receita da Cia. Ariane foi de R$ 3.800.000 e o valor do imposto de renda naquele mês, com base no lucro estimado, foi calculado da seguinte forma:

A – Receita de venda de mercadoria	R$ 3.800.000,
B – % para base estimada	8%
C – Base estimada (A × B)	R$ 304.000,
D – Alíquota IRPJ	15%
E – Valor IRPJ (C × D)	R$ 45.600,
F – Adicional [(304.000 – 20.000) × 10%]	R$ 28.400,
H – Valor IRPJ + Adicional (E + F)	R$ 74.000,

Entretanto, a Cia. Ariane levantou balancete, apurou o lucro real para o período de 1º/01/X1 até 28/02/X1, como demonstrado a seguir, e suspendeu o pagamento do imposto:

I – Lucro contábil	R$ 800.000,
II – Adições	R$ 50.000,
III – Exclusões	R$ 650.000,
IV – Lucro real (I + II – III)	R$ 200.000,
V – IRPJ (IV × 15%)	R$ 30.000,
VI – Adicional IRPJ [(200.000 – 40.000) × 10%]	R$ 16.000,
VII – IRPJ + Adicional (V + VI)	R$ 46.000,
VIII – Montante já pago	R$ 78.000,
IX – Valor pago a maior (VIII – VII)	R$ 32.000,

246 CONTABILIDADE TRIBUTÁRIA

A pessoa jurídica poderá reduzir o valor do imposto mensal ao montante correspondente à diferença positiva entre o imposto devido no período em curso e a soma do imposto sobre a renda pago, correspondente aos meses do mesmo ano-calendário, anteriores àquele a que se refere o balanço ou balancete levantado.

Exemplo 92 – Balancete de redução

Em janeiro de X1, a Cia. Lopes de Sousa obteve R$ 5.000.000 de receita de venda de mercadoria, apurando e recolhendo R$ 98.000 de IRPJ mais adicional. Em fevereiro de X1, a Cia. Lopes de Sousa obteve receita de R$ 4.600.000 e calculou o seguinte valor de IRPJ, mais adicional, sobre base de cálculo estimada:

A – Receita de venda de mercadoria	R$ 4.600.000,
B – % para base estimada	8%
C – Base estimada (A × B)	R$ 368.000,
D – Alíquota IRPJ	15%
E – Valor IRPJ (C × D)	R$ 55.200,
F – Adicional [(368.000 – 20.000) × 10%]	R$ 34.800,
H – Valor IRPJ + Adicional (E + F)	R$ 90.000,

A Cia. Lopes de Sousa levantou balancete, apurou o lucro real para o período de 1º/01/X1 até 28/02/X1, como demonstrado a seguir, e reduziu o pagamento do imposto em fevereiro para R$ 32.500:

I – Lucro contábil	R$ 900.000,
II – Adições	R$ 200.000,
III – Exclusões	(R$ 600.000,)
IV – Lucro real (I + II – III)	R$ 500.000,
V – IRPJ (IV × 15%)	R$ 75.000,
VI – Adicional IRPJ [(500.000 – 40.000) × 10%]	R$ 46.000,
VII – IRPJ + Adicional (V + VI)	R$ 121.000,
VIII – Montante já pago	(R$ 98.000,)
IX – Valor a pagar (VIII – VII)	R$ 23.000,

O balancete, ou balanço, de suspensão ou de redução é uma opção, e não uma obrigatoriedade. Assim, a pessoa jurídica poderá pagar o imposto de renda mensalmente sobre base de cálculo estimada sem jamais levantar balancete, ou balanço, para suspensão ou redução do imposto.

No caso de a pessoa jurídica optar pela faculdade de suspender ou de reduzir o pagamento mensal do imposto de renda, a diferença verificada, correspondente ao imposto sobre a renda pago a maior, no período abrangido pelo balanço de suspensão, não poderá ser utilizada para reduzir o montante do imposto devido em meses subsequentes do mesmo ano-calendário, calculado sobre base de cálculo estimada. Assim, caso a pessoa jurídica pretenda suspender ou reduzir o valor do imposto devido, em qualquer outro mês do mesmo ano-calendário, deverá levantar novo balanço ou balancete.

IRPJ: lucro real 247

Exemplo 93 – Balancete de suspensão/redução e estimativa no mês subsequente

Em janeiro de X1, a Cia. Chaves obteve R$ 6.000.000 de receita de venda de mercadoria, apurando e recolhendo R$ 118.000 de IRPJ mais adicional. Em fevereiro de X1, a Cia. Chaves obteve receita de R$ 5.900.000, apurando e recolhendo R$ 114.000 de IRPJ mais adicional. Em março de X1, a Cia. Chaves obteve receita de R$ 6.500.000 e calculou o seguinte valor de IRPJ, mais adicional, sobre base de cálculo estimada:

A – Receita de venda de mercadoria	R$ 6.500.000,
B – % lucro estimado	8%
C – Lucro estimado (A × B)	R$ 520.000,
D – Alíquota IRPJ	15%
E – Valor IRPJ (C × D)	R$ 78.000,
F – Adicional [(520.000 – 60.000) × 10%]	R$ 46.000,
H – Valor IRPJ + Adicional (E + F)	R$ 124.000,

A Cia. Chaves levantou balancete, apurou o lucro real para o período de 1º/01/X1 até 31/03/X1, como demonstrado a seguir, e suspendeu o pagamento do imposto:

I – Lucro contábil	R$ 405.000,
II – Adições	R$ 103.000,
III – Exclusões	R$ 98.000,
IV – Lucro real (I + II – III)	R$ 410.000,
V – IRPJ (IV × 15%)	R$ 61.500,
VI – Adicional IRPJ [(410.000 – 60.000) × 10%]	R$ 35.000,
VII – IRPJ + Adicional (V + VI)	R$ 96.500,
VIII – Montante já pago	R$ 232.000,
IX – Valor pago a maior (VIII – VII)	R$ 135.500,

Em abril de X1, a Cia. Chaves obteve receita de R$ 5.700.000, apurando o montante de R$ 106.000 de IRPJ mais adicional. Observe que a Cia. Chaves não pode se louvar do valor de R$ 135.500, apurado acima como excesso de recolhimento, para suspender, ou reduzir, o pagamento do IRPJ de abril de X1. Dessa forma, a Cia. Chaves precisa realizar a seguinte apuração: levantar novo balancete com valores acumulados de 1º/01/X1 até 30/04/X1 para servir de base para decisão sobre suspensão ou redução do pagamento de IRPJ.

Na apuração do valor a ser pago, a pessoa jurídica poderá deduzir do imposto devido os seguintes benefícios fiscais correspondentes a todo o período abrangido pelo balanço ou balancete de suspensão ou redução, observados os limites e prazos previstos na legislação de regência e excluído o adicional:

a) despesas de custeio do Programa de Alimentação do Trabalhador (PAT);

b) doações aos fundos dos direitos da criança e do adolescente e do idoso;

c) doações e patrocínios a título de apoio a ações de prevenção e o combate ao câncer no âmbito do Programa Nacional de Apoio à Atenção Oncológica (Pronon);

d) doações e patrocínios a título de apoio a ações e serviços de reabilitação da pessoa com deficiência promovidas no Âmbito do Programa Nacional de Apoio à Atenção da Saúde da Pessoa com Deficiência (Pronas/PCD);

e) doações e patrocínios realizados a título de apoio a atividades culturais ou artísticas;

f) valor despendido na aquisição de vale-cultura distribuído no Âmbito do Programa de Cultura do Trabalhador;

g) investimentos, aos patrocínios e à aquisição de quotas de Fundos de Financiamento da Indústria Cinematográfica Nacional (Funcines), realizados a título de apoio a atividades audiovisuais;

h) doações e patrocínios realizados a título de apoio a atividades desportivas e paradesportivas;

i) remuneração da empregada paga no período de prorrogação da licença--maternidade.

Adicionalmente, a pessoa jurídica também poderá deduzir do imposto devido os seguintes benefícios fiscais correspondentes a todo o período abrangido pelo balanço ou balancete de suspensão ou redução:

i. redução de 75% (setenta e cinco por cento) do imposto e adicional, apurados com base no lucro da exploração dos empreendimentos de instalação, modernização, ampliação ou diversificação de atividades, enquadrados em setores da economia considerados prioritários para o desenvolvimento regional nas áreas de atuação da Superintendência do Desenvolvimento do Nordeste (SUDENE) e da Superintendência do Desenvolvimento da Amazônia (SUDAM);

ii. isenção do imposto e adicional, apurados com base no lucro da exploração dos empreendimentos fabricantes de máquinas, equipamentos, instrumentos e dispositivos, baseados em tecnologia digital, voltados para o programa de inclusão digital;

iii. redução de 100% (cem por cento) das alíquotas do imposto e adicional apurados, com base no lucro da exploração, relativos às vendas dos dispositivos referidos nos incisos I a III do *caput* do art. 2º da Lei 11.484, de 31 de maio de 2007, efetuadas por pessoa jurídica beneficiária do Programa de Apoio ao Desenvolvimento Tecnológico da Indústria de Semicondutores (Padis);

iv. isenção do imposto e adicional apurados com base no lucro da exploração das atividades de ensino superior da instituição privada de ensino superior, com fins lucrativos ou sem fins lucrativos não beneficente, durante o prazo de vigência do Termo do Adesão ao Programa Universidade para Todos (Prouni);

v. isenção do imposto e adicional apurados com base no lucro da exploração das atividades de transporte marítimo, aéreo e terrestre explorados no tráfego internacional por empresas estrangeiras de transporte, desde que, no país de sua nacionalidade, tratamento idêntico seja dispensado às empresas brasileiras que tenham o mesmo objeto.

Os valores dos benefícios fiscais, acima mencionados, deduzidos do imposto devido com base em balanço ou balancete de suspensão ou redução não serão considerados como imposto pago por estimativa.

O pagamento mensal, relativo ao mês de janeiro do ano-calendário, poderá ser efetuado com base em balanço ou balancete mensal, desde que neste fique demonstrado que o imposto devido no período é inferior ao calculado sobre base de cálculo estimada. Caso ocorra apuração de prejuízo fiscal, a pessoa jurídica estará dispensada do pagamento do imposto correspondente a esse mês.

O resultado do período em curso deverá ser ajustado por todas as adições determinadas e exclusões e compensações admitidas pela legislação do imposto sobre a renda, exceto nos balanços ou balancetes levantados de janeiro a novembro das seguintes adições:

a) os lucros, rendimentos e ganhos de capital auferidos no exterior;

b) as parcelas referentes aos ajustes de preços de transferência.

Para fins de determinação do resultado, a pessoa jurídica deverá promover, ao final de cada período de apuração, levantamento e avaliação de seus estoques, segundo a legislação específica, dispensada a escrituração do livro "Registro de Inventário".

A pessoa jurídica que possuir registro permanente de estoques, integrado e coordenado com a contabilidade, somente estará obrigada a ajustar os saldos contábeis, pelo confronto com a contagem física, ao final do ano-calendário ou no encerramento do período de apuração, nos casos de incorporação, fusão, cisão ou encerramento de atividade.

O balanço ou balancete, para efeito de determinação do resultado do período em curso, será:

a) levantado com observância das disposições contidas nas leis comerciais e fiscais;

b) transcrito no livro diário ou no Livro de Apuração do Lucro Real (e-LALUR), até a data fixada para pagamento do imposto do respectivo mês, exceto no caso em que a pessoa jurídica houver apresentado a Escrituração Contábil Digital (ECD).

Os balanços ou balancetes somente produzirão efeitos para fins de determinação da parcela do imposto sobre a renda devido no decorrer do ano-calendário.

As determinações relativas à evidenciação por meio de subcontas de que trata a IN RFB 1.700/2017 deverão ser observadas na apuração do lucro real do período em curso.

A demonstração do lucro real relativa ao período abrangido pelos balanços ou balancetes de suspensão/redução deverá ser transcrita no e-LALUR, e:

a) a cada balanço ou balancete levantado para fins de suspensão ou de redução do imposto sobre a renda, o contribuinte deverá determinar um novo lucro real para o período em curso, desconsiderando aqueles apurados em meses anteriores do mesmo ano-calendário;

b) as adições, exclusões e compensações, computadas na apuração do lucro real, correspondentes aos balanços ou balancetes, deverão constar, discriminadamente, na Parte A do e-LALUR, para fins de elaboração da demonstração do lucro real do período em curso, não cabendo nenhum registro na Parte B do referido livro.

12.7.6 Códigos do DARF do IRPJ pelo Lucro Estimado

Objetivo de Aprendizagem 10

Para as pessoas jurídicas <u>obrigadas ao lucro real</u>, os códigos de recolhimentos do imposto apurado mensalmente sobre base de cálculo estimada são:

✓ 2319 – IRPJ – ENTIDADE FINANCEIRA – ESTIMATIVA MENSAL – PJ OBRIGADAS AO LUCRO REAL

✓ 2362 – IRPJ – ENTIDADE NÃO FINANCEIRA – ESTIMATIVA MENSAL – PJ OBRIGADAS AO LUCRO REAL

Para as pessoas jurídicas não obrigadas ao lucro real, o código de recolhimento do imposto apurado mensalmente sobre base de cálculo estimada é:

✓ 5993 – IRPJ – ENTIDADE NÃO FINANCEIRA – ESTIMATIVA MENSAL – PJ OPTANTE PELO LUCRO REAL

12.8 APURAÇÃO ANUAL DO LUCRO REAL

Objetivo de Aprendizagem 11

As pessoas jurídicas que optarem pelo pagamento do imposto por estimativa devem apurar o lucro real em 31 de dezembro de cada ano.

A determinação do lucro real será precedida da apuração do lucro líquido com observância das leis comerciais. Considera-se lucro real o lucro líquido do período-base, ajustado pelas adições prescritas e pelas exclusões ou compensações autorizadas pela legislação do imposto sobre a renda:

Lucro real = lucro contábil + adições prescritas – exclusões/compensações autorizadas

A IN RFB 1.700/2017, em seu Anexo I, apresenta uma tabela de adições ao lucro líquido e também, em seu Anexo II, uma tabela de exclusões do lucro líquido.

12.8.1 Livro de Apuração do Lucro Real (e-LALUR)

Objetivo de Aprendizagem 12

De acordo com o art. 249 do RIR/1999, na determinação do lucro real, serão adicionados ao lucro líquido do período de apuração:

a) os custos, despesas, encargos, perdas, provisões, participações e quaisquer outros valores deduzidos na apuração do lucro líquido que, de acordo com o Decreto 3.000/1999, não sejam dedutíveis na determinação do lucro real; e

b) os resultados, rendimentos, receitas e quaisquer outros valores não incluídos na apuração do lucro líquido que, de acordo com o RIR/1999, devam ser computados na determinação do lucro real.

O lucro líquido do período de apuração, mencionado no art. 249 do RIR/1999, é o lucro antes do imposto de renda (LAIR). Como o RIR/1999 determina a adição da CSLL, o lucro mencionado é aquele antes do IRPJ e da CSLL. Portanto, a determinação do lucro real requer a elaboração das demonstrações financeiras com os preceitos da legislação comercial.

O processo de ajuste do lucro contábil para se obter o lucro real é efetuado no Livro de Apuração do Lucro Real (e-LALUR). O e-LALUR é organizado em duas partes distintas, denominadas Parte A e Parte B.

A Parte A do e-LALUR é utilizada para a apuração do lucro real de determinado exercício. Nela, são discriminadas as adições e as exclusões para se obter o lucro real, bem como apresentada a demonstração do lucro real.

Exemplo 94 – e-LALUR Parte A

DATA	HISTÓRICO	ADIÇÕES	EXCLUSÕES
	ADIÇÕES		
15/10/X1	Gastos da diretoria sem comprovantes fiscais, registrados na conta 3.3.2.01.01	1.000,00	
31/12/X1	Contribuição Social sobre o Lucro Líquido, registrada na conta 3.4.1.01.01	4.500,00	
	TOTAL DE ADIÇÕES	5.500,00	
	EXCLUSÕES		
10/07/X1	Dividendos recebidos de empresa avaliada pelo método do custo, registrados na conta 3.2.01.01		8.000,00
31/12/X1	Receita financeira decorrente de AVP das vendas de 12/X0, registrada na conta 3.2.02.02		12.000,00
	TOTAL DAS EXCLUSÕES		20.000,00
	TOTAL DE ADIÇÕES E EXCLUSÕES	5.500,00	20.000,00
31/12/X1	DEMONSTRAÇÃO DO LUCRO REAL		
	Resultado do período		50.000,00
	Total de adições		5.500,00
	(–) Total de exclusões		(20.000,00)
	LUCRO ANTES DA COMPENSAÇÃO DE PREJUÍZO FISCAL		35.500,00
	(–) Compensação de prejuízo fiscal de X0		(7.000,00)
	LUCRO REAL		28.500,00

A Parte B do e-LALUR é utilizada para controlar os valores que vão influenciar a apuração do lucro real de exercícios futuros. A título de exemplo de valores a serem controlados na Parte B, podem-se mencionar: lucro inflacionário acumulado até 31 de dezembro de 1995; ajuste a valor presente de vendas a prazo; prejuízos a compensar; e a depreciação acelerada incentivada.

Exemplo 95 – e-LALUR Parte B

CONTA:	AJUSTE A VALOR PRESENTE DE VENDAS A PRAZO DE DEZEMBRO DE X0							
DATA	HISTÓRICO	Mês de Ref.	Valor a corrigir	Coef.	Débito	Crédito	Valor corrigido	D/C
31/12/X0	AVP das vendas do mês	12.X0				12.000,00	12.000,00	C
31/12/X1	AVP das vendas de X0, excluído nesta data	12.X1			12.000,00		–	

12.8.2 Adições: despesas dedutíveis e não dedutíveis

Nem todas as despesas da empresa são reconhecidas pela legislação fiscal como dedutíveis. As despesas que a legislação fiscal considera indedutíveis devem ser apresentadas como adição ao lucro contábil para fins de apuração da base de cálculo do IRPJ. Esse procedimento de adição das despesas não dedutíveis ao lucro contábil equivale à anulação de sua contabilização.

As despesas que não atenderem ao disposto no art. 299 do RIR/1999 são consideradas não dedutíveis na apuração da base de cálculo do IRPJ e devem compor as adições. Algumas adições são temporárias e outras são permanentes. **Adições temporárias** referem-se a despesas que são consideradas não dedutíveis no período corrente, mas serão consideradas dedutíveis no futuro. **Adições permanentes** referem-se a despesas consideradas definitivamente não dedutíveis.

Pêgas (2014) apresenta as quatro regras, básicas e cumulativa, para dedutibilidade das despesas:

  i. serem despesas necessárias;

  ii. serem despesas comprovadas e registradas contabilmente;

  iii. haverem sido reconhecidas no resultado do exercício competente;

  iv. não terem sido computadas nos custos.

Deve-se recorrer à legislação e realizar cuidadosa análise para a conclusão sobre se determinada despesa é dedutível ou indedutível.

12.8.2.1 Despesas necessárias

O art. 299 do RIR/1999 define despesas necessárias como aquelas não computadas nos custos, necessárias à atividade da empresa e à manutenção da respectiva fonte produtora e que tenham sido pagas ou incorridas para a realização das transações ou operações exigidas pela atividade da empresa. A título de exemplo pode-se mencionar a energia elétrica das lojas de uma empresa comercial, a comissão de vendedores paga por uma empresa varejista e os gastos com rede de computadores por um banco múltiplo.

12.8.2.2 Comprovação de despesa por documento hábil e idôneo

Para que seja considerada dedutível, a despesa deve ser comprovada mediante documento hábil e idôneo. Caso a empresa não possua comprovante hábil da despesa, ela deverá ser oferecida para tributação, mediante adição no e-LALUR, conforme esclarecido pela Solução de Consulta 260, de 28 de setembro de 2001.

Entre os documentos hábeis para a comprovação das despesas, têm-se: nota fiscal; cupom fiscal; fatura; recibo; e qualquer documento semelhante desde que contenha os elementos definidores das operações a que se refiram. Portanto, o comprovante da despesa deve permitir identificar a mercadoria, o produto ou o serviço adquirido, o seu fornecedor, o adquirente e o preço da aquisição.

De acordo com a Decisão 33/1999, da 8ª Região Fiscal, o Cupom Fiscal, emitido unicamente com as indicações mínimas contidas no Convênio ICMS 156/1994, não é documento hábil para comprovação de custos e despesas operacionais no âmbito da legislação do IRPJ.

O comprovante da despesa, além de hábil, precisa ser idôneo. Assim, uma nota fiscal emitida por pessoa jurídica com inscrição inapta no CNPJ é considerada inidônea e a despesa por ela documentada deve ser ofertada para a tributação. Da mesma forma, as despesas comprovadas por notas fiscais falsas, "frias", por não encontrarem amparo em documento idôneo, devem ser adicionadas para a apuração do lucro real.

Com a implementação, pelo projeto do Sistema Público de Escrituração Digital (SPED), da Nota Fiscal Eletrônica (NFE) e da Nota Fiscal de Serviços Eletrônica, espera-se uma melhoria no processo de controle pelo fisco e a redução da probabilidade de emissão de notas fiscais inábeis. Adicionalmente, espera-se o desaparecimento de notas fiscais inidôneas por haverem sido emitidas por pessoa jurídica com inscrição inapta no CNPJ.

12.8.2.3 Determinação do CMV, do CPV e do CSP

De acordo com o art. 289 do RIR/1999, o custo das mercadorias vendidas (CMV) deve ser determinado com base em registro permanente de estoques ou no valor dos estoques existentes, de acordo com o Livro de Inventário, no fim do período de apuração. O custo do estoque de mercadorias inclui os valores de transporte e seguro, bem como os tributos não recuperáveis que incidiram no momento de sua aquisição ou importação. Portanto, os impostos recuperáveis por meio de créditos na escrita fiscal não compõem o custo do estoque e, portanto, o CMV. Todas essas regras são também aplicáveis ao custo das matérias-primas utilizadas na produção.

Em relação ao custo dos produtos vendidos (CPV), o art. 290 do RIR/1999 determina que o seu valor compreenderá:

a) o custo de aquisição de matérias-primas e quaisquer outros bens ou serviços aplicados ou consumidos na produção;

b) custo do pessoal aplicado na produção, inclusive de supervisão direta, manutenção e guarda das instalações de produção;

c) os custos de locação, manutenção e reparo e os encargos de depreciação dos bens aplicados na produção;

d) os encargos de amortização diretamente relacionados com a produção;

e) os encargos de exaustão dos recursos naturais utilizados na produção.

Além disso, a aquisição de bens de consumo eventual, cujo valor não exceda a 5% (cinco por cento) do custo total dos produtos vendidos no período de apuração anterior, poderá ser registrada diretamente como custo.

Conforme o art. 291 do RIR/1999, integrará também o custo o valor das quebras e perdas razoáveis, de acordo com a natureza do bem e da atividade, ocorridas na fabricação, no transporte e manuseio, bem como o valor das quebras ou perdas de estoque por deterioração, obsolescência ou pela ocorrência de riscos não cobertos por seguros, desde que comprovadas:

✓ por laudo ou certificado de autoridade sanitária ou de segurança, que especifique e identifique as quantidades destruídas ou inutilizadas e as razões da providência;

✓ por certificado de autoridade competente, nos casos de incêndios, inundações ou outros eventos semelhantes;

✓ mediante laudo de autoridade fiscal chamada a certificar a destruição de bens obsoletos, invendáveis ou danificados, quando não houver valor residual apurável.

A pessoa jurídica deve promover o levantamento e a avaliação dos seus estoques ao final de cada período de apuração do imposto. As mercadorias, as matérias-primas e os bens em almoxarifado devem ser avaliados pelo custo de aquisição e os produtos acabados e os produtos em elaboração, ou fabricação, devem ser avaliados pelo seu custo de produção.

A pessoa jurídica que mantiver sistema de contabilidade de custo integrado e coordenado com a contabilidade poderá utilizar os custos apurados para avaliação dos estoques de produtos acabados e dos produtos em elaboração.

Sistema de contabilidade de custo integrado e coordenado com a contabilidade é aquele:

- ✓ apoiado em valores originados da escrituração contábil (matéria-prima, mão de obra direta, custos gerais de fabricação);
- ✓ que permite determinação contábil, ao fim de cada mês, do valor dos estoques de matérias-primas e outros materiais, produtos em elaboração e produtos acabados;
- ✓ apoiado em livros auxiliares, fichas, folhas contínuas, ou mapas de apropriação ou rateio, tidos em boa guarda e de registros coincidentes com aqueles constantes da escrituração principal;
- ✓ que permite avaliar os estoques existentes na data de encerramento do período de apropriação de resultados segundo os custos efetivamente incorridos.

De acordo com o art. 295 do RIR/1999, a avaliação do estoque pode ser feita pelo custo médio ou pelo critério primeiro que entra, primeiro que sai (PEPS).

12.8.2.4 Exemplos de despesas indedutíveis

A análise sobre a dedutibilidade ou não de determinada despesa é complexa e deve ser feita com muito cuidado e atenção. A seguir, apresentamos alguns exemplos de despesas não dedutíveis:

- ✓ despesas com provisões, exceto provisão para férias e décimo terceiro salário e provisões técnicas de empresas de seguros, capitalização e previdência privada;
- ✓ doações a sindicatos;
- ✓ gastos pessoais com cartões de crédito fornecido pela empresa a seus empregados, exceto se integrarem suas respectivas remunerações para fins de cálculo de IRRF e contribuições previdenciária e ao FGTS;
- ✓ *royalties* pagos a sócios e dirigentes da empresa, bem como a seus parentes ou dependentes;
- ✓ resultado negativo da equivalência patrimonial (EP);
- ✓ despesas com alimentação de sócios, acionistas e administradores;
- ✓ juros e multas de natureza fiscal;
- ✓ multas decorrentes de infrações não fiscais, tais como as multas de trânsito e por dano ao meio ambiente.

12.8.3 Outras adições

12.8.3.1 Ajuste a valor presente (AVP) de vendas a prazo

Nos casos em que a venda a prazo passa pelo processo de ajuste a valor presente, com registro a débito em conta de dedução da receita bruta e a crédito em conta de juros a apropriar ou equivalente, os valores decorrentes desse ajuste devem ser **adicionados** ao lucro líquido na determinação do lucro real no período de apuração em que a receita ou resultado da venda deva ser oferecido à tributação. Estes valores devem ser controlados na Parte B do livro de apuração do lucro real (e-LALUR), nos casos em que serão transferidos para receita, a partir da conta de juros a apropriar ou equivalente, em exercício posterior. Isto porque, nesses casos, tais valores podem ser **excluídos** do lucro líquido na determinação do lucro real daqueles períodos de apuração.

Exemplo 96 – Adição/exclusão derivada de ajuste a valor presente de receita de vendas

Em 09/03/20X1, a Cia. Eliete efetuou uma venda no valor de R$ 1.500.000 para recebimento em 09/03/20X3. As mercadorias vendidas haviam sido adquiridas em 1º/03/20X1 por R$ 900.000, para pagamento em 20 dias. Na data da venda, a Cia. determinou que a taxa de desconto é de 0,05% ao dia e que, portanto, o seu valor presente era de R$ 1.041.390, havendo R$ 458.610 de juros embutidos. O valor presente da venda em 31/12/20X1 é R$ 1.208.064 e em 31/12/20X2 é R$ 1.449.870.

Os juros decorrentes desta venda são:

Ano	Juros
20X1	R$ 166.674
20X2	R$ 241.806
20X3	R$ 50.130
Soma	*R$ 458.610*

Observações: 1) todos os valores foram aproximados sem prejuízo de relevância; e, 2) para fins didáticos, desconsideraram-se os aspectos relacionados com ICMS, PIS e COFINS.

Assim, a Cia. procedeu às seguintes apurações e contabilizações em 20X1, 20X2 e 20X3, considerando que a venda será integralmente recebida. A Cia. é tributada pelo lucro real com alíquota de IRPJ/CSL de 34%.

20X1

Em 1º/03/20X1, pelo valor da compra (desconsiderados os aspectos do ICMS)

Debite: Estoque – AC

Credite: Fornecedores – PC R$ 900.000,

Em 09/03/20X1, pelo valor da venda

Debite: Clientes – ANC

Credite: Receita bruta de vendas – DRE R$ 1.500.000,

Em 09/03/20X1, pelo AVP

Debite: AVP sobre receita bruta – DRE

Credite: Juros a apropriar – Clientes – AC R$ 458.610,

Em 09/03/20X1, pelo CMV

Debite: Custo das mercadorias vendidas – DRE

Credite: Estoque – AC .... R$ 900.000

Em 31/12/20X1, pelo AVP

Debite: Juros a apropriar – Clientes – AC

Credite: Receita financeira – DRE .... R$ 166.674,

DRE 20X1

Receita bruta de vendas	R$ 1.500.000,
(–) AVP	(R$ 458.610,)
= Receita líquida	R$ 1.041.390,
+ Receita financeira	R$ 166.674,
= Lucro antes de IRPJ/CSLL	R$ 1.208.064,

Livro de Apuração do Lucro Real – LALUR – 20X1

Lucro antes do imposto de renda	R$ 1.208.064,
+ Adição AVP	R$ 458.610,
(–) Exclusão receita financeira de AVP	(R$ 166.674,)
Lucro real	*R$ 1.500.000,*

Parte B

Exclusão futura (R$ 458.610, – R$ 166.674,)	R$ 291.396,

20X2

Em 31/12/20X2, pelo AVP

Debite: Juros a apropriar – Clientes – AC

Credite: Receita financeira – DRE .... R$ 241.806,

DRE 20X2

Receita bruta de vendas	– x –
(–) AVP	– x –
= Receita líquida	– x –
+ Receita financeira	R$ 241.806,
= Lucro antes de IRPJ/CSLL	R$ 241.806,

Livro de Apuração do Lucro Real – LALUR – 20X2

Lucro antes do imposto de renda	R$ 241.806,
(–) Exclusão receita financeira de AVP	(R$ 241.806,)
Lucro real	0

Parte B

Exclusão futura (R$ 291.396, – R$ 241.806,)	R$ 50.130,

258 CONTABILIDADE TRIBUTÁRIA

20X3

Em 31/12/20X3, pelo AVP
Debite: Juros a apropriar – Clientes – AC
Credite: Receita financeira – DRE   R$ 50.130,

DRE 2018

Receita bruta de vendas	– x –
(–) AVP	– x –
= Receita líquida	– x –
+ Receita financeira	R$ 50.130,
= Lucro antes de IRPJ/CSLL	R$ 50.130,

Livro de Apuração do Lucro Real – LALUR – 20X3

Lucro antes do imposto de renda	R$ 50.130,
(–) Exclusão receita financeira de AVP	(R$ 50.130,)
Lucro real	0

12.8.3.2 AVP de passivo

Os valores decorrentes do ajuste a valor presente de elementos do passivo somente serão considerados na determinação do lucro real no período de apuração em que o correspondente elemento do ativo que lhe houver dado origem seja realizado.

O surgimento de obrigações passíveis de ajuste a valor presente costuma ser decorrente de:

 i. aquisição de bens para revenda;
 ii. aquisição de bens ou serviços contabilizados diretamente como custo de produção de bens ou de prestação de serviços;
 iii. aquisição de bens ou serviços contabilizados diretamente como despesa;
 iv. aquisição de bens para o ativo imobilizado.

12.8.3.3 Devolução de patrimônio de entidade isenta

A pessoa jurídica que receber devolução de valores que entregou para formação de patrimônio de instituição isenta deverá apurar a diferença entre o valor que recebeu em devolução e o valor que entregou à instituição. Esta diferença deverá ser computada na determinação do lucro real, conforme art. 239 do RIR/1999.

12.8.3.4 Pagamentos a diretores não residentes no País

As sociedades por ações que pagar percentagens e ordenados a membros de diretorias que <u>não residam no País</u> devem adicionar tais valores ao lucro contábil para a apuração do lucro real, pois não são dedutíveis.

Entretanto, são dedutíveis na determinação do lucro real, sem qualquer limitação, as retiradas dos sócios, diretores ou administradores, titular de empresa individual e conselheiros fiscais e consultivos, desde que escriturados em custos ou despesas operacionais e correspondam a remuneração mensal e fixa por prestação de serviços.

12.8.3.5 Multas por rescisão de contrato

A multa ou qualquer outra vantagem paga ou creditada por pessoa jurídica, ainda que a título de indenização, à beneficiária pessoa jurídica, em virtude de rescisão de contrato, além de sujeitas à incidência do imposto sobre a renda na fonte, serão computadas como receita na determinação do lucro real. Todavia, isso não se aplica às indenizações pagas ou creditadas tendo por finalidade a reparação de danos patrimoniais.

Caso a empresa tenha registrado o recebimento como uma receita, este valor já estará computado no lucro antes do imposto de renda (LAIR) e não precisará ser a ele adicionado.

O imposto retido na fonte será considerado como antecipação do devido em cada período de apuração.

12.9 TRATAMENTO FISCAL DO ÁGIO E DO DESÁGIO EM INVESTIMENTO EM PARTICIPAÇÃO SOCIETÁRIA

12.9.1 Mensuração e reconhecimento do ágio e do deságio

O art. 387 do RIR/1999 determina que, em cada balanço, o contribuinte deverá avaliar o investimento pelo valor de patrimônio líquido da coligada ou controlada, de acordo com o disposto no art. 248 da Lei 6.404, de 1976. A avaliação do investimento pelo patrimônio liquido da investida é o que se denomina de método da equivalência patrimonial (MEP). Esse método é preceituado nos Pronunciamentos CPC 15 e 18.

O **método da equivalência patrimonial (MEP)** é definido como o método de contabilização por meio do qual o investimento permanente em empresa controlada, em empresa controlada em conjunto e/ou em empresa coligada é inicialmente reconhecido pelo custo e, a partir daí, é ajustado para refletir a alteração pós-aquisição na participação do investidor sobre os ativos líquidos da investida.

> Pelo método da equivalência patrimonial (MEP), o investimento é avaliado pela aplicação do percentual de participação da investidora sobre o patrimônio líquido da investida.

As receitas ou as despesas do investidor incluem sua participação nos lucros ou prejuízos da investida, e os outros resultados abrangentes do investidor incluem a sua participação em outros resultados abrangentes da investida. Pelo MEP, quando a investida aufere lucro, a investidora reconhece uma receita com equivalência patrimonial e quando a investida aufere prejuízo a investidora reconhece uma despesa com equivalência patrimonial.

260 CONTABILIDADE TRIBUTÁRIA

De acordo com o art. 385 do RIR/1999 o contribuinte que avaliar investimento em sociedade coligada ou controlada pelo valor do patrimônio líquido deverá desdobrar o custo de aquisição da participação em valor do patrimônio líquido da investida e ágio ou deságio na aquisição. Para tanto, deve-se aplicar o seguinte procedimento de cinco passos:

- ✓ **Passo 1:** cálculo do PL adquirido (proporcional a aquisição).
- ✓ **Passo 2:** cálculo do ágio pago, ou do deságio recebido.
- ✓ **Passo 3:** apuração do valor da mais-valia dos ativos líquidos adquiridos.
- ✓ **Passo 4:** segregação do ágio, ou do deságio, por seus fundamentos.
- ✓ **Passo 5:** reconhecer, contabilmente, os valores apurados, atentando para o adequado uso de subcontas previstas na Lei 12.973/2014.

A apuração da mais-valia, ou menos-valia, deverá ser baseado em laudo elaborado por perito independente, que deverá ser protocolado na Receita Federa do Brasil (RFB) ou cujo sumário deverá ser registrado em Cartório de Registro de Títulos e Documentos até o último dia útil do 13º (décimo terceiro) mês subsequente ao da aquisição da participação, conforme determinação do § 1º do art. 178 da IN RFB 1.700/2017. A elaboração desse laudo é obrigatória, ainda que o valor da mais-valia seja zero.

Na prática, a investidora aloca os valores de mais-valia, ou de menos-valia, a cada item, ou grupo de itens, com base em um relatório denominado *Purchase Price Allocation* (PPA). Os valores são considerados líquidos de quaisquer montantes de IRPJ e CSLL incidente sobre a a mais-valia dos ativos adquiridos, conforme apresentado no Exemplo 97.

Exemplo 97 – Mensuração e reconhecimento de ágio em investimento

A Cia. Marta adquiriu 30% do patrimônio líquido da Cia. Elza em 02/02/X1, pagando R$ 144.000 em espécie. Isso inclui valor pago acima do valor de mercado dos ativos e passivos identificáveis da investida. O valor do patrimônio líquido da Cia. Elza era R$ 300.000.

Considerando que a soma das alíquotas de IRPJ e de CSLL sobre o ganho de capital é 34%, a Cia. Marta procedeu aos seguintes cálculos e contabilizações:

Passo 1 – cálculo do PL adquirido (proporcional a aquisição)

Valor do PL da investida	R$ 300.000,
% de participação	× 30%
Valor contábil do PL adquirido (proporcional a aquisição)	R$ 90.000,

Passo 2 – cálculo do ágio pago

Custo da aquisição	R$ 144.000,
(–) Valor do PL adquirido (proporcional a aquisição)	R$ 90.000,
Ágio pago	R$ 54.000,

Passo 3 – apuração do valor da mais-valia dos ativos líquidos adquiridos
A Cia. Marta considerou que haviam ativos líquidos identificáveis com valor justo R$ 60.000 acima do valor líquido registrado na contabilidade, conforme apresentado a seguir.

Item (A)	Valor justo (B)	Valor contábil (C)	Diferença (D = B – C)
Estoques	R$ 30.000,	R$ 20.000,	R$ 10.000,
Edifício	R$ 110.000,	R$ 60.000,	R$ 50.000,
		Soma	R$ 60.000

A Cia. Marta apurou os seguintes valores de mais-valia (MV) líquida:

Item (A)	Mais-valia bruta (B)	IR/CSLL (C = B × 34%)	MV líquida (D = B – C)	Participação (E = D × 30%)
Estoques	R$ 10.000,	R$ 3.400,	R$ 6.600,	R$ 1.980,
Edifício	R$ 50.000,	R$ 17.000,	R$ 33.000,	R$ 9.900,
Soma	*R$ 60.000,*	*R$ 20.400,*	*R$ 39.600,*	*R$ 11.880*

Passo 4 – segregação do ágio por seus fundamentos

Ágio pago	R$ 54.000,
(–) Mais-valia líquida	–R$ 11.880,
Goodwill	R$ 42.120,

Contabilização

Debite – Investimento – valor contábil do PL	R$ 90.000,
Debite – Investimento – mais-valia de estoque	R$ 1.980,
Debite – Investimento – mais-valia edifício	R$ 9.900,
Debite – Investimento – *Goodwill*	R$ 42.120,
Credite – Disponibilidades	R$ 144.000,

O ágio com fundamento na mais-valia de ativos será baixa quando o ativo que lhe deu fundamento for liquidado, por uso, por venda ou por perda. O ágio por expectativa de resultado futuro (*goodwill*) não pode ser amortizado e deve ser testado anualmente em relação ao seu valor recuperável, conforme CPC 01 – Redução ao Valor Recuperável de Ativos. A despesa com irrecuperabilidade (*impairment*) do ágio por expectativa de resultado futuro (*goodwill*) não é dedutível na apuração do lucro real.

A menos-valia é também denominada ganho por compra vantajosa e sua mensuração e reconhecimento segue o processo de cinco passos prescrito para a mais-valia, conforme apresentado no Exemplo 98. O CPC 18 exige que o valor do ganho por compra vantajosa seja reconhecido no resultado no período da aquisição do investimento.

262 CONTABILIDADE TRIBUTÁRIA

Exemplo 98 – Mensuração e reconhecimento de ganho por compra vantajosa (deságio)

A Cia. Josefa adquiriu 40% do patrimônio líquido da Cia. Domingas em 02/02/X1, pagando R$ 140.000 em espécie. O valor do patrimônio líquido da Cia. Domingas era R$ 400.000. Haviam ativos líquidos identificáveis com valor justo de R$ 30.000, menor que o valor líquido contábil.
A Cia. Josefa procedeu aos seguintes cálculos e contabilizações:

Passo 1 – cálculo do PL adquirido (proporcional a aquisição)

Valor do PL da investida	R$ 400.000,
% de participação	× 40%
Valor do PL adquirido (proporcional a aquisição)	R$ 160.000,

Passo 2 – cálculo do ganho

Custo da aquisição	R$ 140.000,
(–) Valor do PL adquirido (proporcional a aquisição)	–R$ 160.000,
Valor pago menor que o valor patrimonial	–R$ 20.000,

Passo 3 – apuração do valor da menos-valia de ativos líquidos adquiridos

A participação da Cia. Josefa na menos-valia dos ativos da investida é apresentada a seguir.

Item (A)	Valor justo (B)	Valor contábil (C)	Menos-valia (D = B – C)	Participação Cia. Josefa (E = D × 40%)
Estoques	R$ 30.000,	R$ 40.000,	–R$ 10.000,	–R$ 4.000,
Edifício	R$ 110.000,	R$ 130.000,	–R$ 20.000,	–R$ 8.000,
		Soma,	–R$ 30.000,	–R$ 12.000

Passo 4 – apuração do ganho por compra vantajosa

Valor pago menor que o valor patrimonial	R$ 20.000,
(–) Diferença atribuível a ativos líquidos	–R$ 12.000,
Ganho por compra vantajosa	R$ 8.000,

Contabilização

Debite – Investimento – valor contábil do PL	R$ 160.000,	
Credite –Investimento – menos-valia de estoques		R$ 4.000,
Credite –Investimento – menos-valia de edifícios		R$ 8.000,
Credite – Receita de ganho por compra vantajosa		R$ 8.000,
Credite – Disponibilidades		R$ 140.000,

O ganho proveniente de compra vantajosa só será computado na determinação do lucro real e do resultado ajustado no período de apuração da alienação ou baixa do investimento. Portanto, o ganho proveniente de compra vantajosa registrado em conta de resultado deverá ser registrado no e-LALUR e no e-LACS como:

a) exclusão do lucro líquido para apuração do lucro real e do resultado ajustado na Parte A e registro do valor excluído na Parte B, quando do seu reconhecimento; e

b) adição ao lucro líquido para apuração do lucro real e do resultado ajustado na Parte A e respectiva baixa na Parte B, quando da apuração do ganho ou da perda de capital na alienação ou baixa do investimento.

12.9.2 Não dedutibilidade do ágio por expectativa de rentabilidade futura (*goodwill*)

De acordo com o art. 391 do RIR/1999, as contrapartidas de amortização de ágio em investimento não serão computadas na determinação do lucro real, mas deverão compor o valor contábil para efeito de determinar o ganho ou perda de capital na alienação ou liquidação de investimento em coligada ou controlada (art. 426 do RIR/1999). Portanto, adicionados na Parte A e controlados na Parte B do e-LALUR (art. 23, parágrafo único, do Decreto-Lei 1.598/1977; art. 189, § 1º, do Decreto 3.000/1999; e arts. 178 e 182 da IN RFB 1.700/2017).

12.9.3 Dedutibilidade do ágio por expectativa de rentabilidade futura (*goodwill*) em caso de incorporação

De acordo com o inciso III do art. 386 do RIR/1999, a pessoa jurídica que absorver patrimônio de outra, em virtude de incorporação, fusão ou cisão, na qual detenha participação societária adquirida com ágio, apurado em consonância com as regras fiscais, <u>poderá amortizar</u> o valor do ágio por expectativa de resultado futuro (*goodwill*), nos balanços correspondentes à apuração de lucro real, levantados posteriormente à incorporação, fusão ou cisão, à razão de 1/60, no máximo, para cada mês do período de apuração. Adicionalmente, o art. 185, da IN RFB 1.700/2017, permite a exclusão na apuração do lucro real, no caso de incorporação:

Art. 185. A pessoa jurídica que absorver patrimônio de outra, em virtude de **incorporação**, fusão ou cisão, na qual detenha participação societária adquirida...:

III – **poderá excluir, para fins de apuração do lucro real e do resultado ajustado dos períodos de apuração subsequentes, o saldo do ágio por rentabilidade futura** (goodwill) **decorrente da aquisição de participação societária entre partes não dependentes**, apurado segundo o disposto no inciso III do *caput* do art. 178, existente na contabilidade na data da aquisição da participação societária, à razão de 1/60 (um sessenta avos), no máximo, para cada mês do período de apuração;

264 CONTABILIDADE TRIBUTÁRIA

12.10 PERDA NO RECEBIMENTO DE CRÉDITOS

12.10.1 Critérios de dedutibilidade das perdas com recebíveis

> Para serem deduzidos como despesas na apuração do lucro real, os créditos decorrentes das atividades das pessoas jurídicas, é indispensável o cumprimento de todas as exigên-cias previstas no art. 9º da Lei nº 9.430/1996, mesmo que os créditos estejam vencidos há mais de cinco anos sem liquidação.

De acordo com o art. 9º da Lei 9.430/1996, as pessoas jurídi-cas tributadas pelo lucro real poderão deduzir, como despesas, as perdas no recebimento de créditos decorrentes de suas atividades.

A pessoa jurídica precisa providenciar todos os procedimen-tos contábeis, administrativos e judiciais para que os valores das perdas com recebíveis sejam dedutíveis.

12.10.1.1 Faixa de valores atuais

De acordo com o § 7º do art. 9º da Lei 9.430/1996 e com o § 1º do art. 71 da IN RFB 1.700/2017, são dedutíveis como despesa na apuração do lucro real os créditos:

I. em relação aos quais tenha havido a declaração de insolvência do devedor, em sentença emanada do Poder Judiciário;

II. sem garantia, de valor:

a) até R$ 15.000,00 (quinze mil reais), por operação, vencidos há mais de seis meses, independentemente de iniciados os proce-dimentos judiciais para o seu recebimento;

b) acima de R$ 15.000,00 (quinze mil reais) até R$ 100.000,00 (cem mil reais), por operação, vencidos há mais de um ano, independentemente de iniciados os procedimentos judiciais para o seu recebimento, mantida a cobrança administrativa;

c) superior a R$ 100.000,00 (cem mil reais), vencidos há mais de um ano, desde que iniciados e mantidos os procedimentos judiciais para o seu recebimento;

III. com garantia, vencidos há mais de dois anos, de valor:

a) até R$ 50.000,00 (cinquenta mil reais), independentemente de iniciados os procedimentos judiciais para o seu recebimento ou o arresto das garan-tias; e

b) superior a R$ 50.000,00 (cinquenta mil reais), desde que iniciados e man-tidos os procedimentos judiciais para o seu recebimento ou o arresto das garantias;

IV. contra devedor declarado falido ou pessoa jurídica em concordata ou recu-peração judicial, relativamente à parcela que exceder o valor que esta tenha se comprometido a pagar. Porém, a parcela do crédito cujo compromisso de pagar não houver sido honrado pela pessoa jurídica em concordata ou recuperação judicial poderá, também, ser deduzida como perda.

12.10.1.2 Faixa de valores até outubro de 2014

Para os créditos vencidos até 7 de outubro de 2014, deve-se aplicar o disposto no § 1º do art. 9º da Lei 9.430/1996 e no § 1º da IN RFB 1.700/2017:

1) em relação aos quais tenha havido a declaração de insolvência do devedor, em sentença emanada do Poder Judiciário;
2) sem garantia, de valor:
   a) até R$ 5.000,00 (cinco mil reais), por operação, vencidos há mais de seis meses, independentemente de iniciados os procedimentos judiciais para o seu recebimento;
   b) acima de R$ 5.000,00 (cinco mil reais) até R$ 30.000,00 (trinta mil reais), por operação, vencidos há mais de um ano, independentemente de iniciados os procedimentos judiciais para o seu recebimento, porém mantida a cobrança administrativa; e
   c) superior a R$ 30.000,00 (trinta mil reais), vencidos há mais de um ano, desde que iniciados e mantidos os procedimentos judiciais para o seu recebimento;
3) com garantia, vencidos há mais de dois anos, desde que iniciados e mantidos os procedimentos judiciais para o seu recebimento ou o arresto das garantias;
4) contra devedor declarado falido ou pessoa jurídica em concordata ou recuperação judicial, relativamente à parcela que exceder o valor que esta tenha se comprometido a pagar. Porém, a parcela do crédito cujo compromisso de pagar não houver sido honrado pela pessoa jurídica em concordata ou recuperação judicial poderá, também, ser deduzida como perda.

Considera-se crédito garantido o proveniente de vendas com reserva de domínio, de alienação fiduciária em garantia ou de operações com outras garantias reais.

No caso de crédito com empresa em processo falimentar, em concordata ou em recuperação judicial, a dedução da perda será admitida a partir da data da decretação da falência ou do deferimento do processamento da concordata ou recuperação judicial, desde que a credora tenha adotado os procedimentos judiciais necessários para o recebimento do crédito.

Por outro lado, a parcela do crédito cujo compromisso de pagar não houver sido honrado pela pessoa jurídica em concordata ou recuperação judicial poderá, também, ser deduzida como perda, desde que observados os demais requisitos.

12.10.2 Definição de operação para fins de dedutibilidade da perda no recebimento de crédito

De acordo com o § 2º do art. 71 da IN RFB 1.700/2017, considera-se operação a venda de bens, a prestação de serviços, a cessão de direitos e a aplicação de recursos financeiros em operações com títulos e valores mobiliários, constantes de um único contrato, no qual esteja prevista a forma de pagamento do preço pactuado, ainda que a transação seja realizada para pagamento em mais de 1 (uma) parcela.

Adicionalmente, o § 3º do art. 71 da IN RFB 1.700/2017 determina que, no caso de empresas mercantis, a operação será caracterizada pela emissão da fatura, mesmo que englobe mais de 1 (uma) nota fiscal.

No caso de contrato de crédito em que o não pagamento de 1 (uma) ou mais parcelas implique o vencimento automático de todas as demais parcelas vincendas, os limites mencionados nos itens 12.10.1.1 e 12.10.1.2 serão considerados em relação ao total dos créditos, por operação, com o mesmo devedor.

Para fins de se efetuar o registro da perda, os créditos devem ser considerados pelo seu valor original acrescido de reajustes em virtude de contrato, inclusive juros e outros encargos pelo financiamento da operação e de eventuais acréscimos moratórios em razão da sua não liquidação, considerados até a data da baixa.

12.10.3 Não dedutibilidade de perda de crédito de operações com partes relacionadas

De acordo com o § 10 da IN RFB 1.700/2017, não será admitida a dedução de perdas no recebimento de créditos com pessoa jurídica que seja controladora, controlada, coligada ou interligada, ou com pessoa física que seja acionista controladora, sócia, titular ou administradora da pessoa jurídica credora, ou parente até o 3º (terceiro) grau dessas pessoas físicas.

12.10.4 Registro contábil das perdas com recebíveis

De acordo com o art. 10 da Lei 9.430/1996, os registros contábeis das perdas com recebíveis devem ser efetuados a débito de conta de resultado e a crédito:

a) da conta que registra o crédito, no caso de créditos sem garantias, no valor de até R$ 5.000 para créditos vencidos até 07/10/2014 ou de valor até R$ 15.000 para créditos vencidos a partir de 07/10/2014; e

b) de conta redutora do crédito, nas demais hipóteses.

A diferença de valor que surgir entre os valores obtidos pelo processo de registro de perda estimada com crédito previsto pelo CPC 47 e os valores decorrentes da aplicação da Lei 9.430/1996 devem ser objeto de adição ou exclusão na Parte A e controle na Parte B do e-LALUR.

IRPJ: lucro real 267

TESTES

Os testes 1 a 5 constam das provas de concursos públicos indicadas no enunciado. Cada questão também apresenta o número original da questão na respectiva prova do concurso.

1. **41 – O lucro real será determinado: (Técnico em Contabilidade, UFF, COSEAC, 2015)**

(A) a partir do lucro líquido do período de apuração obtido na escrituração comercial (antes da provisão para o imposto de renda).

(B) de acordo com o lucro bruto da empresa ao final do período.

(C) após a diminuição da receita obtida pelo valor dos custos (antes da provisão para o imposto de renda).

(D) pelo valor encontrado da receita de vendas após a apuração do resultado do exercício.

(E) de acordo com o valor real do lucro líquido entre os acionistas da empresa.

2. **67 – Nos termos da Lei nº 12.973, de 13 de maio de 2014, art. 12 § 1º, a receita líquida será a receita bruta diminuída de devoluções e vendas canceladas, tributos sobre elas incidentes e: (Profissional Junior – Ciências Contábeis, BR Distribuidora, CESGRANRIO, 2015)**

(A) abatimentos e descontos incondicionais auferidos.

(B) abatimentos e descontos incondicionais concedidos.

(C) abatimentos, descontos condicionais concedidos e valores decorrentes de ajuste a valor presente (art. 183, VIII, da Lei nº 6.404/1976).

(D) valores decorrentes de ajuste a valor presente (art. 183, VIII, da Lei nº 6.404/1976), descontos comerciais incondicionais e descontos por antecipação de pagamento.

(E) descontos incondicionais concedidos e valores decorrentes de ajuste a valor presente (art. 183, VIII, da Lei n. 6.404/1976).

3. **68 – De acordo com o § 2º do art. 31 da Lei nº 12.973/2014, nas vendas de bens do ativo não circulante classificados como investimentos, imobilizado ou intangível, realizadas para recebimento do preço, integral ou parcial, após o término do exercício social seguinte ao da contratação, o contribuinte poderá, para efeito de determinar o lucro real, reconhecer o lucro na: (Profissional Junior – Ciências Contábeis, BR Distribuidora, CESGRANRIO, 2015)**

(A) proporção da parcela do preço recebida em cada período de apuração.

(B) proporção do prazo total da operação, independente do prazo de recebimento.

(C) data do recebimento da última parcela do prazo estabelecido na operação.

(D) data do recebimento inicial ou na data do recebimento final, opcionalmente.

(E) data da operação, independente do prazo contratado para seu recebimento.

268 CONTABILIDADE TRIBUTÁRIA

4. 45 – No regime de tributação pelo Lucro Real, uma empresa pode optar entre a periodicidade de apuração trimestral e a periodicidade de apuração anual, com antecipações mensais em bases estimadas. Em uma empresa optante do Lucro Real, com apuração anual, não devem integrar a base de cálculo do imposto de renda mensal, calculado pela estimativa, os seguintes valores: (Analista Administrativo – Analista de Contabilidade, PRODAM/AM, FUNCAB, 2014)

(A) rendimentos e ganhos líquidos, produzidos por aplicação financeira de renda fixa, sem retenção na fonte.

(B) recuperações de créditos que representem ingressos de novas receitas.

(C) lucros decorrentes de participações societárias avaliadas pelo custo de reposição.

(D) reversões de saldos de provisões posteriormente constituídas.

(E) impostos não cumulativos, cobrado destacadamente do comprador ou contratante, do qual o vendedor dos bens seja mero depositário.

5. 48 – O lucro fiscal, que é aquele denominado pela legislação como lucro real para fins de IR, consiste no lucro líquido ajustado pelas adições e exclusões. Suponha que a Petrobras abata como despesa fiscal o valor dos recursos investidos com vistas à exploração de petróleo cru, mesmo antes de registrar essa despesa, que é tratada como: (Analista Administrativo – Analista de Contabilidade, PRODAM/AM, FUNCAB, 2014)

(A) antecipação reversa.

(B) adição temporária.

(C) exclusão definitiva.

(D) exclusão temporária.

(E) adição definitiva.

GABARITO

Resposta	A	E	A	E	D
Teste	1	2	3	4	5

CAPÍTULO **13**

CSLL: lucro real

Este capítulo discute a apuração da Contribuição Social Sobre o Lucro Líquido (CSLL) com base no lucro real. O capítulo inicia destacando que a sistemática de apuração da base de cálculo da CSLL está vinculada à sistemática utilizada para apuração da base de cálculo do IRPJ; prossegue pontuando que, apesar de, em termos gerais, as deduções permitidas na apuração da base de cálculo do IRPJ também são aplicáveis na apuração da base de cálculo da CSLL, não é possível afirmar que todas as despesas indedutíveis na apuração do IRPJ também sejam indedutíveis na apuração da CSLL; e conclui apresentando a possibilidade de compensação de valores de retenções de CSLL a que a receita da pessoa jurídica houver sido submetida.

Objetivos de aprendizagem

Após estudar este capítulo, você deverá ser capaz de:

1. explicar a correspondência que existe entre a sistemática de apuração da CSLL e do IRPJ;

2. compreender que, no lucro presumido, existe mais do que uma alíquota para a CSLL;

3. identificar que, no lucro real, o período de apuração da CSLL pode ser trimestral ou anual;

4. compreender que a base de cálculo da CSLL pode ser resultado ajustado ou base estimada;

5. apurar a CSLL sobre base de cálculo estimada;

6. descrever a apuração da CSLL com base no resultado ajustado;

7. compreender que, assim como no lucro presumido, no lucro real também é possível o aproveitamento dos valores de CSLL retida na fonte;

13.1 ASPECTOS INTRODUTÓRIOS

A CSLL é um tributo de competência da União, instituído pela Lei 7.689/1988, cujo recolhimento deve respeitar a sistemática escolhida pela pessoa jurídica para o recolhimento do IRPJ. Dessa forma, a empresa que recolher o IRPJ com base no lucro real deve recolher, no mesmo exercício, a CSLL também pelo lucro real.

13.2 ALÍQUOTAS DA CSLL

Para as pessoas jurídicas em geral, a alíquota da CSLL, desde maio de 2008, é de 9% (nove por cento). Para as seguintes atividades, desde aquela data, a alíquota da CSLL é de 15% (quinze por cento):

a) pessoas jurídicas de seguros privados e de capitalização;
b) bancos de qualquer espécie;
c) distribuidoras de valores mobiliários;
d) corretoras de câmbio e de valores mobiliários;
e) sociedades de crédito, financiamento e investimentos;
f) sociedades de crédito imobiliário;
g) administradoras de cartões de crédito;
h) sociedades de arrendamento mercantil;
i) cooperativas de crédito; e
j) associações de poupança e empréstimo.

A partir de 1º de setembro de 2015, a alíquota da CSLL foi majorada para algumas atividades, conforme o art. 3º da Lei 7.689, de 15 de dezembro de 1988, com a redação dada pela Lei 13.169, de 6 de outubro de 2015. Nesse sentido, veja-se o art. 30 da IN RFB 1.700, de 14 de março de 2017.

> Art. 30. A alíquota da CSLL é de:
>
> I – 15% (quinze por cento), exceto no período compreendido entre 1º de setembro de 2015 e 31 de dezembro de 2018, no qual vigorará a alíquota de 20% (vinte por cento), nos casos de:
>
> a) pessoas jurídicas de seguros privados e de capitalização;
>
> b) bancos de qualquer espécie e agências de fomento;
>
> c) distribuidoras de valores mobiliários;

d) corretoras de câmbio e de valores mobiliários;

e) sociedades de crédito, financiamento e investimentos;

f) sociedades de crédito imobiliário;

g) administradoras de cartões de crédito;

h) sociedades de arrendamento mercantil; e

i) associações de poupança e empréstimo;

II – 15% (quinze por cento), exceto no período compreendido entre 1º de outubro de 2015 e 31 de dezembro de 2018, no qual vigorará a alíquota de 17% (dezessete por cento), no caso de cooperativas de crédito; e

III – 9% (nove por cento), no caso de:

a) administradoras de mercado de balcão organizado;

b) bolsas de valores e de mercadorias e futuros;

c) entidades de liquidação e compensação;

d) empresas de fomento comercial ou *factoring*; e

e) demais pessoas jurídicas.

13.3 PERIODICIDADE DE APURAÇÃO

As empresas que adotam o lucro real trimestral para o recolhimento do IRPJ recolherão a CSLL também pelo lucro real trimestral. De mesma forma, as empresas que adotam o lucro real anual para o recolhimento do IRPJ, devem recolher a CSLL também pelo lucro real anual e realizar os recolhimentos mensais sob base de cálculo estimada.

Objetivo de Aprendizagem 3

13.4 BASE DE CÁLCULO DA CSLL

No lucro real, a base de cálculo da CSLL é o resultado ajustado ou a base estimada. De acordo com a IN RFB 1.700/2017, resultado ajustado é o lucro líquido do período de apuração antes da provisão para a CSLL, ajustado pelas adições, exclusões ou compensações prescritas ou autorizadas pela legislação da CSLL.

Objetivo de Aprendizagem 4

A determinação do resultado ajustado será precedida da apuração do lucro líquido de cada período de apuração com observância das disposições das leis comerciais.

O item 13.5 discute a base cálculo estimada e o item 13.6 discute o resultado ajustado.

13.5 RECOLHIMENTO MENSAL SOBRE BASE DE CÁLCULO ESTIMADA

Objetivo de Aprendizagem 5

A pessoa jurídica que optar pela apuração do lucro real anual, deverá pagar mensalmente a CSLL sobre base de cálculo estimada, conforme o art. 32 da IN RFB 1.700/2017.

De acordo com o art. 34 da IN RFB 1.700/2017, a base de cálculo da CSLL, em cada mês, será determinada mediante a aplicação do percentual de 12% (doze por cento) sobre a receita bruta, auferida na atividade, deduzida das devoluções, das vendas canceladas e dos descontos incondicionais concedidos. Entretanto, o percentual para apuração da base de cálculo estimada será de 32% (trinta e dois por cento) para as atividades de:

a) prestação de serviços em geral, como limpeza e locação de mão de obra, ainda que sejam fornecidos os materiais;
b) intermediação de negócios;
c) administração, locação ou cessão de bens imóveis, móveis e direitos de qualquer natureza;
d) prestação cumulativa e contínua de serviços de assessoria creditícia, mercadológica, gestão de crédito, seleção de riscos, administração de contas a pagar e a receber, compra de direitos creditórios resultantes de vendas mercantis a prazo ou de prestação de serviços (*factoring*); e
e) prestação de serviços de construção, recuperação, reforma, ampliação ou melhoramento de infraestrutura vinculados a contrato de concessão de serviço público.

Para as atividades de prestação dos serviços de transporte, inclusive de carga, o percentual é de 12% (doze por cento). As seguintes atividades também devem utilizar esse percentual:

i. serviços hospitalares e de auxílio a diagnóstico e terapia, fisioterapia e terapia ocupacional;
ii. fonoaudiologia, patologia clínica, imagenologia, radiologia, anatomia patológica e citopatologia;
iii. medicina nuclear e análises e patologias clínicas; e
iv. exames por métodos gráficos, procedimentos endoscópicos, radioterapia, quimioterapia, diálise e oxigenoterapia hiperbárica, desde que a prestadora desses serviços seja organizada sob a forma de sociedade empresária e atenda às normas da Agência Nacional de Vigilância Sanitária (Anvisa).

De acordo com o art. 36 da IN RFB 1.700/2017:

Art. 36. Nas atividades de que trata a alínea "b" do inciso III do § 1º do art. 33, os percentuais de que tratam o inciso III do § 1º do art. 33 e o *caput* do art. 34 deverão ser aplicados sobre a receita bruta ajustada pelas seguintes deduções:

I – no caso de instituições financeiras, sociedades corretoras de títulos, valores mobiliários e câmbio, e sociedades distribuidoras de títulos e valores mobiliários:

a) despesas incorridas na captação de recursos de terceiros;

b) despesas com obrigações por refinanciamentos, empréstimos e repasses de recursos de órgãos e instituições oficiais e do exterior;

c) despesas de cessão de créditos;

d) despesas de câmbio;

e) perdas com títulos e aplicações financeiras de renda fixa; e

f) perdas nas operações de renda variável;

II – no caso de empresas de seguros privados, o cosseguro e resseguros cedidos, os valores referentes a cancelamentos e restituições de prêmios que houverem sido computados em conta de receita, assim como a parcela dos prêmios destinada à constituição de provisões ou reservas técnicas;

III – no caso de entidades de previdência privada abertas e de empresas de capitalização, a parcela das contribuições e prêmios, respectivamente, destinada à constituição de provisões ou reservas técnicas; e

IV – no caso de operadoras de planos de assistência à saúde, as corresponsabilidades cedidas e a parcela das contraprestações pecuniárias destinada à constituição de provisões técnicas.

Parágrafo único. Na hipótese prevista no *caput*:

I – integrarão também a receita bruta:

a) os rendimentos obtidos em aplicações financeiras de renda fixa de titularidade de instituição financeira, sociedade de seguro, de previdência e de capitalização, sociedade corretora de títulos, valores mobiliários e câmbio, sociedade distribuidora de títulos e valores mobiliários ou sociedade de arrendamento mercantil; e

b) os ganhos líquidos e rendimentos auferidos nas operações de renda variável realizadas em bolsa, no mercado de balcão organizado autorizado por órgão competente ou por intermédio de fundos de investimento para a carteira própria das instituições referidas na alínea "a";

II – é vedada a dedução de qualquer despesa administrativa.

Os casos de contratos de longo prazo de execução são tratados no art. 37 da IN RFB 1.700/2017, a seguir transcrito:

> Art. 37. Nos casos de contratos com prazo de execução superior a 1 (um) ano, de construção por empreitada ou de fornecimento a preço predeterminado de bens ou serviços a serem produzidos, será computada na receita bruta parte do preço total da empreitada, ou dos bens ou serviços a serem fornecidos, determinada mediante a aplicação, sobre esse preço total, da percentagem do contrato ou da produção executada em cada mês, nos termos da Instrução Normativa SRF nº 21, de 13 de março de 1979, observado o disposto no § 2º.
>
> § 1º No caso de construções ou fornecimentos contratados com base em preço unitário de quantidades de bens ou serviços produzidos em prazo inferior a 1 (um) ano, a receita deverá ser incluída nas bases de cálculo no mês em que for completada cada unidade.
>
> § 2º A receita decorrente de fornecimento de bens e serviços para pessoa jurídica de direito público ou empresas sob seu controle, empresas públicas, sociedades de economia mista ou suas subsidiárias, nos casos de empreitada ou fornecimento contratado nas condições previstas no *caput* e no § 1º será computada no mês do recebimento.
>
> § 3º O disposto no § 2º aplica-se também aos créditos quitados pelo Poder Público com títulos de sua emissão, inclusive com certificados de securitização, emitidos especificamente para essa finalidade, quando a receita será computada por ocasião do resgate dos títulos ou de sua alienação sob qualquer forma.
>
> § 4º No caso de contrato de concessão de serviços públicos a receita reconhecida pela construção, recuperação, reforma, ampliação ou melhoramento da infraestrutura cuja contrapartida for ativo intangível representativo de direito de exploração não integrará as bases de cálculo, exceto na hipótese prevista no art. 47.
>
> § 5º No caso de contrato de concessão de serviços públicos em que a tributação do lucro da fase de construção for diferida em conformidade com o disposto no art. 168 a receita bruta dessa fase integrará as bases de cálculo quando efetivamente recebida.
>
> § 6º Para fins do disposto no § 5º considera-se efetivamente recebida a parcela do total da receita bruta da fase de construção calculada pela proporção definida no § 3º do art. 168.

No caso de atividades diversificadas, a pessoa jurídica deve aplicar o percentual correspondente a cada atividade.

13.6 RESULTADO AJUSTADO

De acordo com a IN RFB 1.700/2017, resultado ajustado é o lucro líquido do período de apuração antes da provisão para a CSLL, ajustado pelas adições, exclusões ou compensações prescritas ou autorizadas pela legislação da CSLL. O resultado ajustado é a base de cálculo da CSLL trimestral ou anual e é apurado conforme esquema a seguir:

LUCRO ANTES DO IRPJ E DA CSLL
+ ADIÇÕES DETERMINADAS PELA LEGISLAÇÃO DA CSLL
(–) EXCLUSÕES PERMITIDAS PELA LEGISLAÇÃO DA CSLL
= RESULTADO AJUSTADO

De acordo com a IN RFB 1.700/2017, a pessoa jurídica tributada pelo lucro real apresentará na Escrituração Contábil Fiscal (ECF) os dados relativos ao e-LACS, contendo na Parte A, as seguintes informações da demonstração da base de cálculo da CSLL:

i. lucro líquido do período de apuração, que é o lucro contábil antes do IRPJ e da CSLL;
ii. registros de ajuste do lucro líquido, com identificação das contas analíticas do plano de contas e indicação discriminada por lançamento correspondente na escrituração comercial, quando presentes; e
iii. resultado ajustado;

Na Parte B são mantidos os registros de controle de bases de cálculo negativas da CSLL a compensar em períodos subsequentes e de outros valores que devam influenciar a determinação do resultado ajustado de períodos futuros e que não constem na escrituração comercial.

Devem ser escriturados na Parte B do e-LACS valores de <u>créditos</u>:

a) que constituirão adições ao lucro líquido de exercícios futuros, para determinação do lucro real e do resultado ajustado respectivo; e
b) para baixa dos saldos devedores.

Devem ser escriturados na Parte B do e-LACS valores de <u>débitos</u>:

a) que constituirão exclusões nos exercícios subsequentes; e
b) para baixa dos saldos credores.

No e-LACS deve constar a apuração da CSLL, bem como demais informações econômico-fiscais.

O Anexo I da IN RFB 1.700/2017 apresenta as adições à base de cálculo da CSLL determinadas pela legislação fiscal. Já as exclusões ao lucro, permitidas pela legislação tributária, são apresentadas no Anexo II da referida Instrução Normativa.

13.7 DEDUÇÃO DA CSLL RETIDA NA FONTE

Para fins de pagamento, a pessoa jurídica poderá deduzir, da CSLL apurada em cada trimestre, o valor que foi retido na fonte sobre suas receitas que integraram a base de cálculo da contribuição devida.

TESTES

Os testes 1 a 5 são de elaboração própria para este livro.

1. A pessoa jurídica que optou por pagar o IRPJ pelo lucro real trimestral:
(A) Pode optar por pagar a CSLL pelo lucro real anual.
(B) Está obrigada a pagar a CSLL pelo lucro real anual.
(C) Pode optar por pagar a CSLL pelo lucro real trimestral.
(D) Está obrigada a pagar a CSLL pelo lucro real trimestral.
(E) Não há relação entre a periodicidade do pagamento do IRPJ e da CSLL.

2. Determinada pessoa jurídica, tributada pelo lucro real, realizou a seguinte apuração do IRPJ sobre base de cálculo estimada mensal:

A – Receita de vendas	600.000,00
B – Lucro presumido (A × 8%)	48.000,00
C – Rendimento de aplicação financeira	130.000,00
D – Base de cálculo do IRPJ (B + C)	178.000,00
E – IRPJ (D × 15%)	*26.700,00*
F – Adicional IRPJ [(D – 60.000) × 10%]	*11.800,00*
G – Soma (E + F)	38.500,00
H – Compensação de IRRF	29.250,00
I – Valor a recolher (G – H)	*9.250,00*

Com base nesses dados, o respectivo valor da CSLL é:

(A) R$ 32.380,00

(B) R$ 61.630,00

(C) R$ 18.180,00

(D) R$ 14.200,00

(E) R$ 29.250,00

3. **Determinada pessoa jurídica, tributada pelo lucro real, reconheceu um montante de R$ 2.400.000,00 em janeiro de 20X5, referente a ajuste a valor presente de uma conta a receber de longo prazo. Na apuração da CSLL referida, a pessoa jurídica deverá:**

(A) Abater esse valor na apuração na receita bruta, quando apurar a base de cálculo estimada mensal.

(B) Nos meses seguintes, acrescentar o valor da receita financeira decorrente desse ajuste, quando apurar a base de cálculo estimada em cada mês.

(C) Esse valor não precisa ser lançado no e-LACS.

(D) Controlar esse valor na Parte B do e-LACS para futura adição.

(E) Lançar esse valor na Parte A do e-LACS como uma adição temporária.

4. **A pessoa jurídica tributada pelo lucro real deve apresentar ECF:**

(A) Contendo dados apenas do e-LALUR.

(B) Contendo tanto dados do e-LALUR quanto da EFD-Contribuições.

(C) Contendo tanto dados da e-LACS quanto da EFD-Contribuições.

(D) Contendo tanto dados do e-LALUR quanto do e-LACS.

(E) Contendo tanto dados da e-LACS quanto da ECD.

5. **A pessoa jurídica tributada pelo lucro real, via de regra, paga PIS e COFINS pelo regime não cumulativo. Portanto, via de regra, sobre os rendimentos de aplicação financeira dessas empresas, no momento do resgate:**

(A) O IRPJ incide e a CSLL não incide.

(B) O IRPJ não incide e a CSLL incide.

(C) Incide tanto IRPJ quanto a CSLL.

(D) Não incide nem IRPJ nem CSLL.

(E) A incidência de IRPJ e CSLL depende do prazo da aplicação.

GABARITO

Teste	1	2	3	4	5
Resposta	D	C	E	D	C

Parte IV

TÓPICOS ESPECIAIS: IRRF, PCCS E SIMPLES NACIONAL

Esta parte é dedicada ao Imposto de Renda Retido na Fonte (IRRF) sobre as receitas das pessoas jurídicas à retenção na fonte de PIS, COFINS e CSLL (PCCS). Em uma abordagem prática:

- ✓ o Capítulo 14 trata do IRRF;
- ✓ o Capítulo 15 trata de PIS, COFINS e CSLL retidos na fonte;
- ✓ o Capítulo 16 trata do Simples Nacional; e
- ✓ o Capítulo 17 trata do Regime Especial de Tributação das Incorporações Imobiliárias (RET).

CAPÍTULO **14**

IRRF

Este capítulo aborda o Imposto de Renda Retido na Fonte (IRRF), incidente sobre as receitas das pessoas jurídicas. O capítulo inicia apontando quais pessoas jurídicas terão suas receitas sujeitas ao IRRF; prossegue apresentando a alíquota aplicável, bem como as regras para retenção de IR sobre rendimentos de aplicações financeiras; e conclui informando o direito ao aproveitamento do crédito pela pessoa jurídica que sofreu a retenção, bem como o código do DARF para recolhimento pelo tomador do serviço.

Objetivos de aprendizagem

Após estudar este capítulo, você deverá ser capaz de:

1. apontar quais pessoas jurídicas estão ao alcance da retenção do IRRF;
2. descrever qual a base de cálculo do IRRF sobre o faturamento do prestador de serviços;
3. identificar a alíquota do IRRF incidente sobre a receita operacional das pessoas jurídicas;
4. apontar quem deverá efetuar o recolhimento do IRRF e o código aplicável no preenchimento do DARF de IRRF sobre receita do prestador de serviços;
5. caracterizar a incidência de IRRF sobre aplicações financeiras;
6. identificar a base de cálculo do IRRF sobre rendimentos de aplicação financeira;
7. apontar as alíquotas de IRRF sobre rendimentos de aplicação financeira;
8. caracterizar a incidência de IRRF sobre contratos de mútuo;
9. identificar a base de cálculo de IRRF sobre contratos de mútuo; e
10. apontar as alíquotas de IRRF sobre contratos de mútuo.

14.1 IRRF SOBRE A RECEITA DE PESSOA JURÍDICA PRESTADORA DE SERVIÇOS

Objetivo de Aprendizagem 1

Estão sujeitas à retenção do Imposto de Renda (IRRF) as importâncias pagas ou creditadas por pessoas jurídicas a outras pessoas jurídicas, civis ou mercantis, pela prestação de serviços caracterizadamente de natureza profissional. Segue uma relação dos serviços sujeitos ao IRRF:

1. administração de bens ou negócios em geral (exceto consórcios ou fundos mútuos para aquisição de bens);
2. advocacia;
3. análise clínica laboratorial;
4. análises técnicas;
5. arquitetura;
6. assessoria e consultoria técnica (exceto o serviço de assistência técnica prestado a terceiros e concernente a ramo de indústria ou comércio explorado pelo prestador do serviço);
7. assistência social;
8. auditoria;
9. avaliação e perícia;
10. biologia e biomedicina;
11. cálculo em geral;
12. consultoria;
13. contabilidade;
14. desenho técnico;
15. economia;
16. elaboração de projetos;
17. engenharia (exceto construção de estradas, pontes, prédios e obras assemelhadas);
18. ensino e treinamento;
19. estatística;
20. fisioterapia;
21. fonoaudiologia;
22. geologia;
23. leilão;

24. medicina (exceto a prestada por ambulatório, banco de sangue, casa de saúde, casa de recuperação ou repouso sob orientação médica, hospital e pronto-socorro);
25. nutricionismo e dietética;
26. odontologia;
27. organização de feiras de amostras, congressos, seminários, simpósios e congêneres;
28. pesquisa em geral;
29. planejamento;
30. programação;
31. prótese;
32. psicologia e psicanálise;
33. química;
34. radiologia e radioterapia;
35. relações públicas;
36. serviço de despachante;
37. terapêutica ocupacional;
38. tradução ou interpretação comercial;
39. urbanismo;
40. veterinária.

A incidência do IRRF se dá independentemente da qualificação profissional dos sócios da pessoa jurídica prestadora dos serviços e do fato de ela auferir receitas de quaisquer outras atividades, seja qual for a proporção do valor dos serviços em relação à receita bruta.

14.1.1 Base de cálculo

A base de cálculo do IRRF é a importância paga ou creditada como remuneração do prestador de serviços.

14.1.2 Alíquota de IRRF sobre receita de prestação de serviços

A alíquota do IRRF incidente sobre a receita de prestação de serviços é de 1,5%.

14.1.3 Código DARF

A pessoa jurídica tomadora dos serviços, fonte pagadora, deverá efetuar o recolhimento utilizando o seu próprio CNPJ e o código:

1708 – IRRF – REMUNERAÇÃO SERVIÇOS PRESTADOS POR PESSOA JURÍDICA

14.2 IRRF SOBRE RENDIMENTO DE APLICAÇÃO FINANCEIRA

Os rendimentos e ganhos líquidos auferidos nos mercados financeiro e de capitais sofrem retenção de imposto de renda na fonte no momento do resgate da operação, regime de caixa.

É importante destacar que a transferência de título, valor mobiliário ou aplicação entre contas de custódia não acarreta fato gerador de imposto ou contribuição administrados pela RFB, desde que:

a) não haja mudança de titularidade do ativo, nem disponibilidade de recursos para o investidor;
b) a transferência seja efetuada no mesmo sistema de registro e de liquidação financeira e pelo mesmo valor da aplicação.

14.2.1 Base de cálculo

A base de cálculo do imposto é constituída pela diferença positiva entre o valor da alienação, líquido do IOF, quando couber, e o valor da aplicação financeira.

No caso de aplicações em títulos de renda fixa ou variável, de acordo com o § 2º do art. 46 da IN RFB 1.585/2015, alienação compreende qualquer forma de transmissão da propriedade, bem como a liquidação, o resgate, a cessão ou a repactuação do título ou aplicação.

14.2.2 Alíquotas

14.2.2.1 Fundos de investimento

De acordo com a IN RFB 1.585/2015, fundos de investimento classificados como de longo prazo sofrem a incidência de imposto de renda na fonte, por ocasião do resgate (regime de caixa), às seguintes alíquotas:

- ✓ 22,5% em aplicações de até 180 dias;
- ✓ 20% em aplicações de 181 dias até 360 dias;

- ✓ 17,5% em aplicações de 361 dias até 720 dias;
- ✓ 15% em aplicações com prazo superior a 720 dias.

Já os rendimentos decorrentes de aplicações financeiras em fundo de investimento classificados como de curto prazo sofrem a incidência de imposto de renda na fonte, por ocasião do resgate, às seguintes alíquotas:

- ✓ 22,5% em aplicações de até 180 dias;
- ✓ 20% em aplicações com prazo superior a 180 dias.

14.2.2.2 Aplicações em títulos ou valores mobiliários de renda fixa ou de renda variável

De acordo com o art. 46 da IN RFB 1.585/2015, os rendimentos produzidos por aplicações financeiras de renda fixa e de renda variável, auferidos por qualquer beneficiário, inclusive pessoa jurídica isenta, sujeitam-se à incidência do imposto sobre a renda na fonte às seguintes alíquotas:

- ✓ 22,5% em aplicações com prazo de até 180 dias;
- ✓ 20% em aplicações com prazo de 181 dias até 360 dias;
- ✓ 17,5% em aplicações com prazo de 361 até 720 dias;
- ✓ 15% em aplicações com prazo acima de 720 dias.

14.3 IRRF SOBRE RECEITA DECORRENTE DE CONTRATOS DE MÚTUO

De acordo com o art. 47 da IN RFB 1.585/2015, são tributados como aplicações financeiras de renda fixa os rendimentos auferidos:

a) pela entrega de recursos a pessoa jurídica, sob qualquer forma e a qualquer título, independentemente de a fonte pagadora ser ou não instituição autorizada a funcionar pelo Banco Central do Brasil (BACEN); e

b) nas operações de mútuo de recursos financeiros entre pessoas jurídicas ou entre pessoa jurídica e pessoa física.

Objetivo de Aprendizagem 8

14.3.1 Base de cálculo

A base de cálculo do IRRF sobre operações de mútuo é o valor dos rendimentos obtidos na operação.

Objetivo de Aprendizagem 9

14.3.2 Alíquotas

Objetivo de Aprendizagem 10

- ✓ 22,5% em operações com prazo de até 180 dias;
- ✓ 20% em operações com prazo de 181 dias até 360 dias;
- ✓ 17,5% em operações com prazo de 361 até 720 dias;
- ✓ 15% em operações com prazo acima de 720 dias.

TESTES

Os testes 1 a 5 são de elaboração própria para este livro.

1. A pessoa jurídica X ao pagar a pessoa jurídica Y pelos serviços prestados, cujo montante bruto é R$ 100.000,00, realizou retenção de IRRF no montante de:
   (A) R$ 15.000,00
   (B) R$ 1.500,00
   (C) R$ 9.000,00
   (D) R$ 22.500,00
   (E) R$ 27.000,00

2. A pessoa jurídica Z resgatou uma aplicação financeira de renda fixa, superior a 720 dias. No mês do resgate, o rendimento da aplicação financeira foi R$ 25.000,00. O valor do resgate foi R$ 501.000,00, composto por R$ 300.000,00 de principal e R$ 201.000,00 de rendimentos. Houve retenção de IOF, no montante de R$ 1.000,00. Nessa situação, o valor do IRRF foi:
   (A) R$ 40.000,00
   (B) R$ 52.500,00
   (C) R$ 45.000,00
   (D) R$ 3.750,00
   (E) R$ 30.000,00

3. A pessoa jurídica T resgatou uma aplicação financeira, com prazo entre 181 e 360 dias. No mês do resgate, o rendimento da aplicação financeira foi R$ 25.000,00. O valor do resgate foi R$ 500.000,00, composto por R$ 300.000,00 de principal e R$ 201.000,00 de rendimentos. Houve retenção de IOF, no montante de R$ 1.000,00. Nessa situação, o valor do IRRF foi:
   (A) R$ 40.000,00
   (B) R$ 52.500,00

(C) R$ 45.000,00

(D) R$ 3.750,00

(E) R$ 45.000,00

4. A pessoa jurídica W resgatou uma aplicação financeira, com prazo entre 361 e 720 dias. No mês do resgate, o rendimento da aplicação financeira foi R$ 25.000,00. O valor do resgate foi R$ 500.000,00, composto por R$ 300.000,00 de principal e R$ 201.000,00 de rendimentos. Houve retenção de IOF, no montante de R$ 1.000,00. Nessa situação, o valor do IRRF foi:

(A) R$ 52.500,00

(B) R$ 4.500,00

(C) R$ 60.000,00

(D) R$ 35.000,00

(E) R$ 45.000,00

5. A pessoa jurídica K emprestou R$ 10.000.000,00 para a pessoa jurídica M. O prazo da operação foi de 360 dias e o total dos encargos cobrados da pessoa jurídica M foi R$ 1.000.000,00. Nesse caso, o valor do IRRF é:

(A) R$ 150.000,00

(B) R$ 15.000,00

(C) R$ 200.000,00

(D) R$ 175.00,00

(E) R$ 225.000,00

GABARITO

Teste	1	2	3	4	5
Resposta	B	E	A	D	C

CAPÍTULO **15**

PIS, COFINS E CSLL retidos na fonte

Este capítulo aborda a retenção na fonte de PIS, COFINS e CSLL. Essas retenções são comumente referidas como PCCS. O capítulo inicia apontando quais as pessoas jurídicas sofrerão retenção sobre suas receitas; prossegue apresentando a alíquota aplicável e os casos de dispensa de retenção; e conclui informando o direito ao aproveitamento do crédito pela pessoa jurídica que sofreu a retenção e o código do DARF para recolhimento pelo tomador do serviço.

Objetivos de aprendizagem

Após estudar este capítulo, você deverá ser capaz de:

1. apontar quais pessoas jurídicas estão ao alcance da retenção de PCCS;
2. identificar a alíquota para retenção de PCCS;
3. enumerar os casos de dispensa de retenção;
4. conhecer o direito ao aproveitamento do crédito do valor retido; e
5. identificar o código de recolhimento do valor retido.

15.1 PIS/PASEP, COFINS E CSLL (PCCS) RETIDOS NA FONTE

De acordo com o art. 30 da Lei 10.833/2003, os pagamentos efetuados pelas pessoas jurídicas a outras pessoas jurídicas de direito privado, pela prestação de serviços de limpeza, conservação, manutenção, segurança, vigilância, transporte de valores e locação de mão de obra, pela prestação de serviços de assessoria creditícia, mercadológica, gestão de crédito, seleção e riscos, administração de contas a pagar e a receber, bem como pela remuneração de serviços profissionais, estão sujeitos à retenção na fonte da Contribuição para o PIS/PASEP, da CSLL e COFINS (PCCS).

15.2 ALÍQUOTA PARA RETENÇÃO DE PCCS

A alíquota para retenção de PCCS é de 4,65%, correspondente à soma das alíquotas de 1%, 3% e 0,65%, respectivamente e para CSLL, COFINS e PIS/PASEP. Essas alíquotas são aplicáveis, mesmo quando a pessoa jurídica enquadrar-se no regime de não cumulatividade de PIS/PASEP e COFINS.

Caso a pessoa jurídica seja beneficiária de isenção de PIS e/ou COFINS, a retenção se dará pela aplicação da alíquota específica correspondente à contribuição não alcançada pela isenção.

15.3 DISPENSA DE RETENÇÃO

É dispensada a retenção de valor igual ou inferior a R$ 10,00 (dez reais), exceto na hipótese de DARF eletrônico efetuado por meio do SIAFI.

Também estão dispensados de retenção os pagamentos efetuados a:

i. cooperativas, relativamente à CSLL;
ii. empresas estrangeiras de transporte de valores;
iii. pessoas jurídicas optantes pelo Simples Nacional.

Adicionalmente, a retenção da COFINS e da contribuição para o PIS/PASEP não será exigida, cabendo, somente, a retenção da CSLL nos pagamentos:

a) título de transporte internacional de valores efetuados por empresa nacional;
b) aos estaleiros navais brasileiros nas atividades de conservação, modernização, conversão e reparo de embarcações pré-registradas ou registradas no Registro Especial Brasileiro (REB), instituído pela Lei 9.432/1997.

15.4 APROVEITAMENTO DO VALOR RETIDO

Os valores das retenções de PCCS são considerados como antecipação do que for devido pelo contribuinte que sofreu a retenção, em relação às respectivas contribuições.

15.5 CÓDIGO DARF PARA RECOLHIMENTO DE PCCS

Os valores retidos devem ser recolhidos utilizando-se DARF com o código:

5952 – Retenção contribuições pagamento de PJ a PJ direito privado – CSLL/COFINS/PIS

TESTES

Os testes 1 a 5 são de elaboração própria para este livro.

1. A pessoa jurídica X, ao pagar os serviços prestados pela pessoa jurídica Y, cujo montante bruto é R$ 100.000,00, reteve PIS, COFINS e CSLL nos respectivos montantes de:
(A) R$ 6.150,00; R$ 3.000,00; e R$ 1.000,00
(B) R$ 650,00; R$ 3.000,00; e R$ 1.000,00
(C) R$ 1.500,00; R$ 3.000,00; e R$ 1.000,00
(D) R$ 1.000,00; R$ 6.150,00; e R$ 3.000,00
(E) R$ 1.000,00; R$ 650,00; e R$ 3.000,00

2. Os valores retidos na fonte por uma pessoa jurídica sobre a receita bruta de pessoa jurídica prestadora de serviços, referentes a PIS, COFINS e CSLL, devem ser recolhidos:
(A) Em três diferentes DARFs.
(B) Em dois DARFs (um para PIS e COFINS e outro para CSLL).
(C) Em dois DARFs (um para COFINS e CSLL outro para PIS).
(D) Em um único DARF.
(E) Não cabe retenção de PIS, COFINS e CSLL sobre a receita da prestação de serviços.

292 CONTABILIDADE TRIBUTÁRIA

3. A alíquota para retenção de PCCS é:
(A) 6,15%
(B) 7,60%
(C) 4,65%
(D) 1,65%
(E) 9%

4. **Entre outros, estão dispensados de retenção de PIS, COFINS e CSLL os pagamentos efetuados a:**
(A) Pessoas jurídicas tributadas pelo lucro real.
(B) Cooperativas.
(C) Cooperativas e pessoas jurídicas optantes pelo Simples Nacional.
(D) Pessoas jurídicas tributadas pelo lucro real e pessoas jurídicas tributadas pelo lucro presumido.
(E) Pessoas jurídicas optantes pelo Simples Nacional.

5. **A retenção da COFINS e da contribuição para o PIS/PASEP não será exigida, cabendo somente a retenção da CSLL nos pagamentos:**
(A) A título de transporte internacional de valores efetuados por empresa nacional.
(B) A empresas estrangeiras de transporte de valores.
(C) A pessoas jurídicas optantes pelo Simples Nacional.
(D) A cooperativas.
(E) A pessoas jurídicas tributadas pelo lucro real.

GABARITO

Teste	1	2	3	4	5
Resposta	B	D	C	E	A

CAPÍTULO 16

Simples Nacional

Assista ao vídeo "Simples Nacional: regime de caixa ou de competência?".

uqr.to/chdd

Este capítulo aborda o Regime Especial Unificado de Arrecadação de Tributos e Contribuições devidos pelas Microempresas e Empresas de Pequeno Porte – Simples Nacional. O capítulo inicia com a definição de Microempresa (ME) e Empresa de Pequeno Porte (EPP) e prossegue apresentando o tratamento diferenciado e favorecido para ME e EPP, incluindo o Regime Especial Unificado de Arrecadação de Tributos e Contribuições devidos pelas Microempresas (ME) e Empresas de Pequeno Porte (EPP), Simples Nacional. São apontadas as empresas que não podem optar pelo Simples Nacional e abordada a questão da exclusão do Simples Nacional. Após tratar das questões de base de cálculo, alíquota, recolhimento dos tributos no Simples Nacional, apresentação de declaração fiscal, o capítulo finaliza com uma discussão sobre retenções tributárias na fonte, sobre receitas de ME e EPP optantes pelo Simples Nacional.

Objetivos de aprendizagem

Após estudar este capítulo, você deverá ser capaz de:

1. definir Microempresa (ME) e Empresa de Pequeno Porte (EPP);
2. apontar quais tratamentos diferenciados foram instituídos para as ME e EPP pela LC 123/2006;
3. compreender o sistema unificado de recolhimento de tributos denominado Simples Nacional e sua liquidação mediante pagamento de DAS;
4. apontar quais ME e EPP não podem optar pelo Simples Nacional;

5. identificar os casos que motivam a exclusão do Simples Nacional;
6. enumerar quais atividades impedem as ME e EPP de optar pelo Simples Nacional;
7. apurar a base de cálculo dos recolhimentos para o Simples Nacional;
8. apontar o uso de tabelas para o cálculo do Simples Nacional;
9. compreender o uso de aplicativo da RFB para cálculo e elaboração do DAS e envio da DEFIS; e
10. discernir sobre a dispensa de retenção de IRRF, PIS, COFINS e INSS sobre a receita de ME e EPP optantes pelo Simples Nacional.

16.1 DEFINIÇÃO DE MICROEMPRESA E EMPRESA DE PEQUENO PORTE

De acordo com a LC 123/2006, considera-se Microempresas (ME) ou Empresas de Pequeno Porte (EPP), a sociedade empresária, a sociedade simples, a empresa individual de responsabilidade limitada e o empresário, devidamente registrados no Registro de Empresas Mercantis ou no Registro Civil de Pessoas Jurídicas, que:

a) no caso da microempresa, aufira, em cada ano-calendário, receita bruta igual ou inferior a R$ 360.000,00 (trezentos e sessenta mil reais); e

b) no caso de empresa de pequeno porte, aufira, em cada ano-calendário, receita bruta:

b.1) **até 31/12/2017**: superior a R$ 360.000,00 (trezentos e sessenta mil reais) e igual ou inferior a R$ 3.600.000,00 (três milhões e seiscentos mil reais);

b.2) **a partir de 1º/01/2018**: superior a R$ 360.000,00 (trezentos e sessenta mil reais) e igual ou inferior a R$ 4.800.000,00 (quatro milhões e oitocentos mil reais).

No caso de início de atividade no próprio ano-calendário, a aplicação desses limites será proporcional ao número de meses em que a microempresa ou a empresa de pequeno porte houver exercido atividade, inclusive as frações de meses.

16.2 TRATAMENTO DIFERENCIADO E FAVORECIDO PARA ME E EPP

A LC 123/2006 estabelece normas gerais relativas ao tratamento diferenciado e favorecido a ser dispensado às microempresas e empresas de pequeno porte no âmbito dos Poderes da União, dos Estados, do Distrito Federal e dos Municípios, especialmente no que se refere:

a) à apuração e recolhimento dos impostos e contribuições da União, dos Estados, do Distrito Federal e dos Municípios, mediante regime único de arrecadação, inclusive obrigações acessórias;

b) ao cumprimento de obrigações trabalhistas e previdenciárias, inclusive obrigações acessórias;

c) ao acesso a crédito e ao mercado, inclusive quanto à preferência nas aquisições de bens e serviços pelos Poderes Públicos, à tecnologia, ao associativismo e às regras de inclusão;

d) ao cadastro nacional único de contribuintes a que se refere o inciso IV do parágrafo único do art. 146 da Constituição Federal (cadastro nacional único de contribuintes, adotado para a arrecadação, a fiscalização e a cobrança compartilhadas pelos entes federados).

O art. 2º da LC 123/2006 determina que o tratamento diferenciado e favorecido a ser dispensado às ME e EPP seja gerido pelas seguintes instâncias:

i. Comitê Gestor do Simples Nacional (CGSN), vinculado ao Ministério da Fazenda, composto por 4 (quatro) representantes da Secretaria da Receita Federal do Brasil, como representantes da União, 2 (dois) dos Estados e do Distrito Federal e 2 (dois) dos Municípios, para tratar dos aspectos tributários; e

ii. Comitê para Gestão da Rede Nacional para Simplificação do Registro e da Legalização de Empresas e Negócios (CGSIM), vinculado à Secretaria da Micro e Pequena Empresa da Presidência da República, composto por representantes da União, dos Estados e do Distrito Federal, dos Municípios e demais órgãos de apoio e de registro empresarial, na forma definida pelo Poder Executivo, para tratar do processo de registro e de legalização de empresários e de pessoas jurídicas; e

iii. Fórum Permanente das Microempresas e Empresas de Pequeno Porte, com a participação dos órgãos federais competentes e das entidades vinculadas ao setor, para tratar dos demais aspectos, ressalvado o disposto no inciso III do *caput* do art. 2º da LC 123/2006.

16.3 O SIMPLES NACIONAL E OS IMPOSTOS E CONTRIBUIÇÕES RECOLHIDOS NO DAS

Simples Nacional é o Regime Especial Unificado de Arrecadação de Tributos e Contribuições devidos ME e EPP. Esse regime foi instituído pela LC 123, de 14 de dezembro de 2006, e implica o recolhimento mensal, mediante documento único de arrecadação (DAS), dos seguintes impostos e contribuições:

Objetivo de Aprendizagem 3

i. Imposto sobre a Renda da Pessoa Jurídica (IRPJ);

ii. Imposto sobre Produtos Industrializados (IPI), observado o disposto no inciso XII do § 1º do art. 13 da LC 123/2006;

iii. Contribuição Social sobre o Lucro Líquido (CSLL);

iv. Contribuição para o Financiamento da Seguridade Social (COFINS), observado o disposto no inciso XII do § 1º do art. 13 da LC 123/2006;

v. Contribuição para o PIS/PASEP, observado o disposto no inciso XII do art. 13 da LC 123/2006;

vi. Contribuição Patronal Previdenciária (CPP) para a Seguridade Social, a cargo da pessoa jurídica, de que trata o art. 22 da Lei 8.212, de 24 de julho de 1991, exceto no caso da microempresa e da empresa de pequeno porte que se dedique às atividades de prestação de serviços referidas no § 5º-C do art. 18 da LC 123/2006;

vii. Imposto sobre Operações Relativas à Circulação de Mercadorias e Sobre Prestações de Serviços de Transporte Interestadual e Intermunicipal e de Comunicação (ICMS);

viii. Imposto sobre Serviços de Qualquer Natureza (ISS).

Observe-se que o Simples Nacional não exclui a incidência dos impostos e contribuições, devidos pelas ME e EPP na qualidade de contribuinte ou responsável, particularmente os previstos no § 1º do art. 12 da LC 123/2006 (por exemplo: FGTS, ITR e ICMS nas operações sujeitas ao regime de substituição tributária), em relação aos quais será observada a legislação aplicável às demais pessoas jurídicas.

16.4 EMPRESAS QUE NÃO PODEM OPTAR PELO SIMPLES NACIONAL

Objetivo de Aprendizagem 4

O tratamento jurídico diferenciado previsto para as micro e pequenas empresas traz diversos benefícios para as ME e EPP, que vão além do Simples Nacional. A LC 123/2006 determina que não podem se beneficiar desse tratamento jurídico diferenciado, para nenhum efeito legal, inclusive opção pelo Simples Nacional, a pessoa jurídica:

i. de cujo capital participe outra pessoa jurídica;

ii. que seja filial, sucursal, agência ou representação, no País, de pessoa jurídica com sede no exterior;

iii. de cujo capital participe pessoa física que seja inscrita como empresário ou seja sócia de outra empresa que receba tratamento jurídico diferenciado nos termos da LC 123/2006, desde que a receita bruta global ultrapasse o limite de receita admitido para a opção pelo Simples Nacional;

iv. cujo titular ou sócio participe com mais de 10% (dez por cento) do capital de outra empresa não beneficiada pela LC 123/2006, desde que a receita bruta global ultrapasse o limite de receita admitido para a opção pelo Simples Nacional;

v. cujo sócio ou titular seja administrador ou equiparado de outra pessoa jurídica com fins lucrativos, desde que a receita bruta global ultrapasse o limite de receita admitido para a opção pelo Simples Nacional;

vi. constituída sob a forma de cooperativas, salvo as de consumo;
vii. que participe do capital de outra pessoa jurídica;
viii. que exerça atividade de banco comercial, de investimentos e de desenvolvimento, de caixa econômica, de sociedade de crédito, financiamento e investimento ou de crédito imobiliário, de corretora ou de distribuidora de títulos, valores mobiliários e câmbio, de empresa de arrendamento mercantil, de seguros privados e de capitalização ou de previdência complementar;
ix. resultante ou remanescente de cisão ou qualquer outra forma de desmembramento de pessoa jurídica que tenha ocorrido em um dos 5 (cinco) anos-calendário anteriores;
x. constituída sob a forma de sociedade por ações;
xi. cujos titulares ou sócios guardem, cumulativamente, com o contratante do serviço, relação de pessoalidade, subordinação e habitualidade.

As restrições mencionadas nos itens iv e vii acima não se aplicam à participação no capital de cooperativas de crédito, bem como em centrais de compras, bolsas de subcontratação, no consórcio referido no art. 50 da LC 123/2006 e na sociedade de propósito específico prevista no art. 56 da LC 123/2006, e em associações assemelhadas, sociedades de interesse econômico, sociedades de garantia solidária e outros tipos de sociedade, que tenham como objetivo social a defesa exclusiva dos interesses econômicos das microempresas e empresas de pequeno porte.

16.4.1 Exclusão do Simples Nacional

Na hipótese de a ME ou a EPP incorrer em alguma das situações previstas como impeditiva de acesso ao direito ao tratamento jurídico diferenciado previsto na LC 123/2006, ela será excluída de tal tratamento jurídico e do Simples Nacional, com efeitos a partir do mês seguinte ao que incorrida a situação impeditiva.

Objetivo de Aprendizagem 5

A EPP que, no ano-calendário, exceder o limite de receita bruta anual fica excluída, no mês subsequente à ocorrência do excesso, do tratamento jurídico diferenciado previsto na LC 123/2006 e, portanto, do Simples Nacional. Todavia, os efeitos dessa exclusão dar-se-ão no ano-calendário subsequente se o excesso verificado em relação à receita bruta não for superior a 20% (vinte por cento) do limite. Por outro lado, a EPP que no decurso do ano-calendário de início de atividade ultrapassar o limite proporcional de receita bruta estará excluída do tratamento jurídico diferenciado previsto na LC 123/2006, bem como do Simples Nacional, com efeitos retroativos ao início de suas atividades.

Observado o caso de proporcionalidade de receita para empresas com início de atividade no próprio ano-calendário, a ME que, no ano-calendário, exceder o limite de receita bruta anual passará, no ano-calendário seguinte, à condição de empresa de pequeno porte. Por outro lado, a EPP, com início de atividade no próprio ano-calendário, que não ultrapassar o limite de receita bruta anual previsto para ME, passará, no ano-calendário seguinte, à condição de ME.

16.4.1.1 Exclusão de EPP do Simples Nacional: regra de transição para 2018

Objetivo de Aprendizagem 5

Em janeiro de 2018 entrou em vigor novos limites para as EPP e para o microempreendedor individual (MEI). Em virtude disso, foram estabelecidas regras de transição para o desenquadramento de EPP e MEI, aplicáveis em 2018.

Até 2017, o limite para uma EPP enquadrar-se no Simples Nacional era de R$ 3.600.000,00. Considerando que 20% de R$ 3.600.000,00 é R$ 720.000,00, a EPP que em 2017 faturou entre R$ 3.600.000,01 e R$ 4.320.000,00 (R$ 3.600.000 + R$ 720.000) terá ultrapassado o limite em até 20%. Essa EPP não precisou comunicar sua exclusão, pois em janeiro de 2018 já começara a vigência dos novos limites. Porém, é preciso estar atento, pois se a empresa comunicou sua exclusão, é preciso fazer novo pedido de opção (a partir de janeiro de 2018).

Por outro lado, a EPP que em 2017 faturou mais que R$ 4.320.000,01 terá ultrapassado mais de 20%. A EPP precisa comunicar sua exclusão no Portal do Simples Nacional quando a receita acumulada ultrapassar R$ 4.320.000,00, com efeitos para o mês seguinte ao da ocorrência do excesso. Todavia, se esta EPP faturou em 2017 até R$ 4.800.000,00 ela pôde fazer novo pedido de opção em janeiro de 2018. Adicionalmente, se o excesso ocorreu em dezembro de 2017, a EPP não precisa fazer sua exclusão e novo pedido. Isso porque a exclusão ocorreria em janeiro de 2018, mas não ocorreu em virtude de os novos limites já estarem vigentes. Também aqui é necessário cuidado, pois se a EPP comunicou sua exclusão, é necessário fazer novo pedido de opção em janeiro de 2018.

No caso de início de atividade em 2017, o limite de R$ 3.600.000,00 é proporcionalizado pelo número de meses em atividade. Uma vez ultrapassado o limite proporcional em mais de 20%, a EPP precisa comunicar a exclusão com efeitos retroativos à data de registro no Cadastro Nacional das Pessoas Jurídicas (CNPJ). Nesse caso, a EPP não será optante pelo Simples Nacional em 2017, mas pode solicitar sua opção a partir de janeiro de 2018, caso não tenha ultrapassado o novo limite proporcional.

16.4.1.2 Exclusão de MEI do Simples Nacional: regra de transição para 2018

Objetivo de Aprendizagem 5

Em 2018, o limite para o MEI aumentou para R$ 81.000,00. Até 2017, o limite para MEI era de R$ 60.000,00. Considerando que 20% de R$ 60.000,00 é R$ 12.000,00, o MEI que em 2017 faturou entre R$ 60.000,01 e R$ 72.000,00 (R$ 60.000 + R$ 12.000) ultrapassou o limite em até 20%. Nesse caso, o MEI não precisa comunicar seu desenquadramento, que ocorreria em janeiro de 2018 e que não ocorreu porque já estão vigentes os novos limites. Todavia, é importante estar atento, pois se o MEI comunicou seu desenquadramento, é necessário fazer novo pedido de enquadramento em janeiro de 2018.

Por outro lado, o MEI que em 2017 faturou entre R$ 72.000,01 e R$ 81.000,00 terá ultrapassado em mais de 20%. Nessa situação, o MEI deverá comunicar seu desenquadramento no Portal do Simples Nacional, com efeitos retroativos a 1º/01/2017. Portanto, não será MEI em 2017, tendo que recolher os tributos como optante pelo Simples Nacional (PGDAS-D). Adicionalmente, caso não tenha ultrapassado o limite total de R$ 81.000,00, pode solicitar novo enquadramento como MEI em janeiro de 2018.

No caso de início de atividade em 2017, o limite de R$ 60.000,00 é proporcionalizado pelo número de meses em atividade. Uma vez ultrapassado o limite proporcional em mais de 20%, o MEI deverá comunicar o desenquadramento com efeitos retroativos à data de seu registro no Cadastro Nacional da Pessoa Jurídica (CNPJ). Nessa situação, não será MEI em 2017, mas pode solicitar novo enquadramento como MEI em janeiro de 2018, caso o novo limite proporcional não tenha sido ultrapassado.

16.4.2 Atividades que não podem optar pelo Simples Nacional

De acordo com o art. 17 da LC 123/2006, não pode optar pelo Simples Nacional a microempresa ou a empresa de pequeno porte:

i. que explore atividade de prestação cumulativa e contínua de serviços de assessoria creditícia, gestão de crédito, seleção e riscos, administração de contas a pagar e a receber, gerenciamento de ativos (*asset management*), compras de direitos creditórios resultantes de vendas mercantis a prazo ou de prestação de serviços (*factoring*);
ii. que tenha sócio domiciliado no exterior;
iii. de cujo capital participe entidade da administração pública, direta ou indireta, federal, estadual ou municipal;
iv. que possua débito com o Instituto Nacional do Seguro Social (INSS), ou com as Fazendas Públicas Federal, Estadual ou Municipal, cuja exigibilidade não esteja suspensa.

16.5 BASE DE CÁLCULO

A base de cálculo dos recolhimentos para o Simples Nacional é a receita bruta auferida (regime de competência) ou recebida (regime de caixa) pela ME ou EPP.

De acordo com o § 1º do art. 3º da LC 123/2006, considera-se receita bruta o produto da venda de bens e serviços nas operações de conta própria, o preço dos serviços prestados e o resultado nas operações em conta alheia, não incluídos as vendas canceladas e os descontos incondicionais concedidos.

16.6 ALÍQUOTAS

Objetivo de Aprendizagem 8

As alíquotas efetivas a serem aplicadas para apuração do valor a ser recolhido pelas ME e EPP, mediante DAS, são calculadas a partir das alíquotas nominais constantes das tabelas dos Anexos I a V da LC 123/2006.

16.7 CÁLCULO E ELABORAÇÃO DO DAS E PRAZO PARA RECOLHIMENTO

Objetivo de Aprendizagem 9

O cálculo do valor a ser recolhido pelo Simples Nacional, bem como o preenchimento do DAS, devem ser feitos com o uso do sistema eletrônico disponibilizado pela Receita Federal do Brasil (RFB), no *site* <https://www8.receita.fazenda.gov.br>.

O recolhimento do DAS deve ser efetuado até o dia 20 do mês subsequente àquele em que houver sido auferida a receita bruta.

16.8 DECLARAÇÃO DE INFORMAÇÕES SOCIOECONÔMICAS E FISCAIS (DEFIS)

Objetivo de Aprendizagem 9

Desde o ano-calendário de 2012, as ME e EPP, optantes pelo Simples Nacional, devem apresentar a Declaração de Informações Socioeconômicas e Fiscais (DEFIS).

Conforme art. 66 da Resolução CGSN 94/2011, a DEFIS deve ser entregue à RFB por meio de módulo do aplicativo PGDAS-D, até 31 de março do ano-calendário subsequente ao da ocorrência dos fatos geradores dos tributos previstos no Simples Nacional.

16.9 DISPENSA DA RETENÇÃO DE IMPOSTO DE RENDA NA FONTE (IRRF)

Objetivo de Aprendizagem 10

Os pagamentos efetuados às) e EPP optantes pelo Simples Nacional não sofrem retenção de imposto de renda na fonte, sendo este o teor do disposto no art. 1º da Instrução Normativa SRF 765, de 2 de agosto de 2007:

Art. 1º Fica dispensada a retenção do imposto de renda na fonte sobre as importâncias pagas ou creditadas a pessoa jurídica inscrita no Regime Especial Unificado de Arrecadação de Tributos e Contribuições devidos pelas Microempresas e Empresas de Pequeno Porte (Simples Nacional). (IN SRF 765/2007)

Contudo, essas mesmas empresas estão sujeitas à retenção sobre os rendimentos de aplicações financeiras:

Art. 1º [...]

Parágrafo único. A dispensa de retenção referida no *caput* não se aplica ao imposto de renda relativo aos rendimentos ou ganhos líquidos auferidos em aplicações de renda fixa ou variável de que trata o inciso V do § 1º do art. 13 da Lei Complementar nº 123, de 14 de dezembro de 2006. (IN SRF 765/2007)

16.10 DISPENSA DA RETENÇÃO PIS, COFINS E CSLL

A retenção de PIS, COFINS e CSLL, estabelecida pela Lei 10.833/2003, não se aplica aos pagamentos efetuados às ME e EPP optantes pelo Simples Nacional, conforme disposto no inciso II do art. 3º da Instrução Normativa SRF 459, de 18 de outubro de 2004, com a redação dada pela IN RFB 765/2007:

Art. 3º A retenção de que trata o art. 1º não será exigida na hipótese de pagamentos efetuados a:

I – empresas estrangeiras de transporte de valores;

II – pessoas jurídicas optantes pelo Regime Especial Unificado de Arrecadação de Tributos e Contribuições devidos pelas Microempresas e Empresas de Pequeno Porte (Simples Nacional), de que trata o art. 12 da Lei Complementar nº 123, de 14 de dezembro de 2006, em relação às suas receitas próprias. (IN SRF 459/2004)

16.11 DISPENSA DA RETENÇÃO POR PARTE DE ÓRGÃOS PÚBLICOS FEDERAIS

Os órgãos da administração pública não efetuarão retenção de IR, PIS, COFINS e CSLL, quando efetuarem pagamento a ME e EPP optantes pelo Simples Nacional, conforme disposto no inciso XI do art. 4º da Instrução Normativa RFB 1.234, de 11 de janeiro de 2012:

Art. 4º Não serão retidos os valores correspondentes ao IR e às contribuições de que trata esta Instrução Normativa, nos pagamentos efetuados a:

[...]

XI – pessoas jurídicas optantes pelo Regime Especial Unificado de Arrecadação de Tributos e Contribuições devidos pelas Microempresas e Empresas de Pequeno Porte (Simples Nacional), de que trata o art. 12 da Lei Complementar nº 123, de 14 de dezembro de 2006, em relação às suas receitas próprias. (IN RFB 1234/2012)

302 CONTABILIDADE TRIBUTÁRIA

16.12 APRESENTAÇÃO DE DECLARAÇÃO À FONTE PAGADORA

As ME e EPP devem apresentar ao tomador dos serviços, fonte pagadora, em 2 (duas) vias, a declaração estabelecida no art. 11 da Instrução Normativa SRF 459, cujo modelo consta do anexo I da referida IN SRF:

> Art. 11. Para fins do disposto no inciso II do art. 3º, a pessoa jurídica optante pelo Simples Nacional deverá apresentar à pessoa jurídica tomadora dos serviços declaração, na forma do Anexo I, em 2 (duas) vias, assinadas pelo seu representante legal.
>
> Parágrafo único. A pessoa jurídica tomadora dos serviços arquivará a primeira via da declaração, que ficará à disposição da Secretaria da Receita Federal, devendo a segunda via ser devolvida ao interessado, como recibo. (IN SRF 459/2004)

TESTES

Os testes 1 a 5 são de elaboração própria para este livro.

1. **Em relação a Microempresa (ME) e Empresa de Pequeno Porte (EPP) é correto afirma que:**
(A) A possibilidade de opção pelo Simples Nacional é o único benefício que lhes é oferecido pela legislação brasileira.
(B) A isenção de PIS, COFINS, IRPJ e CSLL é o maior benefício que lhes é oferecido pela legislação brasileira.
(C) Tratamento diferenciado e favorecido no acesso ao crédito é um benefício que lhes é oferecido pela legislação brasileira.
(D) Aumento das obrigações acessórias é uma desvantagem.
(E) Imunidade de ICMS é um benefício que lhes é oferecido pela legislação brasileira.

2. **Considera-se Microempresas (ME) ou Empresas de Pequeno Porte (EPP):**
(A) A sociedade empresária, a sociedade simples, a sociedade anônima, entre outros tipos societários, devidamente registrados no Registro de Empresas Mercantis, com faturamento dentro dos limites estabelecidos pela legislação ME ou EPP.
(B) A sociedade empresária, a sociedade simples, a empresa individual de responsabilidade limitada e o empresário, com o devido assentamento no órgão competente e com faturamento dentro dos limites estabelecidos pela legislação ME ou EPP.

(C) A sociedade empresária, a sociedade simples, o banco comercial com carteira múltipla, entre outros tipos societários, devidamente registrados no Registro Civil de Pessoas Jurídicas, com faturamento dentro dos limites estabelecidos pela legislação ME ou EPP.

(D) Qualquer empresa com faturamento anual de até R$ 365.000,00 para ME e até R$ 4.900.000,00 para EPP.

(E) Qualquer empresa com faturamento anual de até R$ 360.000,00 para ME e até R$ 4.800.000,00 para EPP.

3. O tratamento diferenciado e favorecido a ser dispensado às Microempresas (ME) e Empresas de Pequeno Porte (EPP) implica que:

(A) A ME ou EPP optante pelo Simples Nacional recolherá todos os tributos, inclusive contribuições para o INSS e o FGTS em um único DARF.

(B) A ME ou EPP optante pelo Simples Nacional recolherá IPI, IRPJ, PIS, COFINS, CSLL, ICMS ou ISS, em um único DARF.

(C) A ME ou EPP optante pelo Simples Nacional recolherá IPI, IRPJ, PIS, COFINS, CSLL em um único DARF.

(D) A ME ou EPP optante pelo Simples Nacional recolherá os impostos e contribuições devidos em um único DAS.

(E) A ME ou EPP optante pelo Simples Nacional recolherá todos os tributos federais em um único DAS.

4. Para o microempresário individual (MEI):

(A) Desde o ano de 2017, o limite de faturamento para enquadramento é R$ 65.000,00.

(B) Desde o ano de 2018, o limite de faturamento para enquadramento é R$ 72.000,00.

(C) Desde o ano de 2017, o limite de faturamento para enquadramento é R$ 81.000,00.

(D) Desde o ano de 2018, o limite de faturamento para enquadramento é R$ 92.000,00.

(E) Desde o ano de 2018, o limite de faturamento para enquadramento é R$ 81.000,00.

5. Empresas optantes pelo Simples Nacional:

(A) Recolhem seus tributos somente pelo regime de caixa.

(B) Recolhem seus tributos somente pelo regime de competência.

(C) Recolhem seus tributos pelo regime de caixa ou de competência, dependendo de seu faturamento.

(D) Recolhem seus tributos pelo regime de caixa ou de competência, dependendo de sua livre opção.

(E) Recolhem seus tributos pelo regime de caixa ou de competência, dependendo de seu ramo de atividade.

304 CONTABILIDADE TRIBUTÁRIA

GABARITO

Teste	1	2	3	4	5
Resposta	C	B	D	E	D

CAPÍTULO **17**

RET – Regime Especial de Tributação das Incorporações Imobiliárias

Este capítulo aborda o Regime Especial de Tributação das Incorporações Imobiliárias (RET). O capítulo inicia com uma discussão sobre a relação entre o RET e o regime de afetação; prossegue apresentando o conceito de patrimônio de afetação e como aderir ao regime, o cálculo do valor a recolher no RET, explicitando que a apuração se dá pelo regime de caixa; e conclui com um passo a passo da opção pelo RET.

Objetivos de aprendizagem

Após estudar este capítulo, você deverá ser capaz de:

1. compreender a relação entre RET e patrimônio de afetação;
2. calcular o valor do recolhimento tributário sob o RET;
3. compreender o regime de afetação;
4. proceder à submissão de um empreendimento imobiliário ao regime de afetação;
5. realizar o passo a passo para opção pelo RET.

17.1 RELAÇÃO ENTRE RET E PATRIMÔNIO DE AFETAÇÃO

Objetivo de Aprendizagem 1

Objetivo de Aprendizagem 2

O Regime Especial de Tributação (RET) é modalidade simplificada e menos onerosa de tributação das incorporações imobiliárias. O RET foi criado como um incentivo para que o incorporador submeta a incorporação ao regime de afetação, constituindo patrimônio de afetação. Por isso, a constituição de patrimônio de afetação é condição indispensável para a opção pelo RET.

No RET, o montante a recolher a título de IRPJ, CSLL, PIS e COFINS é apurado pela aplicação de um percentual único sobre o montante da receita recebida, o regime de caixa. O valor deve ser recolhido em um DARF único. Efetivamente, o RET representa economia tributária quando comparado com outras sistemáticas de apuração de tributos.

Patrimônio de afetação é um regime jurídico especial que segrega o terreno e as acessões objeto de incorporação imobiliária do restante do patrimônio do incorporador. O seu objetivo é garantir a entrega das unidades imobiliárias aos respectivos adquirentes.

> **Exemplo 99 – Apuração do valor a recolher**
> Em março de 2019, a SPE Teixeira Leite Ltda., optante pelo RET, recebeu R$ 1.000.000,00, referente a parcelas de venda de unidades imobiliárias. Assim, a SPE apurou o seguinte valor a recolher em abril de 2019, referente à competência março de 2019.
> R$ 1.000.000 × 4% = 40.000,00

17.2 PATRIMÔNIO DE AFETAÇÃO

Objetivo de Aprendizagem 3

Afetação é o regime pelo qual o terreno e as acessões objeto de incorporação imobiliária, bem como os demais bens e direitos a ela vinculados, são mantidos apartados do patrimônio do incorporador e constituem patrimônio de afetação, destinado à consecução da incorporação correspondente e à entrega das unidades imobiliárias aos respectivos adquirentes.

O regime de afetação foi instituído pela Medida Provisória 2.221/2001 com o objetivo de restabelecer a confiança de adquirentes de unidades imobiliárias. Nessa época, a confiança no mercado de incorporação estava abalada em razão da quebra de uma das maiores incorporadoras do País, a Encol, cuja falência foi decretada em 1999.

Com a falência da Encol, diversas famílias viram o seu sonho da casa própria e a poupança de uma vida se perderem. Esse evento trouxe uma crise de confiança e fez os possíveis adquirentes temerem a compra de unidades imobiliárias ainda em construção. Para dar maior segurança de que as unidades imobiliárias vendidas ainda em construção serão concluídas e entregues no prazo estabelecido, criou-se o regime de afetação.

Sob o regime de afetação, o terreno e as acessões objeto de incorporação imobiliária, bem como os demais bens e direitos a ela vinculados, são mantidos apartados do patrimônio do incorporador e constituem patrimônio de afetação destinado à consecução da incorporação correspondente e à entrega das unidades imobiliárias aos respectivos adquirentes. Portanto, o objetivo da afetação é garantir a "entrega das chaves".

17.2.1 Constituição do patrimônio de afetação

O patrimônio de afetação é constituído mediante averbação, a qualquer tempo, no Registro de Imóveis, de termo firmado pelo incorporador e, quando for o caso, também pelos titulares de direitos reais de aquisição sobre o terreno. Assim, o incorporador deverá requerer ao cartório competente a averbação da afetação na mesma matrícula em que se averbou o memorial de incorporação.

Veja na Figura 17.1 um modelo de petição para constituição de patrimônio de afetação.

308 CONTABILIDADE TRIBUTÁRIA

FIGURA 17.1

Modelo de petição

Ilmo. Sr. Oficial do Cartório de Registro de Imóveis, Títulos e Documentos e das Pessoas Jurídicas de São Paulo/SP

Nesta

Sr. Oficial,

A Exemplo Empreendimentos SPE Ltda., firma estabelecida na Rua da Igreja, nº s/n, Cidade, UF, CEP: 01.001-000, inscrita sob o CNPJ 12.345.678/0001-90, com seu contrato social devidamente registrado na Junta Comercial do Estado – JUCE sob o NIRE nº 12345678900, em sessão de 1º/05/2017, representada, neste ato, na forma de seus atos constitutivos, vem na qualidade de incorporadora do empreendimento imobiliário denominado "**Condomínio Residencial da Hora**", a ser construído na Rua da Igreja, nº s/n, Cidade, UF, CEP: 01.001-000, no terreno da matrícula nº 12.345, deste Ofício, requerer que seja averbado na matrícula do empreendimento a sua submissão ao regime de Patrimônio de Afetação, na forma do art. 31-A e seguintes, da Lei 4.591/64, com as alterações introduzidas pela Lei Federal 10.931, de 02 de agosto de 2004, para todos os efeitos de Direito.

Termos em que,
Pede deferimento.

Cidade, 23 de março de 2018

Exemplo Empreendimentos SPE Ltda.
CNPJ: 12.345.678/0001-90

Conforme parágrafo único do art. 31-B da Lei 4.591/1964, a averbação da afetação não será obstada pela existência de ônus reais que tenham sido constituídos sobre o imóvel objeto da incorporação para garantia do pagamento do preço de sua aquisição ou do cumprimento de obrigação de construir o empreendimento.

No caso de conjuntos de edificações, podem constituir patrimônios de afetação separados, tantos quantos forem:

i. os subconjuntos de casas para as quais esteja prevista a mesma data de conclusão; e

ii. os edifícios de dois ou mais pavimentos.

A constituição de patrimônios de afetação separados deve ser declarada no memorial de incorporação.

17.2.2 Registro no Cadastro Geral das Pessoas Jurídicas (CNPJ)

O patrimônio de afetação deve ser registrado no CNPJ, utilizando-se o sistema próprio da Receita Federal do Brasil (RFB e o evento "109 – Inscrição de Incorporação Imobiliária – Patrimônio de Afetação").

17.2.3 Valores excluídos do patrimônio de afetação

Conforme o § 8º do art. 31-A da Lei 4.591/1964, excluem-se do patrimônio de afetação:

i. os recursos financeiros que excederem a importância necessária à conclusão da obra, considerando-se os valores a receber até sua conclusão e, bem assim, os recursos necessários à quitação de financiamento para a construção, se houver; e

ii. o valor referente ao preço de alienação da fração ideal de terreno de cada unidade vendida, no caso de incorporação em que a construção seja contratada sob o regime por empreitada ou por administração.

17.2.4 Constituição de Comissão de Representantes

De acordo com o art. 50 da Lei 4.591/1964, deverá ser designada no contrato de construção ou eleita em assembleia geral uma Comissão de Representantes composta de três membros, pelo menos, escolhidos entre os adquirentes, para representá-los perante o construtor ou o incorporador, em tudo o que interessar ao bom andamento da incorporação e, em especial, perante terceiros.

A eleição da Comissão de Representantes é comprovada com a ata da assembleia, devidamente inscrita no Registro de Títulos e Documentos. Após esse registro, a Comissão de Representantes estará de pleno direito investida dos poderes necessários para exercer todas as atribuições e praticar todos os atos que essa lei e o contrato de construção lhe deferirem, sem necessidade de instrumento especial outorgado pelos contratantes ou, se for caso, pelos que se sub-rogarem nos direitos e obrigações destes.

Entre os deveres do incorporador estão os de:

a) entregar à Comissão de Representantes, no mínimo a cada três meses, demonstrativo do estado da obra e de sua correspondência com o prazo

310 CONTABILIDADE TRIBUTÁRIA

pactuado ou com os recursos financeiros que integrem o patrimônio de afetação recebidos no período, firmados por profissionais habilitados, ressalvadas eventuais modificações sugeridas pelo incorporador e aprovadas pela Comissão de Representantes; e

b) entregar à Comissão de Representantes balancetes coincidentes com o trimestre civil, relativos a cada patrimônio de afetação.

Conforme o art. 31-C da Lei 4.591/1964, a Comissão de Representantes ou a instituição financiadora poderão nomear, às suas expensas, pessoa física ou jurídica para fiscalizar e acompanhar o patrimônio de afetação. Nesse caso, o incorporador fica responsável por assegurar a essa pessoa nomeada o livre acesso à obra, aos livros, contratos, movimentação da conta de depósito exclusiva do patrimônio de afetação, bem como a quaisquer documentos relativos ao patrimônio de afetação.

17.2.5 Extinção de patrimônio de afetação

Conforme o art. 31-E da Lei 4.591/1964, o patrimônio de afetação extingue-se pela:

a) averbação da construção, registro dos títulos de domínio ou de direito de aquisição em nome dos respectivos adquirentes e, quando for o caso, extinção das obrigações do incorporador perante a instituição financiadora do empreendimento;

b) revogação em razão de o incorporador desistir da incorporação, no prazo de carência, depois de restituídas aos adquirentes as quantias por eles pagas, ou de outras hipóteses previstas em lei; e

c) liquidação deliberada pela assembleia geral do condomínio dos adquirentes, convocada como decorrência de decretação de falência ou insolvência do incorporador.

17.3 ALÍQUOTAS APLICÁVEIS NO RET

Mensalmente, cada incorporação sob o RET deverá aplicar as alíquotas da Tabela 17.1 sobre a receita mensal recebida e recolher o respectivo valor, que corresponderá ao pagamento unificado de IRPJ, CSLL, PIS e COFINS.

TABELA 17.1

Alíquotas aplicáveis ao RET

Período de apuração	Alíquota	Observação
Até 27 de dezembro de 2012	6%	– X –
A partir de 28 de dezembro de 2012	4%	Inclusive para incorporações submetidas ao RET anteriormente

Até 31 de dezembro de 2014, a alíquota do RET era de 1% para os projetos de incorporação imobiliária de imóveis residenciais no âmbito do Programa Minha Casa Minha Vida (PMCMV).

De acordo com o art. 2º da Lei 12.024/2009, até 31 de dezembro de 2018, a empresa construtora contratada para construir unidades habitacionais de valor de até R$ 100.000,00, no âmbito do Programa Minha Casa Minha Vida (PMCMV), de que trata a Lei 11.977/2009, fica autorizada, em caráter opcional, a efetuar o pagamento unificado de tributos equivalente a um 1% da receita mensal auferida pelo contrato de construção.

17.4 MOMENTO DA OPÇÃO PELO RET

17.4.1 Opção no início das atividades de incorporação

Em função da economia tributária que oferece, é esperado que o incorporador escolha o RET logo no início da incorporação imobiliária. Entretanto, diversos fatores podem levar a que o incorporador postergue a submissão ao regime de afetação e a opção pelo RET para um momento posterior ao início das atividades de determinada incorporação.

17.4.2 Opção ao longo do período de obras

É possível a opção pelo RET após o início das obras, conforme Solução de Consulta 244 – Cosit. Todavia, é vedada a opção retroativa. Portanto, no caso de opção após o início das obras e das vendas das unidades imobiliárias, os valores recebidos antes da opção não estarão sujeitos ao RET. Entretanto, todos os valores recebidos após a opção, mesmo os das vendas anteriores à opção, serão tributados conforme o RET.

Exemplo 100 – Opção pelo RET e tributação dos valores recebidos

Determinado Incorporador, optante pelo lucro presumido, pelo regime de caixa, iniciou as obras de determinado empreendimento em maio de 2016. No entanto, somente em agosto de 2017 foi procedida a opção pelo RET.

Entre maio de 2016 e outubro de 2017, foram assinados contratos de promessa de compra e venda de unidade imobiliária estabelecendo a quitação de 20% do valor do contrato em 36 parcelas, mensais, iguais e sucessivas, sem entrada, e liquidação dos 80% restantes mediante financiamento bancário a ser contratado pelos adquirentes ao término das obras.

Nesse caso, para as vendas realizadas entre maio de 2016 e julho de 2017:

a) as parcelas recebidas entre junho de 2016 e julho de 2017 serão tributadas pelo lucro presumido;

b) as parcelas recebidas a partir de agosto de 2017 serão tributadas pelo RET, ainda que sejam recebidas após o término da obra.

Por outro lado, as vendas ocorridas a partir de agosto de 2017 terão todas as parcelas recebidas tributadas pelo RET, ainda que recebidas após o término da obra.

17.5 DURAÇÃO DOS EFEITOS DA OPÇÃO PELO RET

A opção pelo RET é opcional e irretratável enquanto perdurarem direitos de crédito ou obrigações do incorporador com os adquirentes dos imóveis que compõem a incorporação.

Todos os recebimentos de vendas de unidades imobiliárias de incorporação optante pelo RET devem ser por ele tributados, desde o momento da opção até a liquidação total dos valores a receber, mesmo que os recebimentos ocorram após a conclusão das edificações.

Conforme Solução de Consulta Cosit 99.001, de 15 de janeiro de 2018, as vendas realizadas após a conclusão da edificação não estão sujeitas ao RET.

17.6 PASSO A PASSO DA OPÇÃO PELO RET

Objetivo de Aprendizagem 5

Para optar pelo RET, a incorporação precisa estar submetida ao regime de afetação. Conforme IN RFB 1.435/2013, após constituir o patrimônio de afetação, o incorporador deve:

i. providenciar o registro da "incorporação afetada" no CNPJ, utilizando o sistema próprio da Receita Federal do Brasil (RFB) e o evento "109 – Inscrição de Incorporação Imobiliária – Patrimônio de Afetação";

ii. aderir ao Domicílio Tributário Eletrônico;

iii. obter certidão negativa de débitos da matriz, do incorporador, referente aos tributos administrados pela RFB, às contribuições previdenciárias e à dívida ativa da União administrada pela Procuradoria-Geral da Fazenda Nacional (PGFN);

iv. obter certidão de regularidade de recolhimento ao Fundo de Garantia do Tempo de Serviço (FGTS);

v. acessar o *site* da RFB, <www.receitafederal.gov.br>, obter e preencher o "Termo de Opção pelo Regime Especial de Tributação";

vi. juntar o termo de constituição de patrimônio de afetação da incorporação, devidamente averbado em cartório, ao "Termo de Opção pelo Regime Especial de Tributação" e apresentar ao órgão da RFB de sua jurisdição e solicitar juntada ao dossiê digital de atendimento.

O recolhimento pelo RET inicia-se no mês em que o incorporador conclua todos os procedimentos *supra*, conforme § 6º do art. 5º da IN RFB 1.435/2013.

17.7 BASE DE CÁLCULO DO RET

A base de cálculo do RET é a soma de todos os valores recebidos dos adquirentes por conta do contrato de venda, ou de promessa de compra e venda, das unidades imobiliárias do empreendimento, incluindo a variação monetária do contrato e as parcelas de juros e multas por atraso no pagamento do contrato. Porém, estão excluídos do RET os rendimentos de aplicação financeira e quaisquer valores que não estejam relacionados com o produto da venda, ou promessa de venda, de unidade imobiliária, que serão tributados pelo lucro real, presumido ou arbitrado.

TESTES

Os Testes 1 a 5 são de elaboração própria para este livro.

1. Patrimônio de afetação:

(A) Sua adoção é obrigatória para todas as incorporações imobiliárias e é condição indispensável para a opção pelo RET.

(B) É condição indispensável para a opção pelo RET e foi criado como um incentivo para que as empresas optem pelo RET.

(C) É o regime pelo qual o terreno e as acessões objeto de incorporação imobiliária, bem como os demais bens e direitos a ela vinculados, são dados em garantia ao recolhimento dos tributos devidos, conforme o RET.

(D) Sua adoção é facultativa para todas as incorporações imobiliária e é condição indispensável para a opção pelo RET.

(E) É um regime jurídico, que confere imunidade tributária para as incorporações imobiliários que o adotar.

2. A constituição do patrimônio de afetação:

(A) Se dá mediante o registro na Junta Comercial do Estado e o registro no CNPJ.

(B) Só pode ocorrer antes do início das obras.

(C) Só pode ocorrer após o término das obras.

(D) Só pode ser requerida pelos adquirentes das unidades imobiliárias.

(E)   Se dá mediante averbação, a qualquer tempo, no Registro de Imóveis, de termo firmado pelo incorporador e, quando for o caso, também pelos titulares de direitos reais de aquisição sobre o terreno.

3. No RET, o montante a recolher a título de IRPJ, CSLL, PIS e COFINS é apurado pela aplicação de um percentual único sobre:

(A) O montante da receita recebida, o regime de caixa.

(B) O montante da receita auferida, o regime de competência.

(C) O montante da receita auferida ou recebida, o regime competência ou regime de caixa, à livre escolha do incorporador.

(D) O montante do valor do contrato de vendas, incidindo no mês da assinatura do contrato.

(E) O montante do valor do contrato de vendas, incidindo mês a mês sobre o montante equivalente ao valor do contrato dividido pelo número de parcelas definidas no contrato.

4. **Determinada SPE, optante pelo RET e pelo lucro presumido, recebeu em janeiro de 20X5 os montantes de R$ 3.000.000; R$ 20.000; e R$ 10.000. Esses valores se referem, respectivamente, a parcelas de contrato de venda de imóveis, juros contratuais sobre parcelas de vendas de imóveis e rendimentos de aplicação financeira de renda fixa que foi resgatada em janeiro de 20X5. Com base nesses dados, apure o valor total a ser recolhido a título de RET.**

(A) R$ 122.300,00

(B) R$ 120.800,00

(C) R$ 199.300,00

(D) R$ 1.500,00

(E) R$ 181.200,00

5. **O RET:**

(A) É obrigatório para todo patrimônio de afetação.

(B) É obrigatório para toda SPE.

(C) É obrigatório para toda SCP.

(D) É obrigatório para toda incorporação imobiliária.

(E) É facultativo para toda incorporação imobiliária, que tenha sido submetida ao regime de afetação de seu patrimônio.

GABARITO

Teste	1	2	3	4	5
Resposta	D	E	A	B	E

Índice Remissivo

A

Adições permanentes, 252

Adições temporárias, 252

Ajuste a valor presente
Venda a prazo (lucro real), 256

Ajuste a valor presente (AVP)
conceito de receita bruta; lucro presumido, 202, 224

Ano-calendário
Definição de, 200

Aplicação financeira
Lucro estimado, 243

Aproveitamento do crédito do IPI, 132

Ativo
Definição de, 26

Ativo circulante
Composição do, 43

Conceito de, 42

Principais contas do, 44

Ativo não circulante
Composição do, 43

Conceito de, 43

Principais contas do, 45

Ativos líquidos, 28

Atos administrativos
Definição de, 29

avaliação do estoque
custo médio e PEPS, 255

B

Bipartite
teoria, 9

C

Cláusula pétrea, 16

Competência comum ou compartilhada, 12

Competência cumulativa ou múltipla, 13

Competência privativa, 12
Competência residual, 13
Conta
    definição de, 30, 34
Contabilidade
    Definição de, 26
Contabilidade Tributária
    Conceito de, 68
Contas
    de resultado, 30
    patrimoniais, 30
Contas analíticas, 40
Contas de resultado, 29
Contas patrimoniais, 29
Contas sintéticas, 40
Crédito
    Mecanismo de, 32

D

Demonstração do resultado do período, 51, 56
Diferimento
    ICMS, 113
Dissimulação
    Definição de, 70

E

Elenco de contas, 35
Elisão ilícita
    Definição de, 71
Elisão lícita
    Definição de, 71
Entidade
    Definição de, 26
Equação fundamental do patrimônio, 28
Evasão ilícita
    Definição de, 71
Evasão lícita
    Definição de, 71

F

Fato gerador, 14
Fatos contábeis
    Definição de, 29
Fatos modificativos, 29
    contas envolvidas, 29
Fatos permutativos
    contas envolvidas, 29
    definição, 29

G

Ganho de capital
    investimentos avaliados ao custo, 241
    investimentos avaliados pelo MEP, 240
    venda de bens do ativo imobilizado ou intangível, 241

I

ICMS
    incidência, 89
    não incidência, 91
Incidência, 17
Isenção, 17

L

Lançamento
    Registro de fato contábil, 30
Livro caixa, 31
Livro diário, 31
Livro razão, 31
    utilidade do, 31

M

Manual de contas, 40
MEP, 259
Mutações qualitativas, 29
Mutações quantitativas, 29

N

Não incidência, 17
NCM-SH
 Ver Nomenclatura Comum do
  Mercosul, 120
Nomenclatura Comum do Mercosul –
  Sistema Harmonizado
 Codificação da, 120

O

Objeto
 da obrigação tributária, 14
Obrigação principal, 13
Obrigações acessórias, 13

P

Passivo
 Definição de, 26
Passivo circulante
 Composição do, 44
 Conceito de, 43
 Principais do, 46
Passivo exigível
 Conceito de, 27
Passivo não circulante
 Composição do, 44
 Conceito de, 43
 Principais contas do, 47
Passivo não exigível, 43
patrimônio
 Definição de, 26
Patrimônio bruto
 Conceito de, 27
Patrimônio líquido
 Composição do, 44
 Definição de, 26
 Principais contas do, 47

Patrimônio líquido
 Conceito de, 28
Pentapartite
 teoria, 10
Período-base
 Definição de, 200
Planejamento tributário, 68

Q

Quadripartite
 teoria, 10
quórum qualificado, 6

R

Reconhecimento, 30
Registro de Apuração do ICMS
 Livro, 79
Registro de Entrada de Mercadorias
 Livro, 77
Registro de Saídas de Mercadorias
 Livro, 78
Relatório da posição financeira, 42

S

SCP
 recolhimento de tributos federais, 158
Simples Nacional, 6
Simulação
 Definição de, 70
Sistema de contabilidade de custo inte-
  grado e coordenado com a conta-
  bilidade, 255
Sistema harmonizado (SH), 120
Sonegação, 69, 71
Substituição tributária
 por antecipação ou para frente, 19
 por diferimento ou para trás, 19

Substituição Tributária (ST)
  ICMS, 113
Substituto e substituído
  Conceito de, 19
Sujeito ativo, 14
Sujeito passivo, 14

T

Tributo, 4

Tributos diretos, 20
Tributos indiretos, 20
Tripartite
  teoria, 10

V

Vigência da norma tributária
  dimensão espacial, 9
  dimensão temporal, 9

Referências

ANDRADE FILHO, Edmar Oliveira. *Imposto de renda das empresas*. 12. ed. São Paulo: Atlas, 2016.

ATALIBA, Geraldo. *Hipótese de incidência tributária*. 6. ed. 12. tiragem. São Paulo: Malheiros, 2014.

BECKER, Alfredo Augusto. *Teoria geral do direito tributário*. 2. ed. São Paulo: Saraiva, 1972.

BRASIL. Lei Complementar nº 70, de 30 de dezembro de 1991. Institui contribuição para o financiamento da Seguridade Social, eleva a alíquota da contribuição social sobre o lucro das instituições financeiras e dá outras providências. *Diário Oficial da República Federativa do Brasil*, Brasília, DF, 31 de dezembro de 1991, p. 31057.

_____. Lei nº 9.249, de 26 de dezembro de 1995. Altera a legislação do imposto de renda das pessoas jurídicas, bem como da contribuição social sobre o lucro líquido, e dá outras providências. *Diário Oficial da República Federativa do Brasil*, Brasília, DF, 27 de dezembro de 1995, p. 22301.

_____. Lei nº 9.430, de 27 de dezembro de 1996. Dispõe sobre a legislação tributá-ria federal, as contribuições para a seguridade social, o processo administrativo de consulta e dá outras providências. *Diário Oficial da República Federativa do Brasil*, Brasília, DF, 30 de dezembro de 1996, p. 28805.

_____. Lei nº 9.532, de 10 de dezembro de 1997. Altera a legislação tributária federal e dá outras providências. *Diário Oficial da República Federativa do Brasil*, Brasília, DF, 11 de dezembro de 1997, seção 1, p. 29432.

_____. Lei nº 9.715, de 25 de novembro de 1998. Dispõe sobre as contribuições para os programas de Integração Social e de Formação do Patrimônio do Servidor Público – PIS/PASEP, e dá outras providências. *Diário Oficial da República Federativa do Brasil*, Brasília, DF, 26 de novembro de 1998, seção 1, p. 2.

_____. Lei nº 9.718, de 27 de novembro de 1998. Altera a legislação tributária federal. *Diário Oficial da República Federativa do Brasil*, Brasília, DF, 28 de novembro de 1998, seção 1, p. 2.

_____. Lei nº 10.406, de 10 de janeiro de 2002. Institui o Código Civil. *Diário Oficial da República Federativa do Brasil*, Brasília, DF, 11 de janeiro de 2002, p. 1.

_____. Instrução Normativa SRF nº 247, de 21 de novembro de 2002. Dispõe sobre a contribuição para o PIS/PASEP e a COFINS devidas pelas pessoas jurídicas de direito privado em geral. *Diário Oficial da República Federativa do Brasil*, Brasília, DF, 26 de novembro de 2002, p. 47.

_____. Lei nº 10.637, de 30 de dezembro de 2002. Dispõe sobre a não cumulatividade do PIS/PASEP. *Diário Oficial da República Federativa do Brasil*, Brasília, DF, 31 de dezembro de 2002, edição extra, p. 2.

_____. Lei nº 10.833, de 29 de dezembro de 2003. *Diário Oficial da República Federativa do Brasil*, Brasília, DF, 30 de dezembro de 2003, edição extra-A, p. 2.

_____. Decreto nº 7.212, de 15 de junho de 2010. Regulamenta a cobrança, fiscalização, arrecadação e administração do Imposto sobre Produtos Industrializados IPI. *Diário Oficial da República Federativa do Brasil*, Brasília, DF, 16 de junho de 2010, retificado em 26 de junho de 2010.

_____. Ato Declaratório Interpretativo RFB nº 10, de 30 de setembro de 2014. Dispõe sobre o alcance do conceito de "obras de construção civil" para efeito de aplicação do regime de apuração cumulativa da Contribuição para o PIS/Pasep e da Cofins, nos termos do inciso XX do art. 10 e do inciso V do art. 15 da Lei nº 10.833, de 29 de dezembro de 2003. *Diário Oficial da República Federativa do Brasil*, Brasília, DF, 1º de outubro de 2014, seção 1, p. 29.

_____. Lei nº 12.973, de 13 de maio de 2014. *Diário Oficial da República Federativa do Brasil*, Brasília, DF, 14 de maio de 2014, seção 1, p. 1.

_____. Instrução Normativa RFB nº 1.585, de 31 de agosto de 2015. Dispõe sobre o imposto sobre a renda incidente sobre os rendimentos e ganhos líquidos auferidos nos mercados financeiro e de capitais. *Diário Oficial da República Federal do Brasil*, DF, 02 de setembro de 2015, seção 1, p. 37.

_____. Instrução Normativa RFB nº 1.634, de 6 de maio de 2016. Dispõe sobre o cadastro nacional da pessoa jurídica (CNPJ). *Diário Oficial da República Federativa do Brasil*, Brasília, DF, 9 de maio de 2016, seção 1, p. 39.

_____. Ato Declaratório Interpretativo RFB nº 4, de 30 de setembro de 2016. Dispõe sobre o regime de apuração da Contribuição para o PIS/Pasep e da Cofins aplicável às receitas decorrentes da venda de produtos submetidos à incidência concentrada ou monofásica. *Diário Oficial da República Federativa do Brasil*, Brasília, DF, 9 de junho de 2016, seção 1, p. 29.

_____. Instrução Normativa RFB nº 1.700, de 14 de março de 2017. Dispõe sobre a determinação e o pagamento do imposto sobre a renda e da contribuição social sobre o lucro líquido das pessoas jurídicas e disciplina o tratamento tributário da Contribuição para o PIS/Pasep e da Cofins no que se refere às alterações introduzidas pela Lei nº 12.973, de 13 de maio de. *Diário Oficial da República Federativa do Brasil*, DF, 16 de março de 2017, seção 1, p. 23.

CARRAZZA, Roque Antônio. *Curso de direito constitucional tributário.* 19. ed. rev. e ampl. São Paulo: Malheiros, 2003.

COMITÊ DE PRONUNCIAMENTOS CONTÁBEIS. CPC 00. Pronunciamento Conceitual Básico (R1). Brasília, 2011. Disponível em: <http://static.cpc.mediagroup.com.br/Documentos/147_CPC00_R1.pdf>. Acesso em: 7 jul. 2016.

_____. Pronunciamento Técnico CPC 12 – Ajuste a Valor Presente. Disponível em: <http://static.cpc.mediagroup.com.br/Documentos/219_CPC_12.pdf>. Acesso em: 25 mar. 2017.

_____. Pronunciamento Técnico CPC 16 – Estoques. Disponível em: <http://static.cpc.mediagroup.com.br/Documentos/243_CPC_16_R1_rev%2003%20(2).pdf>. Acesso em: 25 mar. 2017.

_____. Pronunciamento Técnico CPC 18 (R2) – Investimento em Coligada, em Controlada e em Empreendimento Controlado em Conjunto. Disponível em: <http://static.cpc.aatb.com.br/Documentos/263_CPC_18_(R2)_rev%2012.pdf>. Acesso em: 25 mar. 2018.

_____. Pronunciamento Técnico CPC 26 – Apresentação das Demonstrações Contábeis. Disponível em: <http://static.cpc.mediagroup.com.br/Documentos/312_CPC_26_R1_rev%2009.pdf>. Acesso em: 25 mar. 2017.

CREPALDI, Sílvio Aparecido; CREPALDI, Guilherme Simões. *Contabilidade fiscal tributária*: teoria e prática. São Paulo: Saraiva, 2014.

CRUZ, Wellington do Carmo. *Perícia contábil e lides fiscais municipais*: com ênfase no ISS e nos Conselhos de Contribuintes. 2. ed. rev. e atual. Curitiba: Juruá, 2016.

FABRETTI, Láudio Camargo. *Contabilidade tributária*. 15. ed. São Paulo: Atlas, 2015.

FRANCO, Hilário. *Contabilidade geral*. 22. ed. São Paulo: Atlas, 1999.

GOMES, Marliete Bezerra. *Manual de contabilidade tributária*: textos e testes com respostas. 13. ed. São Paulo: Atlas, 2014.

MARTINS, Ives Gandra da Silva. *Elisão e evasão fiscal*. Conferencista inaugural José Carlos Moreira Alves. São Paulo: Resenha Tributária, 1988.

MONTEIRO, Washington de Barros; PINTO, Ana Cristina de Barros Monteiro França. *Curso de direito civil*: parte geral. São Paulo: Saraiva, 2016.

MORAES, Bernardo Ribeiro de. *Compêndio de direito tributário*. Rio de Janeiro: Forense, 1996.

OLIVEIRA, Luís Martins de; CHIEREGATO, Renato; PEREZ JUNIOR, José Hernandez. *Manual de contabilidade tributária*: textos e testes com respostas. São Paulo: Atlas, 2015.

PÊGAS, Paulo Henrique. *Manual de contabilidade tributária*: análise dos impactos tributários dos artigos 1º ao 75 da Lei 12.973/14. 8. ed. Rio de Janeiro: Freitas Bastos, 2014.

SOUSA, Edmilson Patrocínio de. *Contabilidade de contratos de construção e de incorporação imobiliária*. São Paulo: Atlas, 2015.

TORRES, Ricardo Lobo. *Curso de direito financeiro e tributário*. 14. ed. atual. até 31/12/2006. Rio de Janeiro: Renovar, 2007.